보다 나은 삶을 꿈꾸는
도란도란 책모임

보다 나은 삶을 꿈꾸는
도란도란 책모임
ⓒ 백화현 2013

1판 1쇄 발행　2013년 3월 20일
1판 7쇄 발행　2021년 7월 5일

지은이	백화현
펴낸이	한기호
책임편집	정안나
편집	여문주, 오선이, 박혜리
본부장	연용호
마케팅	윤수연
경영지원	김윤아
디자인	책은우주다
표지 그림	이윤엽
인쇄	예림인쇄
펴낸곳	(주)학교도서관저널
	출판등록　제2009-000231호(2009년 10월 15일)
	주소　서울시 마포구 동교로 12안길 14(서교동) 삼성빌딩 A동 3층
	전화　02-322-9677
	팩스　02-6918-0818
	전자우편　slj9677@gmail.com
	홈페이지　www.slj.co.kr
ISBN	978-89-6915-000-4 (03370)

잘못 만들어진 책은 구입하신 곳에서 바꾸어 드립니다.
값은 뒤표지에 있습니다.

보다 나은 삶을 꿈꾸는
도란도란 책모임

백화현 지음

학교도서관저널

추천사

독서, 그 여명을 찾아서

근대의 독서는 개인의 고독한 작업이다. 골방에 앉아 혼자서 고독하게 진행하는 지적 유희가 독서다. 고독하다는 것은 심심하다는 것을 전제한다. 심심하려면 할 일이, 자극이 없어야 한다. 그래서 책으로 대리 자극을 만들어 내며 그 안에서 사색하고 몽상했던 것이 독서다.

요즈음은 자극이 넘쳐 나는 시대다. 하루도 쉬지 않고 사건이 터진다. 그리고 그 사건이 매체를 통해 금방 전달되고 이야기가 되어 퍼져 나간다. 뿐만 아니라 라디오, 텔레비전, 인터넷, 스마트폰 등을 통해 하고많은 오락거리가 넘쳐 난다. 자극적인 사건, 재미있는 오락거리가 너무 많다. 조용히 명상에 잠길 시간이 없다. 심심해서 죽고 싶을 때 솟아나는 물음, 인생이란 무엇인가 따져 볼 시간이 없다.

이런 판에 책을 읽으라고? 학생들에게 "우리 모두 고독을 즐깁시다."라고 외친다면 억지소리처럼 들린다. 그렇다면 근대의 독서를 뒤집어엎을 필요가 있다. 시장 거리처럼 벅적대는 속에서, 그런 방법으로 책을 읽자는 것이다. 책을 들고 고독을 즐길 것이 아니라 책과 더불어 대화에 참여하자는 것이다. 이 책에서는, 독서를 통해 대화의 장으로 같이 나와 '도란도란' 이야기하기를 제안한다. 독서와 대화, 어느 것이 목적인지를 따지는 것은 부질없는 짓이다. 대화하기 위해 독서를 해도 좋고, 독서하기 위한 대화도 무방하다.

이렇게 '더 나은 삶'을 위해 노력한 사례를, 이 책은 낱낱이 예증하고 있다. 중학교 국어 선생님으로 관악구에 있는 세 학교에서 봉직한 백화현 선생님이 펼친 독서운동의 사례를 실감 있게 구체적으로 서술하고, 학생 독서와 독서운동의 가능성을 구체적으로 제안하고 있다.

이 책에서 제안하고 있는 독서운동의 방향은 가정에서 학교로, 개인에서 사회로 확대하는 방식이다. 그런 방향에서 수행할 책 읽기 지침은 다음과 같은 것들이다.

첫째, 마음에 끌리는 책부터 읽자. 이는 엄숙한 교양주의 독서에 대한 도전이다. 그리고 자발적인 독서 의욕을 불러오는 데 매우 효율적인 방법이다. 둘째, 도란도란 이야기를 나누자. 책을 읽고 대화를 시도하는 것은 개인적 독서가 인간관계 형성으로 이어지게 하여 독서를 살려 내는 좋은 방법이다. 셋째, 책 밖으로 시선을 돌리자. 책에서 출발하여 텍스트 연관성을 확대하는 방법을 도모하는 것이다. 이는 연관적 사고를 훈련하는 중요한 방법이 되기도 한다. 넷째, 학교 밖으로 시선을 돌리자. 학부모독서회를 조직해서 운영하게 하고, 독서여행을 시도하는 등 독서활동의 외곽 조직을 독서활동의 핵심으로 유인하는 강력한 유대를 형성하는 방법이다.

독서모임이 '왜곡된 교육을 바꿀 힘'이라는 점을 확인하는 대목에서는, 이 책이 '더 나은 삶'을 꿈꾸는 작업이라는 점을 다시 깨닫게 한다. 이 책의 미덕 가운데 다른 하나는 그 동안 읽은 책 목록이 독서 목표, 부대 활동 등과 함께 자세하게 명시되어 있다는 점이다. 무엇을 읽어야 할지 몰라 고충을 겪는 독자들에게 이용가치가 크리라 생각된다.

사실 종이책은 낡은 매체다. 그러나 텔레비전과 인터넷이 활성화되었다고 말이 사라지지 않는 것과 마찬가지로, 매체의 발달 가운데도 종이책의 효용은 여전히 살아 있다. 문제는 독서를 어떻게 운영을 하는가 하는 데 달려 있다. 이 책은 학교에서, 학습사회에서 독서활동 운영의 지침 역할을 단단히 해낼 것으로 믿는다. 그리하여 더 나은 삶을 도모하는 여명을 열어갈 횃불이 될 것으로 확신한다.

우한용(소설가, 서울대 명예교수)

여는 글

도란도란 책모임,
우리 함께 나비가 되는 길

보다 '나은' 삶을 살 수는 없을까? 옛날 노랑 애벌레와 줄무늬 애벌레에게서 일어났던 진정한 변화와 성장을 다 같이, 함께 경험할 수는 없는 것일까?

아주 오래전부터 이러한 꿈을 꾸어 왔던 것 같다. 교사가 되고, 도서관을 발견하고, 독서운동에 빠져들게 된 일 모두, 더듬더듬 그 꿈을 좇아가던 끝에 만났으리라.

너무도 많은 이들이 자아를 잃고 사랑을 내버린 채 애벌레 기둥이 되어 허공뿐인 꼭대기를 향해 허겁지겁 기어오른다. 밟히고 채이고 떨어져 죽더라도 다른 꿈을 꿀 수 없기에 그 행렬에서 벗어날 수 없다.

'책'과 '친구'가 함께하는 '도란도란 책모임'은 끊임없이 존재와 삶에 질문을 던지며 남들과 다른 꿈을 꾸었던 그 옛날 노랑 애벌레와 줄무늬 애벌레가 걸어간 길, 그 길을 향한 희망의 발걸음이다.

우리에겐 자신을 존중하며 살 권리가 있고 친구와 오순도순 얘기 나누고 사랑할 책임이 있다. 우리들 마음 안 깊숙이 끓어오르는 고귀한 가치에 대한 열망은 수천 년의 모진 폭압과 거친 풍파 속에서도 결코 꺾인 적이 없다.

'도란도란 책모임'은 보다 '나은' 삶을 위한 하나의 제안이다. 오래전부터 꿈꾸어 왔고 10여 년 동안 경험하고 실천하며 깨달은 길. 경쟁이 아닌 협력을, 협박과 강요가 아닌 위로와 격려를, 맹목적인 공부나 성공이 아닌 진정한 배움과 성장을, 몸으로 느끼고 소망케 해 준 이 길. 유난히 봉원중학교에서 활짝 꽃피어난, 그 길 위에 새겨진 한 걸음 한 걸음의 발자취이다.

그 길을 함께 만들고 걸어와 준 동료 김혜련과 이효숙 선생, 봉원중학교 학생·교사·학부모 독서동아리에게 깊은 감사와 사랑의 마음을 전한다. 그리고 뒤에서 힘껏 밀어주고 지원해 주신 배인식 교장선생님과 염동락 교감선생님께도 깊이 감사드린다. 또한, 거친 원고를 다듬고 멋진 책으로 만들어 준 학교도서관저널 식구들과 바쁜 중에도 흔쾌히 추천사를 써 주신 서울대학교 우한용 교수님, 서울도서관 이용훈 관장님, 책읽는사회문화재단 이경근 실장님, 시흥 중앙도서관 사서 김영자 선생님, 전국학교도서관담당교사모임의 이미숙 선생님께 고개

숙여 진심으로 감사를 드린다. 특히 우한용 교수님은 전혀 아는 사이가 아님에도 뜻에 공감한다는 이유만으로 추천사를 써 주셨으니 그 고마움을 이루 표현할 수가 없고, 그만큼 무거운 책임감도 느낀다.

애벌레는 그 안에 날개를 지니고 있다. 자신을 믿기만 한다면, 누군가 옆에서 조금 거들어 준다면, 우리는 모두 나비가 되어 날아오를 수 있다.

함께 나비로 날아오르기를 꿈꾸는 모든 이들에게 이 책을 바친다.

2013년 3월
꽃이 피는 봄날에
백화현

차례

추천사 • 005

여는 글 _ 도란도란 책모임, 우리 함께
나비가 되는 길 • 009

1장 절망의 교육, 암울한 미래

▸ **시한폭탄의 아이들** • 019
외면된 정서, 일그러져 가는 아이들 • 020
강제에 의한 단순 반복의 공부, 배움으로부터 달아나는 아이들 • 025

▸ **왜 아직도 그런 수업을 하나요?** • 029
한 손에는 정서적 안정을, 또 한 손에는 지식정보 활용 능력을 • 030
논픽션 중심의 서가 _ 챈틀리 고등학교 • 034

88만원 세대의 아이들 • 039

2장 도란도란 책모임에서 희망을 보다

▸ **친구들과 함께한 가정독서모임, 따뜻한 만남과 배움의 기쁨을 주다** • 045
도란도란 책모임의 불을 지핀 가정독서모임 • 046
배우고 나누며 함께 성장한 아이들 • 048
정서의 중요성을 절감하다 • 052

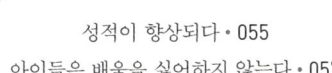

성적이 향상되다 • 055
아이들은 배움을 싫어하지 않는다 • 057

▸ **학교에서 꽃피운 자율적 독서동아리** • 062
가정독서모임을 학교로 옮겨 오다 • 062
주요 일간지도 주목하다 • 065

3장 도란도란 책모임 이끌어 주기

▸ **책모임 운영자가 지켜야 할 세 가지** • 079
먼저 '왜 책모임인가'를 설득하자 • 080
책모임을 할 공간과 시간을 마련해 주자 • 089
책모임 운영 원칙을 분명히 하자 • 094

▸ **가끔은 특별 프로그램도 필요하다** • 102
독서동아리 워크숍 & 밤새워 책 읽기 • 103
독서동아리 발표회 & 만남과 소통의 밤 • 107

4장 도란도란 책모임 활동하기

▶ 도란도란 책모임, 날개를 달다 • 119

학생독서동아리 운동의 첫문을 열어 준 '책이 끓는 시간' • 119
서로 기대며 자라는 '책 읽는 Best Friend' • 129
책의 향기에 푹 빠진 '싱그러운 책의 향기' • 136
꽃들에게 희망을 주는 'Face Book' • 150

▶ 독서동아리 활동 차근차근 풀어 가기 • 162
마음에 끌리는 책부터 읽자 • 162
도란도란 얘기를 나누자 • 172
책 밖으로도 시선을 돌려 보자 • 182
학교 밖으로도 시선을 돌려 보자 • 191

▶ 함께 날아라, 아름다운 나비 • 203

5장 어른도 함께하는 도란도란 책모임

▶ **도란도란 교사독서모임 이야기** • 219

교사독서모임의 첫걸음 _ 관악중학교 교사독서회 • 219
관악중학교 교사독서회 소식지 만들기 • 222
관악중학교 교사독서회 활동 들여다보기 • 225

또다시 시작하다 _ 봉원중학교 교사독서회 '졸탁동시' • 231
'졸탁동시' 활동 들여다보기 • 233
평화운동가 이시우 선생님과 함께한 강화 여행 • 239
김제 지평선학교와 아리랑문학관, 귀신사를 찾아 떠난 여행 • 245

▶ **도란도란 학부모독서모임 이야기** • 253

학부모독서모임의 첫걸음 _ 관악중 책사랑회 • 253
생각의 나래를 펴다 _ 봉원중학교 학부모독서모임 '혜윰나래' • 256
'혜윰나래' 활동 들여다보기 • 261
관악 북 페스티벌 '책 읽기 플래시몹'과 학부모독서모임 '시나브로' • 271

닫는 글 _
함께 꾸는 꿈은
현실이 된다 • 278

미주 • 282
부록 • 295

1장

—

절망의 교육, 암울한 미래

흔히들 '교육은 백년지대계'니 '아이들은 우리의 미래'라는 말을 한다. 그런데 진짜로 이렇게 생각하는 사람이 몇이나 될까? 진정으로 교육을 '백년지대계'라고 생각한다면 어째서 그토록 많은 학부모와 학교는 아이들을 코앞의 시험으로만 내모는 것일까? 진정으로 '아이들이 우리의 미래'라고 생각한다면 어째서 정부는 21세기를 살아야 하는 아이들을 20세기 학교에 방치해 두고 있는 것일까? 근래 들어 더욱 심각해진 왕따와 학교 폭력, 우울증과 주의력 결핍증, 청소년 자살과 청년 실업 문제는 아이들 탓이 아니다. 학부모와 학교의 무분별한 욕망과 정부의 무관심과 무능이 낳은 당연한 결과이다. 우리 아이들에게 미래가 있을까?

시한폭탄의 아이들

얼마 전 근무하던 학교 교무실에서 벌어진 일이다. "야 이 XX 년아, 내가 너 가만둘 줄 알아?" 갑자기 날카롭게 찢어지는 고함 소리에 놀라 나도 모르게 자리에서 벌떡 일어났다. '맙소사!' 내 눈앞에 벌어지고 있는 광경은 두 여학생이 머리채를 붙잡고 뒤엉켜 싸우는 것을 교무부장이 뒤로 밀리며 뜯어말리는 모습이었다. 주변에 몇몇 사람들이 있었지만 너무도 순식간에 일어난 일인지라 모두 넋을 잃고 바라만 보았다.

고함을 지르며 욕을 해 댄 아이는 그날 막 전입하러 온 참이었다. 뒤엉켜 싸웠던 아이와는 초등학교 때 친구라는데 자신이 이 학교로 전입해 오는 게 싫어 땍땍거렸다는 것이다. 그날도 교무실 복도에서 마주쳐 서로 욕하는 것을 선생님들이 야단쳐 떼어 놓았는데, 다시 교무실에서 사달이 난 것이다. 전입하러 온 아이는 아빠의 진정하라는 말에 고래고래 고함을 지르며 "학교 안 다니면 될 거 아냐, 유급하면 될 거 아냐, XX." 이라며 막무가내였다.

너무 심하다 싶었다. 아무리 심사가 뒤틀렸다손 치더라도 전입해 오는 첫날, 교무실에서 어떻게 그러한 욕설과 쌈질을 할 수 있단 말인가! 더 기막힌 것은 그 아이 아빠였다. 아빠는 두 아이가 뒤엉켜 싸울 때, 또 딸이 길길이 날뛰며 욕설을 해 댈 때 전혀 딸을 제어할 수 없을 만큼 무력했다.

결국 아이는 전입해 오지 못했다. 그 싸움 때문이 아니라 가거주임이 탄로 났기 때문이다. 가거주가 아니었더라도 학교 측의 강한 거부로 인해 전입이 어려웠겠지만, 아이는 어쩌다 이 지경이 된 것일까? 부모는, 또 학교는, 어쩌다 이 꼴이 된 것일까?

외면된 정서, 일그러져 가는 아이들
대한민국의 교육열은 세계가 인정할 만큼 뜨겁다. 우리의 아이들은 서너 살만 되면 한글과 영어 공부를 시작해야 하고 유치원생은 그 어린 나이에도 학원을 서너 군데씩 다니며 많은 공부를 해야 한다. 초등학교 저학년 때는 수업을 마친 후 매일같이 방과후학교에 참여하느라 바쁘고 고학년이 되면 중학교 선행학습에 각종 대회 준비를 하느라 몹시 바쁘다. 중학생과 고등학생은 더 말할 필요가 없다. 대한민국의 중고생은 "독서를 하고 싶어도 시간이 없어서 못한다."라는 말이 핑계가 아닐 만큼 아침부터 밤중까지 '공부'에 매달려 지낸다. 그 결과, 우리 아이들은 경제협력개발기구(OECD)에서 실시한 '어린이 청소년 행복지수 국제비교' 조사에서 '행복감'이 4년 연속으로 최하위다.

이런 통계 수치가 아니더라도 아이들의 정서 불안증과 주의력 결핍증, 또 왕따와 집단 폭력의 문제는 이제 대한민국 어느 학교에서나 일상적으로 겪는 보편적인 일이 되었고, 대전,

대구, 서울, 영주, 안동, 부천 등 뉴스 보기가 겁날 만큼 전국 곳곳에서 매일같이 아이들이 스스로 목숨을 끊는다. 아이들은 늘 무언가에 쫓기듯 허둥대며 불안해 하고 스스로의 존재 가치를 믿지 못한다.

여러 글을 통해서 이미 말한 바 있지만, 나는 아직도 서울 강남 학교에서 근무할 때 경험했던 '왕따 문제'를 잊을 수가 없다. 서울 동작교육청 관내에서 근무하다 1994년 강남 소재의 한 중학교로 발령을 받아 갔을 때, 처음 교실문을 열고 들어선 순간 교실에서 광채가 날 만큼 아이들이 하나같이 예쁘고 빛이 나 절로 탄성이 나왔다. 집중력과 반응 또한 어찌나 좋은지 맹자의 '천하의 영재를 얻어 가르치는 기쁨'을 그곳에서 실감할 수 있었다. 그러나 몇 달 지나지 않아 학급마다 '왕따 문제'로 골머리를 앓고 있다는 것을 알면서 그 기쁨은 큰 충격과 실망으로 바뀌었다. 거의 모든 아이들이 연관되어 있어 몇몇을 벌주거나 야단쳐서 해결될 일이 아니었다. 그때까지만 해도 '왕따'니 '집단따돌림'이니 하는 말은 용어조차 낯설어 어떻게 멀쩡한 아이들이 그처럼 잔인한 일을 아무렇지도 않게 할 수 있는지 이해가 되지 않았다.

아이들은 왕따 아이를 복도나 교실 한쪽에 몰아세우고 욕하고 때리고 머리채를 잡아 흔들기도 했다. 남자 아이들의 경우에는 발 걸어 넘어뜨리기, 가방 들게 하기, 심부름시키기, 도시락에 모래나 오줌 뿌려 놓기, 돌려 가며 뺨 때리기 등 기분

내키는 대로 방법을 바꿔 가며 괴롭혔다.

아이들은 너무 발표를 잘해도 재수 없다며 왕따를 시키고, 숙제를 자주 안 해 와도 왕따, 행동이 느려도 왕따, 머리카락이 듬성듬성해도 왕따, 머리를 매일매일 감지 않아도 왕따, 몽상가 기질이 보여도 왕따, 사립초등학교 출신이어도 왕따, 말을 우아하게 해도 왕따를 시켰다. 이처럼 좀 튀거나 다르게 보이는 누군가를 지목하여 끊임없이 괴롭혔다.

대체 왜들 그럴까?『학교 도서관에서 책 읽기』(백화현 외 지음, 우리교육)에서도 밝혔듯이, 주된 원인은 '공부 스트레스'와 '바쁜 일상', 그리고 '경쟁심' 때문이었다. 아이들은 아기 때부터 '있는 그대로' 존중받으며 다른 사람을 이해하고 함께 어울리는 것을 교육받기보다, "공부 못하면 바보야. 다들 널 무시하게 돼." 내지는 "남한테 절대로 지면 안 돼. 약육강식은 진리야." 라는 말을 날마다 주문처럼 들어야 했기 때문에, 공부를 못하거나 행동이 굼뜬 아이를 보면 당연히 무시해도 될 것 같고 똑똑한 아이는 재수가 없어 심사가 뒤틀리게 된 것이다. 더구나 날이면 날마다 이른 아침부터 한밤중까지 학교와 학원을 오가고 집에서 과외까지 받느라 심신이 지쳐 버리는 탓에, 자신의 생각이나 행동을 성찰하고 남을 배려할 여유가 전혀 없었다.

왕따를 시키는 아이든 당하는 아이든, 모두 어른과 이 사회의 피해자였다. 공부가 중요하지 않은 것은 아니지만 아이들의 마음과 존재 자체를 짓부숴도 될 만큼 절대적인 것은 아니지 않은가. 그러나 이 아이들은 어른들의 무분별한 욕심과 공부에 대한 지나친 집착으로 몸과 마음이 심하게 병들어 가고 있었던 것이다.

- "교육의 목표는 계속 변해 왔는데, 교장이 되어 특히 주목하게 된 것은, '관계의 문제'와 '정서의 문제'입니다. 대인관계를 잘 풀어 나가고 정서적으로 안정이 되면 공부는 자연스럽게 하게 되는 것 같더군요. 사람은 누구나 배울 수 있는 힘을 갖고 있고 배워야 합니다. 저는 이러한 것들이 잘 이루어질 수 있도록 돕는 일을 교육 목표로 하고 있습니다. 도서관은 인간관계나 정서적인 문제를 돕는 데 가장 좋은 곳이고, 다양한 탐구 활동과 프로젝트 활동 등을 통해 스스로 배워 갈 수 있는 힘을 길러 주기에 최적한 곳입니다."

- "우리 학교 교육 목표는…… 중학교라는 말속에 함축적으로 녹아 있다고 생각합니다. 중학교는 아이가 청소년으로 변화되는 시기이죠. 이 때 자신을 새롭게 발견하고 긍정적으로 변화시킬 수 있도록 필요한 것을 찾아 주고 지원해 주는 것이 우리 교육의 목표입니다. 우리 학교 도서관은 이 일들을 아주 훌륭히 돕고 있습니다. 도서관은 지성이 샘솟는 공간이자 자아를 발견하고 성장시키는 곳이지요. 도서관은 중요한 것 중 하나가 아니라 가장 중요한 것입니다."

이는 전국학교도서관담당교사 서울모임(이하 우리 도서관모임) 선생님들과 함께 펴낸 『북미 학교도서관을 가다』(우리교육)에서도 소개한 바 있는 미국 루이스 콜 중학교 교장선생님과 그레이트넥사우스 중학교 교장선생님의 말이다. 그 학교 교육 목표와 도서관의 역할에 대해 묻자 돌아온 대답이었다. 어찌나 감동적이었던지 1년이 훨씬 지난 지금까지도 마음에 큰 울림으로 남아 있다. 그들은 도서관뿐만 아니라 인간에 대한 이해가 깊었다. 특히 '청소년 시기' 아이들의 마음과 정신을 환히 내다보고 있는 듯했다.

아이들에게는 배울 수 있는 힘이 있고 배워야 한다. 그러나 그 배움은 교과서와 문제집에만 매달리는 우리네 '공부'와는 거리가 멀뿐더러, 그마저도 아이들의 '정서'를 외면한 채 '공부'만을 강요한다면 아이들은 '배움의 기쁨'을 잃은 채 지금보다 더한 폭력과 우울증, 자살로 치달을 수밖에 없다.

아이들을 잘 가르치고 건강하게 키우려면 먼저 아이를 '있는 그대로' 인정할 줄 알아야 한다. 또한 아이의 마음을 들여다봐 주고 진심으로 격려할 줄 알아야 한다. 자신을 긍정하고 존중할 줄 아는 아이는 정서적으로 안정되어 대인관계를 잘 풀어 나갈 수 있고 필요하다면 공부도 열심히 할 수 있다.

강제에 의한 단순 반복의 공부, 배움으로부터 달아나는 아이들

우리 아이들은 정서적으로 심하게 일그러져 있을 뿐 아니라 배움의 문제 역시 매우 심각하다. 앞서 말한 것처럼 우리나라의 교육열은 세계에서도 인정받을 만큼 뜨겁고, 아이들은 아침부터 밤중까지 '공부'에 매어 살 만큼 공부에 투자하는 시간과 노력이 엄청나다. 그런 덕분인지 대한민국의 아이들은 OECD가 3년마다 만 15세 아이들을 대상으로 실시하는 국제학업성취도평가(PISA, Program for International Student Assessment)에서 매번 핀란드와 함께 최상위 성적을 거두고 있을 만큼 성적이 좋다. 그러나 우리 아이들은 공부를 좋아할까? 배움에 대한 욕구와 기쁨이 있을까?

알다시피 우리 아이들은 "공부하는 것 좋아요?"라는 물음에 한 학급 35명 중 33명이 "공부하는 걸 좋아하는 사람도 있나요?"라고 반문할 만큼 대부분이 공부를 좋아하지 않는다. 이것은 "공부요? 재미있지요. 모르는 것을 알아 간다는 것은 재미있는 일이잖아요."라고 대답하는 핀란드 아이들과는 너무도 대조적이다. 어쩌면 이러한 차이는 똑같이 PISA에서 좋은 성적을 거두고도 '세계 최고의 학력, 핀란드!'라며 세계인들로부터 뜨거운 관심을 받는 핀란드와 '대한민국 아이들은 모두 파김치가 되어 있더라. 정작 대학에 가서 공부를 잘할지 걱정스럽다.'며 되레 염려의 대상이 된 대한민국을 구별 짓게 하는 이유일 것이다.

● 핀란드 교육의 특징은 한마디로 말해서 '싫어하는 아이에게 억지로 강요하지 않는다.'이다. 물론 이 방법 저 방법을 동원해서 흥미를 유발시키기는 하지만 본인 스스로 할 마음이 생길 때까지 기다리는 것을 원칙으로 한다. 무릇 인간이란 날 때부터 흥미와 관심을 가지고 태어나며 스스로 배워가는 존재라는 신념을 많은 사람들이 가지면서, 강요하면 본래의 학습 능력과 효과가 사라져버릴 뿐만 아니라 교육에 있어서도 오히려 마이너스라는 판단을 내리게 되었다.

- 후쿠타 세이지, 『핀란드 교육의 성공』(북스힐) 중에서

이는 핀란드 교육을 통해 일본의 교육을 되돌아보고자 한 후쿠타 세이지의 예리한 통찰력이 돋보이는 지적으로, 개인적으로든 국가적으로든 '교육적 성공'을 바라는 이들이라면 깊이 새겨들어야 할 것이다. 그는 같은 책에서 한국과 핀란드가 똑같이 최고의 성적을 보여 주었음에도 어떻게 '대조적'인지에 대해 다음과 같이 뼈아픈 지적을 한 바 있다.

● 우선 한국의 아이들은 정규 학교 수업 이외에도 많은 공부를 하고 있다. 학원과 과외의 과열 양상이 사회문제가 된 지 오래다. 방과 후의 공부 시간은 일본의 2배 이상이고 핀란드의 3배 가까이 된다. 고등학교에 진학하면 거의 모든 학생들이 밤늦게까지 학교나 학원에서 방과 후 수업을 받고 있다. 일본의 고교생 중 과반수

가 학교 수업 외 가정 학습을 전혀 하지 않고 있는 것과는 크게 대조적이다. 뿐만 아니라 한국에서는 장시간에 걸쳐 응용문제를 다루고 있기 때문에 PISA에도 강할 수밖에 없다.

한편, 핀란드는 세계 제일의 학력 우수 국가로서 세계의 교육 관계자들로부터 뜨거운 시선을 받고 있다. (……)

핀란드는 굳이 경쟁을 시키지 않아도 아이들이 그 나름대로 공부를 열심히 한다고 한다. 거짓말 같은 이야기다. 사회도 학력 경쟁을 부추기지 않는다. 교사도 아이들을 야단치거나 공부를 강요하지 않는다. 아이들은 '공부하는 것은 나 자신을 위해서'라는 의식이 밑바탕에 깔려 있는 듯하다.

— 후쿠타 세이지, 『핀란드 교육의 성공』(북스힐) 중에서

곧 우리 아이들의 좋은 성적은 '스스로 좋아서' 내지는 '스스로 필요하다고 생각하기 때문에' 공부하는 핀란드 아이들과는 달리 부모와 학교의 강요와 강압에 의해 새벽부터 밤늦게까지 시험용 공부를 끊임없이 반복한 결과라는 것이다. 만일 이것이 사실의 왜곡이거나 과장이라면 우리를 평가절하 했다며 고소라도 해야겠지만, 불행하게도 이것은 엄연한 사실이지 않은가.

어떤 일이든 억지로 하는 데에는 한계가 있기 마련이다. 반면 스스로 하고 싶어서 하는 일에는 한계가 없다. 우리 아이들

이 PISA에서 좋은 성적을 거두고 있음에도 세계의 부러움을 사기는커녕 우려의 대상이 되고, 대학에 가서 또 어른이 된 후 너무도 많은 이들이 '공부'로부터 멀어져 버리는 현실을 결코 간과해서는 안 된다. 더구나 오늘날은 학교 다닐 때는 물론이고 평생 공부를 해야 하는 '평생 학습의 시대'가 아닌가. 이러한 때 새벽부터 밤중까지 아이들을 붙잡아 놓고 단순 반복적인 시험공부만 시키는 것은 시대에도 맞지 않을뿐더러 아이를 진정한 배움으로부터 달아나게 하는 너무도 어리석은 일이다. 배움의 즐거움을 모르는 아이들이 어찌 평생토록 배움의 길을 걸어갈 수 있으며 어떻게 날마다 새로운 지식과 정보가 업그레이드되는 이 시대를 감당할 수 있겠는가. 이처럼 가정과 학교, 우리 사회의 무분별한 욕심과 공부에 대한 집착으로 아이들의 정서가 심하게 뒤틀리고 배움의 즐거움 또한 멀리 달아나고 말았으니, 아이들마다 언제 터질지 모를 시한폭탄을 가슴에 안고 산다 한들 어찌 아이들을 탓할 수 있을까.

왜 아직도 그런 수업을 하나요?

'한국에서는 20세기의 교사가 19세기 교실에서 21세기의 아이들을 가르친다.' 누구로부터 시작됐는지는 모르나 오래전부터 교사들 사이에 오르내리는 자조적인 말이다. 맞는 말이라고 생각한다. 우리의 교실은 30도가 웃도는 날에도 선풍기 4대로 버텨야 하고 교사 곳곳에서 비가 새고 복도 벽 페인트칠이 너덜거려도 예산이 없어 그냥저냥 지내야 한다. '창의성'이 생명이라는 21세기를 맞은 지 10여 년이 지났음에도 우리의 수업은 여전히 '교과서'에만 의존한 채 진도 나가기에 바쁘고, 아이들은 산업화시대처럼 66만 명이 똑같이 '하나의 정답'을 맞혀야만 높은 점수를 받을 수 있다.

- "지식정보화시대의 학교는 스스로 배울 수 있는 힘을 길러 주는 곳이어야 한다고 생각합니다. 날마다 새로운 지식과 정보가 쏟아지기 때문에 학교에서 배운 지식은 곧 옛날 것이 되고 말지요. 지금은 평생 학습의 시대입니다. 이제 학교는 단순히 지식을 전달하기보다는 아이 스스로 배울 수 있는 힘을 길러 줘야 하지요. 또한 오늘날은 '창의성의 시대'인 만큼 모두에게 똑같이 '하나의 답'을 요구하기보다는 모두 각각 '나만의 답'을 말할 수 있도록 이끌어 줘야 합니다. 그래서 저희는 도서관을 중심에 놓고 다양한 탐구 활동과 프로젝트 과제를 통해 스스로 배울 수 있는 힘을 기르도록

하고 그러한 과정과 결과를 그대로 평가에 반영합니다. 오지선다형 평가는 거의 다 사라졌지요."

2011년 미국 동부 지역과 캐나다 토론토 지역 8개 학교 여덟 분의 교장선생님과 그보다 더 많은 사서교사들을 만났을 때 그들이 똑같이 되풀이했던 말이다. 그들은 우리가 지금도 '교과서' 중심의 강의식 수업과 오지선다형 평가가 주를 이룬다는 말에 '지금이 어느 때인데 아직도 그런 수업과 평가를 하고 있나요?'라는 의구심 가득한 눈빛으로 우릴 바라보았다.

한 손에는 정서적 안정을, 또 한 손에는 지식정보 활용 능력을
『북미 학교도서관을 가다』에서도 고백한 바 있듯, 북미 학교도서관 탐방을 통해 개인적으로 가장 큰 충격을 받았던 곳은 백인 부유층이 밀집해 있는 뉴저지 잉글우드 지역의 초중고등학교가 함께 있는 드와이트 사립학교이다. 이 학교는 전교생이 900명이었는데 놀랍게도 도서관에 투입되어 있는 전문 인력이 6명이나 되었다. 초등학교 도서관에 사서교사 1명과 정보교사 1명, 중고등학교 도서관에 사서교사 2명에 정보교사 2명!

이 학교는 초등학교 1, 2학년 때 정규 과정에 1주일에 한 시간씩 사서교사와의 만남 시간을 의무적으로 배치하여 아이들의 책에 대한 흥미와 관심을 높이고, 3학년부터는 정보교사가 교실로 찾아가 학생들의 랩톱컴퓨터(초등 3학년생부터 중고생 전

드와이트 중고등학교 도서관 내부

원에게 랩톱컴퓨터 지급) 사용법과 정보 찾기 및 정보 사용 예절을 도우며 정보 활용 능력을 키워 주고 있다. 그리고 중학생부터는 2층짜리 널따란 중앙도서관에서 수많은 책과 웹 자료를 활용하여 다양한 탐구 과제와 프로젝트 과제를 개인별, 혹은 모둠별로 사서교사와 정보교사의 도움을 받아 해결해 가고 있다. 곧 그들은 책과 컴퓨터, 그 어느 것도 소홀히 하지 않으며 어렸을 때부터 차근차근 구체적으로 그것들을 만날 수 있도록 돕고, 커가면서 더욱 활발히 책과 웹 자료를 활용하는 공부로 이끌었다.

이뿐만이 아니었다. 드와이트 중고등학교 중앙도서관은 실내 공간이 유난히 시원시원했다. 서가와 서가 사이, 열람책상

학생들의 정서적 안정을 위해 서가와 책상을 넓게 배치했다.

과 열람책상 사이에 또 하나의 서가와 책상을 넣을 수 있을 만큼, 그것들은 멀찍멀찍 떨어져 있었다. 그 이유를 물었더니 총 책임자 선생님이 들려준 이야기이다.

- "우리 학교는 미래 지향적인 교육을 목표로 하고 있습니다. 그런데 '미래 지향적'의 내용은 시대에 따라 달라야 하지 않겠습니까? 우리는 이 시대의 '미래 지향적'의 내용을 찾기 위해 3년여 열띤 토론을 했습니다. 외국의 학교들과 미국의 여러 학교를 탐방하기도 했죠. 그 결과 '미래 지향적'의 내용으로 '정서적 안정'과 '지식정보 활용 능력'을 택하게 되었습니다. 정서적으로 안정된 아이는 자존감과 공감력이 높아 인간관계를 잘 맺을 수 있기에 '정서적

안정'이 중요한 것이고, '지식정보 활용 능력'은 지식정보화시대를 살아가는 데 없어서는 안 되는 필수 능력이라 생각한 것이지요. 이런 결론을 내리고 도서관을 다시 봤더니(몇 달 전까지만 해도 이 도서관 역시 서가가 빼곡하고 열람책상들도 바짝바짝 붙어 있었다고 한다.) 도서관이 책들에 짓눌려 있는 듯 매우 답답했습니다. 책상들도 너무 붙어 있어 토론할 때 정서적으로 안 좋을 것 같았습니다. 그래서 서가와 책상 몇 개를 치우고 공간을 시원하게 넓혔습니다. 장서 중에서 버리기 아까운 것들은 2층 서가로 올려 보내거나 웹 자료로 대체했지요."

어쩌다 시원해진 공간이 아니었다. 이것은 그들 철학의 반영이자 오랜 노력의 결과였다. 그들의 시대를 꿰뚫는 안목도 놀라웠지만 치열한 실천력은 더 큰 충격이었다.

이 학교를 탐방하고 돌아온 날은 유난히 마음이 심란하여 잠을 이루지 못했다. 생각할수록 우리 아이들이 불쌍하고 미래가 암울할 것 같아 눈물이 나고 마음이 무거웠다. 우리는 전국적으로 11,000여 개가 넘는 학교에 겨우 750여 명의 사서교사가 배치되어 있고, 우리 아이들에게 컴퓨터는 여전히 오락기일 뿐인데……. 우리 아이들은 아침부터 밤늦게까지 단순 반복의 공부에 찌들어 정서가 뒤틀어질 대로 뒤틀어져 있는데…….

논픽션 중심의 서가 _ 챈틀리 고등학교

미국의 학교도서관들을 둘러보며 또 하나 인상 깊었던 것은 학교 급에 따라 달라지는 서가 풍경이었다. 우리나라는 초등학교와 중학교, 고등학교 서가에 큰 차이가 없다. 대체로 도서관 한쪽에 000번(총류)에서 900번(역사)까지 십진분류에 의해 나란히 줄지어 있고 어느 학교를 가든 800번 문학 서가가 가장 많다. 그러나 미국 초등학교에는 그림책과 동화책이 도서관을 빙 둘러싸고 있을 만큼 압도적으로 많고, 중학교에는 도서관 곳곳에 픽션이 자리잡고 있을 만큼 픽션 비중이 컸다. 그러나 고등학교는 전혀 다른 모습이었다. 도서관이 온통 논픽션 물결인데다 잡지와 영상 자료 또한 엄청났다. 이 자료들은 각 교과에서 진행하는 도서관 협력수업과 학생들에게 부과되는 탐구 과제와 프로젝트 과제에 활발히 활용된다고 했다.

잡지 서가. 200여 종의 다양한 잡지가 구비되어 있다.

논픽션이 가득한 챈틀리 고등학교 도서관 내부

영상물 자료실, 각 교과에 관련된 영상 자료가 양 벽을 가득 채우고 있다.

영역별로 분류가 잘 되어 있는 영상물 서가

"선생님, 우리 애가 초등학교 때는 독서를 꽤 했거든요. 동화책뿐 아니라 위인전, 역사책, 과학책들도 읽었는데요, 중학교에 가더니 만화책만 보려고 하네요. 이 일을 어찌 해야 할까요?" 학교나 강연회 등에서 만나는 학부모들에게 곧잘 듣는 얘기다. 슬픈 건 이것이 이 학부모들만의 고민이 아니라는 것이다. 대한민국 아이들은 초등학교 때 가장 폭넓은 독서를 한다. 그리고 중학생이 되면 만화책과 판타지와 가벼운 소설책을 찾고 고등학생이 되면 대부분 만화책 외에는 찾지 않는다. 챈틀리 고등학교를 비롯하여 선진국 여러 나라 아이들이 학년이 높아질수록 다양한 분야의 책을 찾는 것과는 완전히 반대다.

이건 아이들 탓이 아니다. 가벼운 만화나 소설이라면 모를까 독서는 쉬운 일이 아니다. 흥미진진한 사건도 없고 용어조차 어려운 철학과 과학, 정치와 경제 등의 책을 누군들 쉽게 읽어 낼 수 있겠는가. 타고난 독서광이 아니라면 이 일은 누구에게나 어렵다. 그렇기에 정부나 학교가 나서서 적극적인 노력을 기울이지 않는다면 아이들은 학년이 올라갈수록 점점 더 어려워지는 책들을 멀리할 수밖에 없다. 드와이트 학교나 챈틀리 고등학교 아이들이 다양한 책과 자료를 찾게 되는 것은 그 아이들이 특별해서가 아니라 그게 그들이 해야 하는 공부이기 때문이다. 공부를 잘하기 위해서는 다양한 과목에서 다양한 책들을 읽어 내야 하기 때문에 읽지 않을 수 없는 것이다.

그러나 우리는 교과서와 문제집만 열심히 공부해도 충분히 좋은 성적을 얻을 수 있지 않은가. 아니, 우리처럼 '정답 하나'를 골라야 하는 선택형 평가가 주를 이룰 경우 반복 학습만큼 좋은 것이 없다. 그렇다 보니 부모는 학교가 끝나자마자 아이를 또다시 학원으로 내몰게 되고, 온종일 학교와 학원에 시간과 에너지를 빼앗긴 아이들은 독서할 여력이 없게 된다. 결국 우리 아이들로부터 책을 빼앗은 것은 아이의 게으름이나 별난 취미가 아니라, 아이들에게 교과서와 문제집만을 들려 주는 우리의 교육 내용과 평가, 곧 시대를 읽어 내지 못하고 대처하지 못하는 우리 정부와 어른들의 무지와 무능이다.

- "아이들 교육 때문이죠. 한국의 교육은 절망적이잖아요. 이건 아니다 싶으면서도 한국에 있다 보면 어쩔 수 없이 함께 빨려 들어가게 되더라고요. 그래서 결단을 내렸죠. 남의 나라에 와 사는 건 쉬운 일이 아니지만 아이들 교육 때문에 어쩔 수 없어요."

우리가 미국을 탐방하며 만났던 교민들의 이야기다. 이 중에는 뉴욕공공도서관에서 사서로 근무하는 분도 있었는데, 내가 농담 반 진담 반으로, "우리는 도서관을 전공하지도 않은 사람들인데 이렇게 도서관 운동을 하고 있잖습니까? 선생님 같은 분이 한국에 돌아와 도서관 운동을 하면 얼마나 좋겠습니까?"라고 묻자, 그 역시 "애들 교육 때문에 어쩔 수가 없네요."라며 고맙고 미안하다는 말을 몇 번이고 했다.

88만원 세대의 아이들

북미 도서관 탐방 후 며칠 동안은 절망감에 시달려야 했다. 이 시대가 필요로 하는 인재는 우리 아이들처럼 가만히 앉아서 교사가 던져 주는 지식을 받아만 먹고 있다거나 산더미처럼 문제집을 쌓아 놓고 '정답 하나'만을 골라내는 일을 반복하는 아이들이 아니라, 온갖 종류의 책과 자료의 숲을 거닐며 자유롭게 읽고 쓰고 발표하고 토론하는 아이들일 것이기에 더욱 마음이 심란했다. 혹시 나의 지나친 기우일까 싶어 여러 자료들을 찾아보았지만 돌아온 건 더 큰 절망감이었다.

- 이태백(이십대 태반이 백수)
- 삼태백(삼십대 태반이 백수)
- 88만원 세대(대한민국의 10대와 20대를 일컫는 말)
- 비정규직 35.5%(정부 발표)~55%(노동계 발표)
- 2006년 서울시 공무원 932명 뽑는 시험에 15만 명 지원
- 2007년 한국인의 5대 사망 원인 ▶ 암, 뇌혈관질환, 심장질환, 자살, 당뇨병
- 20대와 30대 사망 원인 1위 ▶ 자살

이미 인터넷상에 공공연히 떠돌아다니고 있는 대한민국 청년의 암울한 현실이었다. 시대가 크게 용틀임하는 시기에는 어느 나라를 막론하고 청년 실업률이 높아지고 직업 세계에 큰

혼란이 일기 마련이다. 기존의 것들은 무너져 내리고 새로운 것들은 아직 자리를 잡기 전이니 당연한 것이다. 앨빈 토플러가 말한 것처럼 20세기까지만 해도 세계는 '소품종 다량생산'을 특징으로 하는 '산업화시대'에 머물러 있었다. 이 시대는 공장에서 같은 물건을 다량으로 생산하던 시기였기에 창의적인 사람보다는 위에서 시키는 일을 잘하는 성실한 모범생을 선호했다. 그러나 오늘날은 '다품종 소량생산'을 특징으로 하는 '지식정보화시대'가 아닌가. 이 시대에는 빠른 속도로 정보가 오가고 사람마다 개성을 찾기 때문에 누가 얼마나 정보를 빠르게 수집하고 분석하여 사람들의 개성에 꼭 맞는 물건을 맞춤하게 생산해 내느냐가 관건이다. 따라서 시키는 일만 잘하는 모범생보다는 능동적이고 창의적인 인재가 환영받을 수밖에 없다. 하지만 이러한 급작스러운 변화에 곧바로 대처할 청년들이 얼마나 되겠는가. 더구나 대한민국 청년 대부분은 아주 어린아이였을 적부터 아침부터 밤늦게까지 학교와 학원에 갇혀 문제집만 풀고 있었는데……

• 지금 우리의 심정과 상황을 가장 잘 나타내주는 통계 수치가 두 가지라고 생각해요. 자살률과 출산율입니다. 자살률이라는 것은 지금 우리가 살고 있는 환경이 얼마나 힘든가를 보여주는 수치라고 생각하는데요. 불행히도 우리나라가 경제협력개발기구(OECD) 국가 전체 중 1위입니다. OECD 회원국 중 자살률이 가장 낮은 나

라에 비해 10배나 높아요. 거의 매일 40여 명 정도가 스스로 목숨을 끊고, 1년이면 1만 5,500여 명이 비극적 선택을 합니다. 우리의 삶이 얼마나 각박한가를 보여주는 수치죠.

출산율이란 것은 미래에 대한 희망을 표현한다고 할 수 있을 거예요. 우리가 낳은 아이가 앞으로 얼마나 행복하게 잘 살 수 있는가 하는 기대에 따라 출산율이 영향을 받는다고 생각해요. 불행하게도 우리나라의 출산율은 거의 세계 최하위 수준입니다. 자살률이 가장 높고 출산율이 낮은 나라. 한마디로 지금 가장 불행하고 미래에 대한 희망이 없는 사회라는 얘기가 아닐까요?

― 안철수, 『안철수의 생각』(김영사) 중에서

안철수의 지적처럼 우리의 절망적인 상황은 자살률과 출산율에 적나라하게 드러나 있다. 대한민국은 현재도 미래도 암울하다. 대체 이 일을 어찌해야 하는 것일까? 우리 아이들의 미래, 곧 대한민국의 미래를 밝게 할 길은 없는 것일까?

2장

도란도란 책모임에서 희망을 보다

나는 2003년부터 2010년까지 8년 동안 우리집 두 아이와 아이의 친구들을 모아 가정독서모임을 운영한 바 있다. 이 모임을 통해 친구들과 함께하는 '도란도란 책모임'이야말로 아이들의 정서적인 안정은 물론 배움의 기쁨과 학습력을 크게 향상시킬 수 있음을 경험하였다. 만일 이러한 모임을 전국의 학교와 공공도서관, 또 수많은 아파트 단지와 지역 곳곳에 수십 개 혹은 수백 개씩 만들 수 있다면 대한민국의 미래가 어둡지만은 않으리라는 확신이 들자 심장 박동이 빨라졌다.

친구들과 함께한 가정독서모임,
따뜻한 만남과 배움의 기쁨을 주다

북미 도서관 탐방 후 한참 동안 절망에서 벗어날 수 없었던 것은 좀체 바뀔 것 같지 않은 우리 교육의 현실 때문이었다. 교육이 바로 서기 위해서는 아이들의 '자존감'을 높여 주고 상대방에 대한 '배려심'을 키워 주는 인성 교육을 강화하고, '교과서 하나'에 '정답 하나'인 교육 시스템을 바꿔 아이들 스스로 수많은 책과 자료를 찾아 읽고 탐구하며 '스스로 배울 수 있는 힘'을 기르는 교육으로 나아가야 할 텐데, 우리에게 이런 날이 언제쯤이나 가능할 것인가. 설혹 정부가 이러한 교육정책을 곧바로 시행하려 한다 해도 그것을 직접 실행해야 하는 학교와 교사가 준비되어 있지 않은 상태에서 과연 실효를 거둘 수 있을까? 당장 '교과서'를 없애고 '과정평가 100%'를 한다 했을 때 학생과 교사, 학부모, 그 누가 환영할 것이며 억지로 강행했을 때는 그 부작용을 어찌 다 감당할 것인가. 한 나라의 시스템을 바꾸는 문제는 단기간에 할 수 없는 일, 그 사이에도 아이들은 자라 사회에 나가야 할 텐데, 지금의 이 아이들을 어찌 해야 한단 말인가.

오랜 헤맴 끝에 비쳐든 한 줄기 빛. 그것은 8년 동안 우리 집에서 우리 두 아이와 그 친구들을 데리고 한 가정독서모임을 통해 발견한 '도란도란 책모임'이었다. 책모임은 시스템을 바꾸는 일은 아니니 당장이라도 시작할 수 있고, 만일 이러한 책모임을 학교나 공공도서관, 또 가정과 마을 등에서 수십 개, 혹은 수백 개씩 만들어 낼 수만 있다면 우리에게도 희망이 있겠다는 생각이 들었다. 미국 오바마 대통령은 '작지만 종국에는 사회에 가장 큰 영향을 끼칠 수 있는 일'로 '어린이에게 책을 읽어 주는 일'을 꼽았다는데, 나는 '작지만 종국에는 우리 교육에 가장 큰 영향을 끼칠 수 있는 일'로 '도란도란 책모임'을 꼽고 싶었다.

도란도란 책모임의 불을 지핀 가정독서모임

우리 가정독서모임은 우리 두 아이와 그 친구들이 2003년부터 2010년까지 매주(가끔은 격주로) 일요일 저녁에 우리집에 모여 함께 책을 읽고 글을 쓰고 토론을 한 책모임으로, 우리 큰아이와 그 친구들이 중학교 2학년부터 고등학교 2학년까지, 그리고 작은아이와 그 친구들이 똑같이 중학교 2학년부터 고등학교 2학년까지 활동했다(2010년에 출간한 졸저 『책으로 크는 아이들』은 2003년부터 2009년까지 이 모임의 활동 내용을 담은 것이다).

처음 시작은, 중학생이 된 큰아이가 공부를 못해 열등감을 가지며, 초등학교 때까지는 잘 읽던 동화책과 소설책도 멀리한 채 만화책에만 빠져 들어가는 게 안타까워서였다. 아이는 "공부 못해도 괜찮아. 학교 공부가 대단한 것 같지만 사실 별 거 아니거든. 공부 못해도 얼마든지 훌륭한 사람이 될 수 있어."
라고 격려라도 할라치면, "괜히 절 위로하려고 하지 마세요."
라며 손을 내저을 만큼 '공부'에 주눅이 들어 있고 스스로에
대한 자존감이 낮았다. 공부는 못할 수도 있지만 '공부를 못한
다.'는 이유로 이처럼 주눅 들고 자존감이 낮아져서는 큰일이
라는 생각이 들었다.

 나는 우리 아이가 자신 안에 있는 또 다른 능력과 아름다움
을 발견해 내고 자신을 믿고 좀 더 당당히 자신의 길을 걸어갈
수 있기를 바랐다. 그러나 아이 주변에는 '공부를 잘해야 훌륭
한 사람이 될 수 있다.'고 말하는 사람들이 너무도 많았다. 친
구들이, 학교 선생님들이, 친척들이, 동네 어른들이, 온통 '성
적'과 '입시'를 강조하고 아이의 존재 가치를 그 한 가지 기준
으로 평가하다 보니 엄마 혼자서 아이를 위로하고 격려하기엔
참으로 역부족이었다. 아이가 이런 현실에 굴복당하지 않고 자
신의 존재 가치를 믿으며 당당히 살아가게 할 방법은 없는 것
일까? 몇 개월 궁리 끝에 찾은 답, 그것이 바로 '친구들과 함께
하는 책모임'이었다.

 우리 아이에게 필요한 것은 잃어버린 자존감과 배움의 기
쁨을 되찾는 일일 텐데, 이 일을 돕기에 '책'과 '친구'를 동시에
만날 수 있는 '책모임'만 한 것이 없겠다 싶었다. 친구들과 함
께 책을 읽다 보면 혼자서 독서할 때와는 달리 흥미 위주의 책
읽기나 편독에서 벗어날 수 있을 테고, 책 속의 인물이나 사건

을 통해 자신들의 속마음도 자연스럽게 풀어 놓게 될 것이며, 이렇게 친구들과 '책'을 매개로 마음과 정신을 깊이 교류하다 보면 자연스럽게 자존감과 배움의 기쁨을 되찾을 수 있으리라 생각한 것이다.

배우고 나누며 함께 성장한 아이들

가정독서모임 1, 2기 모두 처음에는 그림책과 동화책으로 시작했다. 그러나 활동 시간이 쌓여 감에 따라 아이들의 책 읽기에 속도가 붙고 힘이 생기게 됐고, 점차 동서양의 고전 문학과 철학, 종교, 정치, 경제, 역사, 과학, 환경, 예술 등 여러 영역을 넘나들며 읽고 쓰고 함께 토론했다.

또, 1기 아이들은 고등학교 1학년과 2학년 네 차례의 방학을 이용해 '책을 읽고 떠나는 여행' 프로젝트를 기획했다. 1학년 여름방학에는 '다산'과 '영랑'과 '고산' 관련 책을 읽고 강진과 해남을 여행하고, 1학년 겨울방학에는 '퇴계'와 '유교' 관련 책들을 읽은 후 안동을 찾아갔으며, 2학년 여름방학에는 『토지 1~21』과 『혼불 1, 2』와 판소리 관련 책들을 읽은 후 하동과 남원을 둘러보았다. 그리고 모임을 마무리 짓는 고등학교 2학년 겨울방학 때는 『아리랑 1~12』 『태백산맥 1~10』과 채만식, 양귀자, 신동엽을 읽은 후 군산, 김제, 부여를 차례로 돌았다. 1기 아이들은 이 여행을 어찌나 좋아했는지 몇 년이 흐른 지금도 만나기만 하면 여행 이야기로 꽃을 피운다.

반면에 2기 아이들은 여행보다는 탐구하고 토론하는 것을 더 좋아했다. 방학 때를 이용하여 지정 탐구 주제와 자유 탐구 주제를 하나씩 정해 원하는 만큼씩 책을 찾아 읽고 3~7쪽 정도의 보고서를 써서 발표하는가 하면, 중학교 3학년 겨울방학 두 달 동안에는 고구려에서 조선까지 매주 한 사람씩 탐구할 인물을 선택해 관련 책과 자료들을 찾아 읽은 후 2~3쪽의 보고서를 써서 발표하고 질의응답하며 우리 역사의 맥을 잡아보기도 했다.

2003년 겨울에 시작되어 2007년 겨울(2월)에 끝을 맺은 가정독서모임 1기. 그 시간 동안 나는 게을렀고 무지했다. (……) 그러나 책 공부를 한다는 것이 즐거웠고 만남이라는 것이 소중하다는 것을 배웠다. 수능을 위한 딱딱한 학습이 아닌 즐길 수 있는 배움, 자신의 길을 닦을 수 있도록 이끌어 준 독서라는 것이 지금 생각해 보면 참 위대한 것이었구나, 하는 생각이 든다. (……) (장벼리, 대학교 3학년)

(……) 내가 독서모임을 시작했을 때 겨우 중학생이었지만 나름대로 미래에 대한 두려움이 있었다. 두려움에 갇힐 때면 나란 존재는 너무 작아져서 형체도 없어지는 것 같았다. 그때나 지금이나

세상을 더 겪어 봐야 할 나이이고 여전히 두려움이 많다. 그러나 독서모임을 하면서 내 내면의 공간은 맥박처럼 두근대며 자신의 존재를 내게 확인시켰다. 그래서 언젠가 내 앞에 넘기 어려운 벽이 있을 때 그것을 넘어서는 힘이 있다면 그 힘은 내 안의 그 공간에서 나올 것 같다. (조은선, 대학교 3학년)

(……) 서로가 쓴 글을 읽고, 이런 저런 토론을 한 후 집으로 가던 버스 안에서 새로운 세계를 발견한 충격을 진정시키면서 되뇌던 많은 다짐들이 떠올라 다시 마음이 시큰해지기도 한다. 우리가 함께 보낸 4년의 시간들은 앞으로 내 삶에서 40년 넘게 따뜻하고 감동스런 원동력이 되어 줄 것이다. (박유미, 대학교 3학년)

(……) 1기가 감정적 성숙이었다고 한다면 2기는 이성적 성숙이었습니다. 우리 사회가 안고 있는 문제, 발전과정 등을 책을 통해 배우면서 사회를 알게 되고 어떻게 하면 이러한 사회를 고쳐 나갈 수 있을지 미흡하지만 깊이 생각해 보면서 사회에 관심을 가지고 저의 생각은 조금씩 발전해 나간 것 같습니다. (……) 또한 친구들과 함께 하면서 편히 지낼 수 있는 친구들의 소중함도 배울 수 있었던 것 같습니다. 아마 이때부터 사람 사귀기를 꺼리던 제가 조금씩 사람들에게 문을 열어 주었던 것 같네요. (……) (장한솔, 고등학교 2학년)

(……) 이 모임에서 내가 얻은 것이 뭐냐고 묻는다면 당연 1순위로 인연이라고 하겠다. (……) 그리고 같이 책을 읽고 토론할 수 있는 친구가 있다는 게, 나는 전혀 생각도 할 수 없었던 측면의 말을 해 주는 친구가 있다는 게 얼마나 멋진 일인지 이 모임에서 배웠다. 단순히 긍정과 부정으로만 생각하던 나의 이분법적 논리는 이곳을 통해 '다분법적 논리'라는 다분히 n차원적이고 쿨한 생김새로 변했고 그런 특별한 경험은 이곳 아니었으면 이만큼 자주 느껴 보지도 못했을 것이다. (……) (권기경, 고등학교 2학년)

(……) 처음에는 그저 책 읽기가 귀찮고, 몇 시간씩 앉아서 책을 읽는 것보다는 친구들과 뛰어노는 것이 좋았지만 읽다 보니 책의 가치와 소중함을 깨달을 수 있었다. 책은 단돈 1만원으로 세계 여러 나라와 과거 여행까지 할 수 있게 해 주었고, 내가 겪어 보지 못한 일까지 경험을 하게 해 주었다. (……) 故 김수환 추기경 님께서 수입의 10분의 1을 꼭 책을 사는 데 투자하라 하신 말씀이 처음에는 이해가 가지 않았지만 이제는 충분히 이해할 수 있다. (……) 내가 성인이 되어도 꼭 수입의 10분의 1은 책을 사서 읽는 곳에 투자할 것이고, 선생님처럼 아이들에게 이런 모임을 경험하게 해 주는 것이 나의 목표이다. (김동한, 고등학교 2학년)

『책으로 크는 아이들』에필로그에 실린 글들인데, 이런 고백을 할 만큼 아이들에게 이 모임은 커다란 감동과 성장을 가져다주었다. 처음 시작할 당시에는, 가정독서모임 아이들 역시 대한민국 여느 아이들처럼 자신의 존재 이유를 몰라 힘들어 했고 배움의 기쁨과는 거리를 두고 있었다. 그러나 1년, 2년, 3년, 4년……. 함께 책을 읽고 글을 쓰고 얘기 나누며 서로를 위로하고 격려하며 스스로 배움의 주체가 되어 공부하는 동안, 아이들은 정서적으로 안정되고 자존감과 배움에 대한 욕구가 크게 향상되었다.

정서의 중요성을 절감하다

가정독서모임을 운영하며 새삼 깨달은 것은 '정서(마음 혹은 감정)의 중요성'이다. 사춘기가 되면 급작스러운 신체 변화와 함께 마음에서도 많은 질문들이 터져 나오는 바람에 누구든 심한 혼란과 갈등을 겪기 마련이다. 나는 누구일까? 내가 좋아하는 일과 잘하는 일은 무엇일까? 나는 앞으로 어떻게 살아야 할까? 우리 부모님은 나를 좋아할까? 나를 자랑스럽게 여길까? 인류사가 증명하듯 이 시기의 이러한 질문과 방황은 아이가 어른으로 변모하기 위한 지극히 자연스러운 통과의례이다. 그러나 대한민국 청소년들에게는 그러한 질문과 방황이 허용되지 않는다. 부모님이고 선생님이고 그런 기미만 보여도 '쓸데없는 생각' 그만하고 공부나 하라면서 더 강한 압박을 하기 때문에 혼자서 끙끙 앓을 수밖에 없다. 이러한 탓에 아이들은 책을 붙잡고 있어도 스트레스와 분노가 쌓여 공부한 만큼 효과를 내기 어렵다.

• 감정코칭을 받아 정서적으로 안정되고 감정을 잘 다룰 줄 아는 아이, 한마디로 EQ(정서지능)가 높은 아이들은 다릅니다. 공부도 잘하고, 대인관계를 풀어가는 능력도 뛰어나며, 자기감정을 잘 조정해 스트레스에도 강합니다. 이런 결과는 막연한 예측과 기대치가 아니라 대니얼 골먼 박사팀이 장기간 추적 연구를 통해 과학적으로 검증된 내용들입니다.

(……)

감정코칭을 받은 아이는 그렇지 않은 아이에 비해 집중력이 높습니다. 이를 뒷받침하는 연구 결과는 상당히 많은데, 먼저 정서적 안정과 호르몬의 관계를 살펴볼까요. 감정적으로 불편하면 심장이 불규칙하게 뛰면서 대표적 스트레스 호르몬인 코티솔이 분비됩니다. 코티솔 수치가 올라가면 교감과 부교감신경의 조화와 균형이 깨지면서 심장에서 두뇌로 가는 메시지가 위기 상황 때와 같은 '싸우거나 도망가는' 단순 회로가 됩니다. 왜냐하면 공포와 불안한 정보에 민감하게 반응하는 편도핵이 시상으로 가는 메시지를 '납치'하여 포괄적이고도 깊이 있는 사고를 충분히 할 수 있는 전두엽으로 정보를 보내지 않기 때문입니다.

스트레스를 받으면 머리가 멍해지는 것 같고, 책을 읽어도 의미 파악이 힘들며, 기억에도 남지 않습니다. 당장의 생존과 상관없는 일에는 주의를 기울이기 어렵고, 주변의 잡다한 자극에 주의가 분산됩니다. 따라서 몰입의 즐거움을 느끼지 못하니 지루하거나 짜증스럽고, 깊이 생각하고 뜻을 음미할 마음의 여유가 없으니 불안하고 초조한 증상이 나타납니다.

(……)

스스로 공부하는 아이. 듣기만 해도 부모의 마음을 기쁘게 하는 말입니다. 아무리 학원을 많이 보내고, 공부하라고 잔소리를 해도 스스로 공부하려는 마음과 능력이 없으면 성적이 오르지 않습니다. 그런데 요즘 아이들은 자기주도학습 능력이 많이 부족합니다. 예전 아이들에 비해 공부하는 데 투자하는 시간은 절대적으로 많지만, 대부분 부모가 시키는 대로 학교와 학원을 왔다갔다하고, 주입식 교육에 익숙해져 있기 때문입니다. 혼자서는 공부할 마음도 없고, 어떻게 공부해야 하는지도 모르는 아이가 태반입니다.

학습해야 할 양이 많지 않고 내용의 난이도가 높지 않을 때는 부모가 강제로 과외를 시키거나 학원을 보내는 방식이 원하는 결과를 만들어낼 수도 있습니다. 하지만 그 한계는 분명합니다. 아이가 고학년으로 올라갈수록 자기주도학습 능력이 없는 아이는 아무리 열심히 해도 성적이 오르지 않습니다. 자기주도학습의 핵심은 자기가 진정 원하는 바가 무엇인지를 알고 이에 대한 감정과 생각, 행동이 일치되는 데 있습니다. 감정을 읽어줌으로써 아이가 스스로 자기감정을 이해하고, 어떻게 그 감정을 해결할 것인지를 찾도록 돕는 감정코칭과 기본 맥락이 같습니다.

— 존 가트맨·최성애·조벽, 『내 아이를 위한 감정코칭』(한국경제신문사) 중에서

예리하고 정확한 지적이지 않은가. '감정'이란 이처럼 중요하고 조심스러운 것이다. 대한민국의 아이들이 그토록 많은 시간을 '공부'에 투자하면서도 그다지 큰 성과를 얻지 못하는 것, 오늘날 우리 아이들이 그토록 불안정하고 거칠어지는 것, 이것은 부모와 교사, 또 이 사회가 아이들의 '감정(정서)'을 외면한 채 '공부'만을 앞세우는 것과 무관하지 않을 것이다.

성적이 향상되다

정서적 안정감이 성적 향상에도 도움이 된다는 것은 가정독서모임 아이들을 통해서도 확인할 수 있었다. 우리 모임에서는 성적 향상보다 친구와 함께 책을 읽으며 서로를 위로하고 격려하며 배움의 기쁨을 누리자는 것을 목표로 했음에도 고등학생이 되면서부터 대체로 성적이 크게 향상된 것이다.

가장 큰 변화를 보인 것은 우리 큰아이다. 큰아이는 초등학교 때부터 학교 공부를 너무도 싫어하고 잘하지 못했다. 초등학교 3학년 때까지는 '아이가 좀 늦되나 보다.' 하며 기다리기도 하고 야단도 쳐 가며 나 역시 '성적'에 대한 미련을 버리지 못했다. 하지만 내가 공부에 욕심을 내고 윽박지를수록 아이가 매사에 겁을 먹고 움츠러든다는 것을 깨닫는 순간, 더는 공부

를 강요할 수 없었다. 아이는 시인과 농부로 살고 싶어 했고 공부가 죽도록 싫다고 했다. 이태백과 장자처럼 살고 싶고 가난하게 살아도 괜찮다고 했다. 아직 어리니까 하는 말이리라 생각하면서도 또다시 공부를 강요하면 아이에게 있는 다른 장점마저도 사라질까 염려스러워, "그렇게 싫으면 공부 안 해도 된다. 중학교까지는 의무교육이니 어쩔 수 없지만 고등학교부터는 네 마음대로 하거라. 이제부터는 너한테 들어갈 학원비며 대학 등록금을 모아 두었다가 땅을 사 주면 되겠구나."하고 얘기를 끝냈다.

이런 탓에 아이도 나도 학교 공부에 대해서는 별 신경을 쓰지 않았고 아이의 성적 역시 중하위권을 벗어난 적이 없었다. 그런데 고등학교 1학년 말, 가정독서모임에서 안동여행을 다녀온 뒤 아이는, "배울수록 모르는 게 많다는 걸 알게 됐어요. 제가 너무 어린 나이에 인생을 결정했던 것 같습니다."라며 대학에 가겠다는 것 아닌가. 그러더니 친구 만나는 재미로 2년째 다니고 있던 학원을 끊고 혼자 공부하기 시작했다. 이때부터 아이의 성적은 꾸준히 오르기 시작했다. 물론 영화나 소설의 주인공처럼 '꼴등이 일등으로' 변신하는 기적을 일으킨 것은 아니지만, 1학년 때 6, 7등급이었던 성적이 2학년 때는 4, 5등급으로 3학년 때는 3, 4등급으로 꾸준히 올라 자신이 원하던 원광대학교 한국어문학부에 수시로 합격한 것이다. 얼마나 놀랍고 고마운 일인가!

그리고 우리 작은아이. 작은아이는 큰아이에 비해 공부는 잘했지만 소심한 면이 있고 사람들과 어울리는 것을 좋아하지 않았다. 그러나 1기 가정독서모임의 형과 누나들로부터 넉넉한 사랑을 받은 탓인지 중학교 2학년이 되면서부터는 다른 사람들을 챙길 줄도 알고 친구들과도 곧잘 어울렸다. 그리고 고등학교에 가서는 성적도 크게 올라 줄곧 최상위를 유지하더니 고3 때는 그 어렵다는 서울대학교 자연계 논술시험까지 무난히 통과하여 합격의 기쁨을 안았다. 이 또한 얼마나 놀랍고 고마운 일인가!

크고 작은 차이는 있지만, 다른 아이들 역시 우리집 두 아이와 비슷한 현상이 나타났다. 비판력은 있으나 포용력과 실천력이 부족했던 아이가 넉넉하고 성실한 아이로 변하기도 하고, 재주는 있으나 자주 게으름을 부리던 아이가 어느 순간부터 꼬박꼬박 과제를 해 오는가 하면, 읽기와 쓰기를 두려워했던 아이가 읽고 쓰는 일을 자연스럽게 하게 되었다. 시간이 흐를수록 이 아이들은 정서적으로 안정된 모습을 보여 주었고 읽고 쓰고 생각하고 토론하는 일에 큰 발전이 있었으며, 학교 성적 역시 크게 오른 것이다.

아이들은 배움을 싫어하지 않는다

'정서의 중요성'과 함께 또 하나 크게 깨달은 것은 우리나라 아이들 역시 결코 배움을 싫어하지 않는다는 사실이었다. 그

동안 아이들이 배움을 지겨워했던 것은 스스로 배움의 주체가 되지 못한 채 배움으로부터 소외당했기 때문이었다.

이번 여행에서 우리는 각자 맡은 작가에 대해 조사하여 그 작가에 관련된 곳에 갈 때마다 간략한 설명을 하기로 했었다. 내가 맡은 작가가 채만식이었기 때문에 2층으로 올라가기 전 그에 대해 설명을 해야 했다. 일제 강점기 시대 지식인으로 살아야 했던 그를 책 두어 권밖에 읽지 않은 내가 설명하기엔 턱없이 부족했지만 나름대로 최선을 다해 짧은 설명을 마쳤다. (……) (은선)

(……) 나는 가장 현실적이고 지금 당장이라도 효과를 볼 수 있는 것은 인터넷 신문이라고 생각한다. 우선, 인터넷 신문은 재정 문제에서 비교적 자유롭다. 회사를 지을 땅도 필요 없고 인쇄 기계 역시 필요 없다. 필요한 것은 오로지 이 두 손과 키보드뿐. 그래서 종이 신문보다 초기 자금이 적어도 된다. 또 직원도 종이 신문만큼 많이 필요로 하지 않는다. 왜냐하면 인터넷 신문은 편집이 복잡하지 않고 회사를 청소하거나 기계를 다뤄야 할 일도 없기 때문이다. 여기서 또 재정적 이익을 본다. 따라서 광고를 조금만 받아도 재정 문제가 해결될 수 있기 때문에 자기와 뜻이 맞는 광고주를 선택할 수 있다.

이제 기사의 진실성에 대한 문제로 넘어가 보자. 종이 신문들이 진실을 보도하기 힘든 것은 광고주와 권력의 눈치를 봐야 하기 때문이다. 그러나 앞에서 말한 것처럼 광고주의 경우는 광고를 안 주는 데에서는 안 받으면 그만이니까 신경 쓸 필요가 없고, 문제는 권력인데, 그것 역시 수많은 네티즌들의 힘이 있기 때문에 종이 신문보다는 훨씬 압박을 덜 받을 수 있다. 만일 권력이 함부로 개입하여 탄압하게 되면 전국의 네티즌들이 가만 있겠는가. 국민들과 원수가 될 것이 아니라면 권력도 함부로 탄압하지는 못할 것이 분명하다. (……) (한솔)

(……) 막상 시험을 보던 중학교 2, 3학년 때에는 개미의 몸, 몸통, 꼬리 부분을 차례로 보고 있었다고 한다면 지금은 그 전체가 한번에 보인다고 설명할 수 있다. 항상 부분부분만을 단기적으로 해결하다 보니 부족했던 역사적 사건들의 연결성이 생겼고 이제 더 이상 국사를 암기만 지겹게 하는 더럽고 치사한 과목이 아닌 더러는 흥미로운 과목으로 여기게 됐다는 것에도 의미가 있다. (……) 이번 탐구는 마치 목적지만 정해 놓고 중간 중간 밥 먹을 때 도시락은 직접 싸가서 먹어야 하는 그런 여행 같았다. 결국 자기 배는 자기가 채워야 하는 그런 것 말이다. 물론 가끔씩 친구가 먹여주는 애틋한 우정도 볼 수 있었지만, 역시 우리는 스스로 도

> 시락을 챙겨 가야만 양껏 배부르게 먹을 수 있었다. (기경)

  이는 『책으로 크는 아이들』에도 소개가 되어 있는, 책을 읽고 현장을 찾아가 한 사람씩 자신이 더 깊이 공부한 작가에 대해 설명한 소감과 '언론의 진실성'을 어떻게 확보할지에 대해 함께 공부한 후 각자 마련한 대안책, 또 70일에 걸쳐 고구려에서 조선까지의 역사적 인물들을 매주 한 사람씩 탐구하여 발표하고 토론한 소감문 중 일부이다.
  아이들은 내가 생각했던 것 이상으로 '능력'이 있었고 '배움'을 몹시 좋아했다. 문학뿐 아니라, 선생님이 가르쳐 줄 때는 그토록 지겨워하던 역사와 사회, 정치, 경제 등에 대해서도 깊은 관심과 흥미를 보이고 스스로 많은 책을 정하여 읽고 쓰고 토론하며 부쩍부쩍 잘들 자랐다. 이 아이들은 '탐구심 없고 배움을 좋아하지 않는 대한민국 청소년들'과 거리가 멀었다.
  그렇다면 애초에 이 아이들이 유독 뛰어나고 특별했기 때문일까? 전혀 그렇지 않다. 이들 역시 대한민국에서 흔히 볼 수 있는, 만화와 게임을 좋아하고 "공부하는 것 좋아요?"라고 물으면 "공부하는 것을 좋아하는 사람도 있나요?"라고 반문하는 평범한 아이들이었다. 이 모임에 참여하게 된 동기 역시, 우리 큰아이와 작은아이, 그리고 1기 모임의 여자 아이 둘은 나의 권유 때문이었고, 큰아이의 친구 둘은 큰아이의 권유, 2기 모임 아이들은 한 명은 부모의 권유, 다른 두 명은 친구 권유 때문이어서 이 역시 특별할 수는 없었다. 그런데 어떻게 이 아이들은 이런 변화와 성장을 이룰 수 있었을까?

여러 원인이 있겠지만, 가장 근원적인 것은 우리 모임에서는 모두가 배움의 주체자였기 때문이라 생각한다. 모임을 제안하고 총괄했던 나 역시 이 모임에서는 학교 수업이나 방과 후 논술반을 이끌 때처럼 혼자 프로그램을 짠다거나 일방적으로 명령하는 일이 없었다. 우리는 늘 함께 책을 고르고 프로그램을 짰으며 방학 때는 스스로 좋아하는 탐구 주제를 정해 탐구하거나 함께 여행 계획을 세워 떠나는 등, 모두 주체가 되어 활동하고 서로를 배려했다. 그러다 보니 아이들은 이 모임을 매우 좋아하게 되었고 시간이 흐를수록 배움의 즐거움을 몸으로 깨달으며 점점 마음과 정신이 열리게 된 것이다. 이러한 일은 이 아이들에게만 가능한 일이 아닐 것이다. 지적 호기심은 인간의 본능이고 자신의 성장을 싫어할 사람은 없을 테니 말이다.

학교에서 꽃피운 자율적 독서동아리

가정독서모임을 학교로 옮겨 오다

우리 가정독서모임처럼 친구들과 함께하는 '도란도란 책모임'이야말로 우리 교육이 안고 있는 두 가지 문제, 즉 '정서 불안'과 '즐거움을 잃은 공부'를 극복할 수 있는 가장 현실적인 대안이라는 확신이 들었다. 전국의 학교마다 이러한 책모임이 수십 개씩 만들어질 수만 있다면 우리 교육에도 큰 변화가 일어날 수 있겠다는 '희망'이 생긴 것이다. 그러나 이러한 일들이 현실적으로 가능할까? 가정독서모임이 성공적이었다 해서 학교에서도 성공할 수 있을까? 막상 현실적인 문제들을 검토하다 보니 자꾸만 주저앉고 싶어졌다. 그러나 북미의 학교들과 도서관을 둘러보고 온 후 더 이상 미뤄서는 안 된다는 절박감마저 생겨 일단 부딪혀 보기로 했다.

먼저 우리 학교 교장선생님을 찾아가 내 생각과 뜻을 말씀드리고, 독서동아리 계를 신설해 줄 것을 부탁했다. 학교에서는 가정독서모임처럼 한 개 동아리가 아니라 열 개든 스무 개든 원하는 아이들은 모두 활동할 수 있도록 해야 했기에 인문사회부장 일을 하며 이 일까지 혼자 감당하는 것은 무리라 생각한 것이다. 교장선생님은 금세 이해하시며 적극적으로 도울 테니 일을 추진해 보라 하셨다. 그러나 학급 수가 줄어듦에 따라 교사 수 역시 줄어 기존에 있었던 '계'도 통폐합을 시켜야 하는 마당에 대한민국 어느 학교에도 없는 '독서동아리 계'를 신설한다는 것은 쉬운 일이 아니었다. 실제로 많은 진통이 있었다. 다들 자신들이 맡고 있는 일은 중요한 것이라 여기는 탓에 그 누구도 자신의 자리가 사라지는 것을 원치 않는 데다 '독서동아리'의 힘과 가치를 잘 이해하지 못했다. 그러나 새 학년도 업무 분장이 이뤄지기 직전, 교장선생님의 적극적인 지지와 몇몇 선생님들의 이해와 협조가 있어 가까스로 '독서동아리 계'를 탄생시킬 수 있었다.

독서동아리 계 선생님과 사서 선생님, 그리고 인문사회부장을 맡고 있는 나. 이렇게 셋이 협력한다면 20여 개의 책모임도 운영할 수 있을 것 같았다. 물론 가정독서모임 때처럼 모임의 일원이 되어 함께할 수는 없지만, 스스로 모임을 운영해 나갈 수 있도록 연수를 시켜 주고 필요할 때 자문을 해 주는 일, 모임 유지의 기초가 되는 출석과 간식을 챙겨 주는 일, 서로 소통하며 더 깊이 친해질 수 있는 친목 캠프 및 발표회 등의 행사를 마련해 주는 일 등 아이들 스스로 모임을 이끌고 소통하며 자부심과 기쁨을 누릴 수 있도록 도울 수는 있으리라 여겼다. 이렇게 자리를 마련해 주고 큰 울타리는 쳐 주되 아이들 스스로 주체가 되어 자율적으로 활동할 수 있도록 돕다 보면 가정독서모임 아이들이 그랬던 것처럼 그 안에서 서로 배우고 나누고 만나며 배움과 성장의 길로 나아갈 수 있으리라 믿었다.

3월이 되자 독서동아리 선생님과 함께 학생과 학부모 대상으로 적극적인 홍보에 나섰다. 수업 시간마다 '책모임의 가치와 힘'에 대해 훈화하는 것은 물론이고 학부모총회 때는 특강을 자처하여 실시했고, 교실과 복도, 도서관 벽마다 '독서동아리 모집 공고문'을 빼곡히 붙였다.

> "친구들과 함께하는 독서동아리, 잃어버린 자아와 배움의 기쁨을 되찾을 수 있습니다. 원하는 친구들 3~7명과 함께 활동하면 됩니다. 방과 후 1주일에 한두 번, 친구들과 함께 멋진 책 여행을 하고 싶은 사람은 3월 말까지 도서관과 인문사회부로 신청하기 바랍니다~."

 고맙게도 아이들은 짝을 지어 몰려들었고, 첫해인 2011년 3월에는 17개 팀의 동아리가 조직되어 활동하더니 7월에는 22개로 늘었다. 그리고 2012년 1학기에는 39개, 2학기에는 32개(갑자기 스포츠 수업이 늘어 7교시가 확대되는 바람에 시간 조정이 안 된 7개 팀 해체)나 되는 독서동아리가 조직되어 활발한 활동을 했다.

주요 일간지도 주목하다

2011년 9월 이후 우리 학교는 주요 일간지에 연달아 보도가 될 만큼 언론의 주목을 받았다. 물론 독서동아리 활동 때문이었다.

맨 처음 기사를 터트린 것은 〈한겨레신문〉과 〈조선일보〉. 2011년 9월 26일자 〈한겨레신문〉'함께하는 교육' 커버스토리 1면과 3면에는 9월 17일에 실시한 '봉원중학교 22개 독서동아리 발표회'와 '밤새워 책 읽기' 기사가 대문짝만 하게 실렸다. 평소 독서에 대해 큰 관심을 보여 준 〈한겨레신문〉의 김청연 기자에게 독서동아리 발표회 초대장을 보냈는데 와서 보고 깜짝 놀라며 "이거야말로 교육혁명이네요." 하더니, '밤새워 책 읽기' 행사에 또다시 와 아이들을 일일이 인터뷰한 후 기사를 낸 것이다.

김 기자는 무엇보다도 '자발적'으로 전교생의 9분의 1이나 되는 학생들이 참여하고 있다는 것이 너무도 놀랍고, 알차고 재미난 발표 내용과 풋풋하고 진솔한 아이들의 모습에 몹시 감동받았다고 했다. 21세기 들어 독서의 중요성과 필요성은 강조되지만 실제로 독서하는 사람은 드물고, 교과부나 교육청, 학교와 가정에서 아이들에게 '억지로 독서'를 하게 하는 것은 봤지만 '자발적인 독서'에 이토록 많은 학생들이 참여하여 스스로 독서모임을 운영해 나가는 것은 처음 보는 일이라 했다.

'억지로 독서' 우리 학교에는 없어요!

봉원중 22개 독서동아리 발표회를 가다

〈한겨레신문〉(2011년 9월 26일자) '함께하는 교육' 1면에 소개된 '22개 독서동아리 발표회' 관련 기사

〈조선일보〉(2011년 9월 26일자) '맛있는 공부'에 소개된 봉원중 학부모독서동아리

    같은 날 〈조선일보〉 '맛있는 공부' 면에는 학부모독서모임에 대한 기사가 실렸다. "책 읽는 엄마가 책 읽는 가족을 만들더라"라는 제목으로 3년째 활동하고 있는 '혜윰나래' 학부모독서모임과 1년째 활동하고 있는 '시나브로' 학부모독서모임을 인터뷰한 것이다. 5장에서 더 자세히 말하겠지만, 봉원중학교에는 2012년 3개의 학부모독서모임이 활동했다. 2008년 봉원중학교에 발령을 받아 온 후, 전에 근무하던 학교에서처럼 학부모독서모임을 운영하고자 하여 얻은 결실이다.

    학부모독서모임은 관악중학교에 근무하던 2004년에 처음 시작하여 봉원중학교에서도 계속 시도한 학부모 책모임 사업인데, 만일 이러한 학부모독서모임이 활발하지 않았더라면 학생독서동아리 운동이 그처럼 힘 있게 시작될 수 있었을까 싶다. 기자가 지적한 것처럼 책 읽는 엄마가 책 읽는 가정을 만들고, 책모임을 통해 변화와 성장을 경험한 어른이 아이에게도 자신 있게 책모임을 권할 수 있을 테니 말이다. 실제로 내가 가르치지 않았지만 책모임을 하겠다고 신청한 아이들 중에는 학부모독서모임 회원 자녀가 많았다.

학부모독서모임 회원들은 이 활동을 통해 제2의 인생을 살게 되었다고도 하고, 늙어서도 책을 읽고 함께 얘기 나눌 수 있는 평생지기를 얻어 가슴이 벅차다는 얘기도 한다. 이렇게 행복한 배움과 만남이 있어서인지 이분들은 아이가 학교를 졸업한 후에도 학교에 와서 모임 활동을 계속한다. 이러한 소문이 어찌어찌 조선일보 기자에게도 가 닿았던 모양이다.

또, 9월 28일에는 〈중앙일보〉 '열려라 공부' 면에 학교 도서관 이야기가 크게 실리고 독서동아리 활동이 소개되었다.

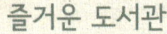

틈만 나면 도서관서 노는 봉원중 학생들 … 왜?

즐거운 도서관

15일 오후 서울 관악구 행운동 봉원중학교. 수업이 끝났음을 알리는 종이 울리자 삼삼오오 짝을 지은 학생들이 교실을 나서 잰걸음으로 어딘가로 향했다. 학생들의 발이 멈춘 곳은 '글벗누리'. 방과 후 더 북적대는 이곳은 봉원중 도서관이다.

봉원중 도서관에 가면 함께 모여 책을 읽고 자유롭게 토론하는 학생들로 시끌벅적하다. 벽에는 학생들의 독후 활동 작품이 붙어 있다.

(……)

학부모·교사도 독서 동아리 활동

봉원중 도서관의 자랑거리 중 하나는 독서 동아리다. 마음 맞는 친구들끼리 동아리를 자유롭게 꾸린다. 지난 1학기에 17개 팀으로 시작한 동아리는 2학기에 5개 팀이 늘어 현재 22개 팀이 활동하고 있다. 전교생의 8분의 1인 100여 명이 참여한다. (……)

"책과는 담을 쌓았었다"는 3학년 김도영군은 "독서 동아리 활동을 한 이후 책을 즐기면서 읽게 됐다"며 "남 앞에서 말을 잘 하지 못했는데 발표력도 몰라보게 좋아졌다"고 말했다.

학부모들도 도서관을 중심으로 독서 동아리 활동을 한다. 이들은 2009년부터 격주로 도서관을 찾아 책을 읽고 토론을 한다. 현재 33명의 학부모가 두 팀으로 나눠 동아리 활동을 하고 있다. 자녀가 졸업했더라도 계속 활동할 만큼 참여 열기가 뜨겁다. 학부모 독서회 호경환(46) 회장은 "엄마들 모임이지만 자녀 성적이 아닌 책 이야기를 나눈다"며 "한 번 모이면 2시간이 훌쩍 지나도 토론이 끝나지 않아 식사 자리에서도 토론을 한다"고 말했다. 부모와 자녀 간의 소통도 활발해졌다. 3학년에 재학 중인 언니와 함께 독서 동아리 활동을 하고 있는 2학년 이자림양은 "나와 언니의 권유로 엄마도 동아리 활동을 하게 됐다"며 "책이라는 공통 화제가 생겨 세 사람 사이에 대화가 많아졌다"고 말했다. 교사 독서 동아리도 있다. 15명의 교사가 도서관에 모여 지정 도서를 읽고 토론을 한다.

여기저기 학교에서 도서관 운영 비결을 묻는 데 대해 백 교사는 "입시 위주의 독서 교육은 오히려 독서에 대한 흥미를 떨어뜨릴 수 있다"며 "책 읽는 분위기를 먼저 차근히 다진 뒤 친구들과 소통하며 자유롭게 독서 활동을 할 수 있도록 공간을 마련해주면 시너지 효과가 난다"고 말했다. (……)

〈중앙일보〉 설승은 기자

10월 18일에는 〈경향신문〉 사회 면에 '친구와 함께, 꾸준히, 즐겁게 책 읽도록 해야'라는 제목으로 자그마하게 내 인터뷰 기사가 실리게 되었는데 우리 독서동아리 아이들의 활동 내용과 사진이 함께 소개되기도 했다.

〈경향신문〉(2011년 10월 18일자) 사회 면에 실린 봉원중학교 독서동아리 이야기

2012년 1월에도 언론의 관심은 이어졌다. 〈아시아경제신문〉이었다. 내가 펼치는 독서교육과 학교에서 진행하고 있는 독서동아리에 대해 관심이 많았다.

'책모임'으로 우리 아이가 달라졌어요

서울 봉원중학교 독서모임에 참여하고 있는 아이들이 도서관에 모여 앉아 책을 읽고 있다. 이 학교의 독서모임은 현재 22개다. 1년 새 책이 아이들을 완전히 바꿔놨다. 공부를 잘 못하던 아이들은 자신감을 되찾았고, 덩달아 성적도 올랐다. 봉원중학교는 올해 이 독서모임을 더 크게 키울 계획이다.

서울 봉원중학교 독서모임에 참여하고 있는 아이들이 도서관에 모여 앉아 책을 읽고 있다. 이 학교의 독서모임은 현재 22개다. 1년 새 책이 아이들을 완전히 바꿔놨다. 공부를 잘 못하던 아이들은 자신감을 되찾았고, 덩달아 성적도 올랐다. 봉원중학교는 올해 이 독서모임을 더 크게 키울 계획이다.

(……)

◆ 우리 아이가 달라졌어요 = 백씨가 꿈꾼 책모임은 성적을 올리거나 좋은 대학에 들어가는 게 목표가 아니었다. 아이들이 스스로에 대해 고민할 수 있는 시간을 갖고, 평생 공부하는 습관을 가질 수 있게 하는 게 목적이었다.

가정 독서모임을 시작한 지 몇 달이 지났을 때쯤, 아이들이 달라지기 시작했다. 아이들은 자기 정체성을 찾아갔고, 의젓해졌다. 책을 읽는 게 이렇게 재밌는 줄 몰랐다는 고백도 이어졌다. 책에서 본 내용들이 수업 시간에 등장하자 공부에도 재미를 느끼는 아이들이었다. 자연스레 성적도 올랐다. 1년이 지났을 땐 눈에 띄는 변화들이 생겨났다. 아이들은 예전보다 더 빠르게 책을 읽어냈고, 어떤 분야의 책이든 가리지 않았다. 글을 쓸 때도 거침이 없었다. 한 아이는 '꽃들에게 희망을'과 '공자의 일생' 등을 읽고 '인간이란 무엇인가'에 대해 쓰기도 했다.

◆ '가정'독서모임이 '학교'독서모임으로 = 책을 읽으면서 아이들이 어떻게 달라지는지를 직접 지켜본 백씨는 독서모임의 무대를 집에서 학교로 넓혔다. 봉원중학교에서의 독서모임은 그렇게 시작됐다. (……)

〈아시아경제신문〉 성정은 기자

'자고 일어나 보니 유명해졌더라.'던 바이런의 말처럼, 우리 학교 독서동아리는 갑자기 유명해졌다. 아이들은 신문에 실린 자신의 이야기와 사진을 보고 입이 함박만큼 벌어지는가 하면 왜 자기 이야기는 없느냐면서 아우성을 치기도 했다. 이름을 내기 위해 활동한 것은 아니지만 언론에서 이처럼 관심을 가져 주니 우리 아이들이 자부심을 갖고 더 열심히 활동하게 되어 좋고 나 역시 내가 펼치고자 하는 일에 지원군을 얻은 것 같아 힘이 났다.

여러 사람들이 우려했던 것처럼 가정독서모임이 잘 되었다고 해서 학교에서도 잘 될 수 있을지 걱정이 많았지만, 마치 물을 만난 고기 떼처럼 도서관에 모여 자유롭게 펄떡거리는 아이들을 볼 때면 가슴이 뜨거워진다.

고등학교 시절 트리나 폴러스의 『꽃들에게 희망을』을 읽은 이후 나와 내 주위 사람들 모두가 허공뿐인 꼭대기를 향해 서로를 무참히 짓밟고 올라가는 애벌레처럼 보였다. 설혹 몇몇은 나비가 될 수 있다 하더라도 여전히 많은 사람들은 그런 애벌레로 살아갈 텐데 자기 혼자 나비가 되는 게 무슨 의미가 있을까, 하는 생각마저 했던 터였기에 길이 보이지 않았다. 어쩌면 '도란도란 책모임'이라는 길을 발견하게 된 것도 이 길을 만드는 데 이처럼 골몰해 있는 것도 어린 시절의 그 질문이 아직도 나를 붙잡고 있기 때문일 것이다.

친구들과 도란도란 둘러앉아 자신의 존재 이야기, 삶의 이야기, 문학과 예술, 종교와 철학 이야기를 나눌 수 있다는 것, 서로를 깊이 들여다보고 자신을 되돌아보며 미래를 함께 꿈꿀 수 있다는 것. 책이 매개가 되고 친구들과 함께라면 우리는 어렵지 않게 이러한 이야기를 풀어낼 수 있고 서로를 위로하고 격려할 수 있다. 그리고 노랑 애벌레와 줄무늬 애벌레뿐 아니라 허공을 오르기 위해 서로를 짓밟으며 살아가던 무수한 애벌레들까지도 모두 아름다운 나비가 되어 함께 날아오를 수 있다. 이러한 일은 21세기 지식정보화시대는 물론이고 이후로도 우리의 존재와 삶을 더없이 빛나게 해 줄 아름답고 가치 있는 길이리라.

3장

도란도란 책모임 이끌어 주기

재미난 것도 많고 해야 할 일도 많은 아이들에게 책모임을 권하는 일이 쉽지는 않다. 그러나 가정독서모임과 봉원중학교 독서동아리 사례에서 보듯이 불가능한 일은 아니다. 어떻게 이처럼, 혹은 그 이상으로 책모임을 활성화시킬 수 있을까?

책모임 운영자가 지켜야 할 세 가지

책모임을 지속적으로 해 나가기란 쉬운 일이 아니다. 주변 사람들에게 책모임을 권하면, '굉장히 좋겠다.'라고 말하면서도 실제로는 '용기가 안 난다.', '시간이 없다.', '해 봤는데 잘 안 되더라.' 등의 이유를 대며 피한다. 쉽지는 않을 것이다. 도서평론가 이권우가 지적한 것처럼 '독서는 자전거 타기'와 같아 가만히 앉아 있어도 화면이 넘어가는 영화와는 다르다. 스스로 힘 있게 페달을 밟지 않으면 한 걸음도 앞으로 나아갈 수 없다. 또한 처음 자전거를 배울 때 몇 번이고 넘어지고 일어서기를 반복해야 하는 것처럼 독서 역시 몸에 익을 때까지는 글자가 눈에 잘 들어오지 않고 몰입하기가 쉽지 않아 몇 번이고 그만두고 싶어진다. 책모임은 더더욱 그렇다. '함께'여서 힘이 덜 들 것 같지만 서로 협력하지 않으면 모임이 무산되기 일쑤고 모임이 되더라도 '잡담'만 하다 끝날 수도 있고 모임원 간의 질투와 반목으로 '스트레스'가 더 심해질 수도 있다. 그러나 8년 동안 활동한 우리 가정독서모임이나 봉원중학교에서 진행되고 있는 소그룹 독서동아리를 보면 불가능한 일은 아니다. 어떻게 해야 이런 일이 가능할까? 책모임을 이끌고자 할 때 유념했으면 하는 원칙 세 가지를 소개한다.

먼저 '왜 책모임인가'를 설득하자

어떠한 일이든 새로운 일을 시작할 용기를 내려면 당사자 스스로 중요성과 필요성을 깊이 느낄 수 있어야 한다. 따라서 책모임을 운영하고자 하는 사람이 가장 먼저 해야 할 일은 모임원에게 '왜 책모임인가'를 납득시키는 일이다.

가정독서모임을 시작하려 했을 때 큰아이와 배움과 존재의 문제로 여러 차례 얘기를 나눴다. 앞서 말한 것처럼, 우리 큰아이가 중학생이 되어서 공부 못하는 자신에 대해 열등감을 느끼고 삶에 대한 회의에 빠져 있을 때, 공부야 못할 수도 있지만 아이가 스스로의 존재 가치를 부정하게 되면 큰일이라는 생각에, 아이의 '자존감'을 살려 주려고 "너는 너대로 아름다운 사람이야."라는 말을 끊임없이 해 주었다. 그러나 아이는 이미 너무 많은 상처를 받은 데다 '성적'과 '돈'만을 좇기 바쁜 우리의 현실을 알게 되었던지, "괜히 절 위로하려 하지 마세요."라며 나를 '철없는 엄마'나 '위선자'로 취급했다. 이런 일이 아니더라도 사춘기가 되면 아들은 엄마를 경시하는 경향이 있고 아이는 어른의 말을 잔소리로밖에 여기지 않는다더니 우리 아이도 다르지 않았다.

그러나 진심을 다해, 기회 닿는 대로, 세상에는 그 얼굴만큼이나 서로 다른 다양한 사람들이 존재하고, 학교 공부가 중요한 것이긴 하지만 절대적인 것은 아니라는 얘기를 들려주었다. 또한 우리나라처럼 '단순 암기식 획일 교육'은 아이들 하나

하나에게 숨겨져 있는 재능과 가치를 발굴하고 평가하기에는 역부족이니 괜한 열등감 갖지 말라고 격려해 주었다. 그러나 '배움'만큼은 강조했다.

"인간은 '천의 얼굴을 가진 존재'라 불릴 만큼 복잡하고 그렇기에 자신조차도 자신을 잘 알지 못하는 '불완전한 존재'가 아니냐. 그럼에도 인간은 자신의 일뿐만 아니라 주변에서 일어나는 수많은 문제들에 대해 끊임없는 '선택'과 '판단'을 하며 살아야 한다. 또한 '직업(일)'이란 자신을 성취하기 위해서뿐만 아니라 경제적인 독립을 위해서도 매우 중요하기 때문에 충분히 생각하고 준비하여 선택해야 하는데, 이것 또한 자신이 진정으로 하고 싶고 잘할 수 있는 일이 무엇인지 알았을 때 바른 선택을 할 수 있다. 그런데 배우지 않고 어떻게 이러한 일들을 잘 풀어 나갈 수 있겠니?"

이러한 내용들이었다. 세뇌 효과인지 진심이 통한 건지, 아이는 점차 내 말에 공감하는 듯했다. 그때 '배움'에는 '독서'만큼 좋은 것이 없다면서 "책을 함께 읽자."는 제안을 했다. 책은 재미와 감동을 줄 뿐만 아니라 인류가 축적해 놓은 지식의 보고이자 자신의 울타리를 허물고 정신에 날개를 달 수 있도록 도와주는 멋진 스승임을 강조하며, 이러한 책을 폭넓게 읽으려면 혼자서는 버거울 테니 '함께 읽자.'고 한 것이다. 아이는 결심을 굳히고 있었던 듯 좋다고 했다. 이렇게 해서 큰아이와 작은아이, 그리고 나 이렇게 셋이 몇 개월 동안 책모임을 가졌다.

그러나 중학교 1학년 남자아이와 초등학교 3학년 남자아이에 중년의 엄마라는 배합은 애초에 무리였던 듯 갈수록 재미가 없고 시들거려, 6개월 뒤 큰아이에게 친구들을 데려오라고 해 '친구들과 함께하는 책모임'으로 새롭게 출발한 것이다.

우리 큰아이가 친구들을 어떻게 설득했는지는 모르지만 나는 이 아이들에게도 우리 아이에게 했던 것처럼 독서가 어떻게 '존재와 배움'의 문제를 도울 수 있는지 얘기하고, '책모임'이 어떻게 '혼자서 하는 독서'를 뛰어넘을 수 있는지 말해 주었다. 혼자서 책을 읽다 보면 편독과 고립감을 벗어나기 어렵지만 친구들과 함께하는 독서는 '더 넓고, 깊고, 따뜻한 독서'를 가능하게 한다고 말해 준 것이다. 아이들은 친구가 좋고 뭔가 '보람찬 일'을 하게 되었다는 자부심(?) 때문인지 곧 수긍하며 열의를 보여 주었다.

학교 아이들에게 책모임을 권할 때 역시 '왜 책모임인가'를 설득하는 데 많은 공을 들인다. 내가 국어과 수업을 맡고 있는 아이들에게는 3월 첫 주 국어 시간을 활용하여 '나는 누구인가'라는 화두를 던져 놓고 1년 동안 진행될 나의 국어 수업은 모두 이 주제에 초점이 맞춰질 것이라 얘기하며, 세상을 살아가면서 적어도 자기 자신에 대해서만큼은 잘 알아야 할 것 아니냐고 운을 뗀다. 이어 사람은 모두 자기 안에 자기만의 아름다운 보물을 갖고 있기 마련인데 우리 교육이 획일적인 입시교육에 매몰되고 세상이 너무 빨리 달리기 시작하면서 우리 모두 '나'를 자세히 들여다볼 겨를이 없는 듯하다고 말한다. 그러나 내가 누군지, 내가 진정으로 꿈꾸는 것은 무엇이고 잘할 수 있는 것이 무엇인지도 모른 채 허겁지겁 달리다 보면 우리 모두 '스프링벅(한 마리가 달리기 시작하면 갑자기 모두 정신없이 달리다가 벼랑에 떨어져 죽는다는 아프리카의 양)' 꼴을 당할 수 있으니, 우리는 책도 읽고 글도 쓰고 얘기도 나누며 좀 천천히 가자고 한다. 이런 까닭으로 나는, 교사의 일방적인 강의식 수업을 지양하고 학생이 스스로 읽고 쓰고 탐구하고 발표하고 토론하고 표현하는 '학생 중심의 수업'을 지향하고 있음을 밝히고 함께 좋은 수업을 만들어 가자고 설득한다. 이어서 유럽과 미국 등의 선진국에서 어떠한 형태의 수업이 이뤄지고 있는지도 소개해 주고, 21세기 지식정보화시대에 우리 교육이 안고 있는 문제점과 이를 극복할 수 있는 방안에 대해서도 얘기한다(구체적인 내용은 1장 참조). 이때 '도란도란 책모임'이 그 중 한 방법임을 힘주어 말한다.

내가 수업을 맡고 있지 않은 아이들에게는 직접적으로 이런 얘기를 할 기회가 없어, 학부모독서모임과 교사독서모임, 또 학부모총회 때의 특강 등을 활용하여 학부모와 동료 교사를 설득해 그들이 아이들에게 말할 수 있게 한다. 또한 학교에서 아침독서 프로그램으로 진행하고 있는 '금요책추천영상방송'[1]에 출연하여 전교생을 대상으로 7분여 동안 관련 내용을 압축해서 안내하기도 한다. 물론 국어 시간에 '존재와 배움'에 대해 서너 시간씩 얘기하며 '책모임'을 권하는 경우와 이처럼 간접적이거나 아주 짧게 안내하는 것과는 차이가 날 수밖에 없는데, 다시 도서관과 교실, 또 복도 벽마다 '책모임 홍보물'을 게시하는 것으로 아쉬움을 달래고 있다. 이렇게 해서 책모임을 하겠다고 모여든 아이들에게는 '독서동아리 워크숍' 시간을 활용하여 또다시 '왜 책모임인가'라는 주제로 2시간여를 강의하며 책모임의 중요성과 필요성을 역설한다.

아이들을 책모임으로 끌어들이는 일은 쉽지 않다. 더구나 우리 사회는 '존재와 배움'과 같은 본질적인 인간의 문제에 별다른 관심을 갖고 있지 않아 한두 번의 설득으로는 아이들의 마음을 움직이기 어렵다. 지식정보화시대의 '독서' 문제 역시 마찬가지이다. 이미 세계는 '지식'과 '정보'가 핵심 화두가 되었고 선진국의 많은 학교에서는 '도서관'이 학교의 심장 역할을 할 만큼 모든 교과에서 도서관의 책과 자료들을 활용하는 교육을 펼치고 있지만 우리는 아직도 '교과서 하나'와 '정답 하나'에 묶여 있지 않은가. 우리 사회와 교육 현실이 이러한데 아이들이 이러한 흐름을 거슬러 역주행한다는 것이 어찌 쉬운 일이겠는가. 어설프게 한두 번 말해서 설득될 수 있는 일이 아니다. 따라서 아이들을 책모임으로 끌어들이기 위해서는 책모임을 운영하고자 하는 자신이 먼저 '왜 책모임인가'에 대한 나름대로의 철학과 비전을 가질 수 있어야 하고, 그것을 기회 닿는 대로 몇 번이고 아이들에게 주지시켜 마음 깊이 변화를 일으킬 수 있도록 이끌어야 한다. 이런 노력이 선행되지 않고서는 아이들을 책모임으로 끌어들이기도 힘들거니와 설혹 책모임을 시작했다 해도 오래 유지하기가 어렵다.

'왜 책인가', '왜 책모임인가'를 이해하는 데 도움 받을 수 있는 책

자녀나 제자, 친구나 이웃을 책이나 책모임으로 이끌고 싶다면, 자신이 먼저 '왜 책인가', '왜 책모임인가'에 대한 분명한 답을 갖고 있어야 한다. 책모임을 하고자 하면서도 선뜻 나서지 못한다거나 시작한 후에도 힘 있게 추진하지 못하는 많은 경우, 방법을 몰라서라기보다 왜 책을 읽어야 하는지, 왜 책모임을 해야 하는지에 대한 신념과 철학이 부족한 때가 많다. 이를 도와줄 수 있는 책을 몇 권 소개한다.

- 『책으로 크는 아이들』(백화현 지음, 우리교육) : 우리집에서 우리 큰아이와 작은아이, 그 친구들이 매주 일요일 저녁 함께 모여 책을 읽고 글을 쓰고 토론하며 지낸 2003년부터 2009년까지의 기록을 담은 책이다. 입시공부에 찌들어 황폐화되기 쉬운 중학교 2학년에서 고등학교 2학년의 시절을 '책과 친구'가 결합되어 있는 '친구와 함께하는 책모임'을 통해 어떻게 함께 배우고 나누고 만나고 성장해 갔는지 그 변화 과정을 자세히 들여다볼 수 있다.

- 『조벽 교수의 인재 혁명』(해냄) : '교수를 가르치는 교수'로 유명한 조벽 교수가 획일화된 입시교육으로 인해 병들어 가는 아이들을 살리고 대한민국의 미래를 살릴 수 있는 길을 제안한 교육 희망서. 우리 아이들이 살고 살아가야 하는 21세기가 지니고 있는 특징과 이 시대가 요구하는 인재상을 제시하며, 세계가 부러워하는 대한민국의 뜨거운 교육열을 사교육에 사장시키지 말고 창의성을 지닌 진정한 인재를 길러 내는 데 쏟아야 한다고 역설하고 있다.

- 『내 아이를 위한 감정코칭』(조벽·최성애·존 가트맨 지음, 한국경제신문사) : 감정코칭의 세계적인 권위자 가트맨 박사와 그의 이론을 상담과 현장 코칭에 적용한 최성애 박사, 이를 교수법으로 끌어들인 조벽 교수가 결합하여 인간에게 감정의 문제가 얼마나 중요한 것인지를 이론적 근거와 구체적인 사례를 통해 낱낱이 보여 주는 한편, 어떻게 해야 메마르고 뒤틀린 우리들 감정의 문제를 진정시키고 풍요롭게 승화시켜 나갈 수 있는지 그 비법을 상세히 알려 준다. 자녀나 제자들과의 갈등은 대체로 이 '감정'에 대한 이해 부족으로 인한 것이고, 우리 아이들이 많은 시간을 들여 공부하지만 실제로 별 효과를 보지 못하는 이유 역시 '감정의 문제'와 밀접한 관계가 있는 것이기에, 부모와 교사라면 이 책을 한번쯤은 꼭 읽기를 권한다.

- 『북미 학교도서관을 가다』(전국학교도서관담당교사 서울모임 지음, 우리교육) : "21세기의 학교는 지식을 떠먹여 주는 곳이 아니라 아이 스스로 배울 수 있는 힘을 길러 주는 곳이어야 한다."라며 "도서관은 이러한 교육을 가능하게 해 주는 최적의 곳이다."라고 말하는 미국과 캐나다의 학교와 그 도서관을 탐방한 후, 우리 교육의 나아가야 할 방향과 도서관 활성화를 제안하고 있다. 21세기와 독서, 학교도서관의 역할과 가치를 숙고케 한다.

- 『핀란드 교육의 성공』(후쿠타 세이지 지음, 나성은·공영태 옮김, 북스힐) : 본문에서도 언급한 것처럼, 이 책은 핀란드 교육을 통해 일본의 교육을 되돌아보고자 한 후쿠타 세이지 교수의 저서로, 공부를 강요하지 않았음에도 공부를 더 잘하게 된 핀란드, 경쟁을 버리고 협력을 택했음에도 퇴보가 아닌 눈부신 성장을 이뤄 낸 핀란드의 교육적 성공의 비결을 진단하며 그 반대편에 서 있는 일본 교육의 나아갈 방향을 제시하고 있다. 일본보다 더 심하게 핀란드의 반대편으로 치닫고 있는 대한민국의 교육은 어찌해야 하는 것일까? 깊이 질문하며 읽다 보면 그 답의 실마리를 얻을 수 있다.

- 『학교 도서관에서 책 읽기』(백화현 외 지음, 우리교육) : 교육의 본질과 독서를 해야 하는 이유를 처음부터 되물으며 학교 도서관이야말로 교육의 본질을 실행해 낼 수 있는 최적한 곳이요 평등 교육의 모체임을 달동네 학교 도서관 경험 사례를 통해 보여 주고 있다. 함께 소개한 '36차시 단계별 독서수업 프로그램'은 책모임을 조직한 후 어떤 책을 어떻게 읽어야 할지 막막할 때 참고하면 좋다.

- 『88만원 세대』(우석훈·박권일 지음, 레디앙) : 어쩌다가 대한민국의 10대와 20대는 '88만원 세대'라는 별칭을 얻게 되었을까? 경제학자 우석훈과 박권일은 근래 들어 더욱 심각해진 대한민국 청년 취업난의 원인과 현상을 파헤치며, 20대에게는 기득권을 움켜쥐고 있는 기성세대와 청년들의 현실을 외면하고 있는 정부를 향해 "바리케이트를 치고 짱돌을 들어 연대하여 투쟁하라."고 주문하지만, 10대들에게는 "독서하라. 독서만이 살 길이다."라며 독서의 중요성을 강조한다. 교육 관계자나 독서 운동가가 아닌 경제학자의 말이기에 독서 문제를 보다 현실적으로 접근할 수 있게 해 준다.

- 『오프라 윈프리 이야기』(주디 L. 해즈데이 지음, 권오열 옮김, 명진출판사) : 부모의 이혼과 어린 시절 성 폭력을 당한 상처로 어두운 청소년기를 보낸 오프라 윈프리가 어떻게 마음을 추슬러 대학에도 가고 오늘날 세계적인 방송인으로 성공할 수 있었는지를 가슴 절절한 이야기로 풀어낸 책이다. 자세히 읽다 보면, "책이 인생을 바꿀 수 있다는 것을 말하고 싶어."라고 말할 만큼 책을 좋아하고 책의 힘을 믿었던 오프라 윈프리를 만날 수 있다.

책모임을 할 공간과 시간을 마련해 주자

모임이 만들어지고 난 후 그 모임의 활성화 유무에 매우 큰 영향을 끼치는 것은 '공간'과 '시간'이다. 특히 요즘 아이들은 정서적으로 불안정하고 늘 바빠 이러한 문제가 해결되지 않으면 모임을 시작해 놓고도 삐거덕거리다 마음을 접기 쉽다.

가정독서모임의 경우, 공간은 두 시간여 마음 편히 머물 수 있는 누군가의 집이 좋다. 우리 가정독서모임은 8년 동안 우리 집 거실과 아이들의 방이 그들의 공간이었다. 아이들이 활동할 때 다른 식구들이 있어 서로 불편한 점이 없진 않았지만, 우리 시어머님과 남편은 이 모임의 중요성을 잘 알고 있어 싫은 기색을 보인 적이 없고, 아이들 역시 크게 떠들거나 거칠게 행동한 적이 없어 별 무리가 없었다. 아이들은 오는 대로 거실 탁자에 둘러앉아 20여 분 정도 1주일 동안 있었던 일상의 소소한 이야기들을 나누며 웃고 떠들다 자연스럽게 그날의 주제 활동으로 넘어가곤 했다.

탁자에는 내가 아끼는 도자기 찻잔과 차, 그리고 약간의 과자나 과일 등을 준비해 놓았다. 이는 오랜 교사 생활 덕에 얻은 지혜랄 수 있는데, 아이들은 늘 돌아서자마자 배고파 하는 데다 이런 모임에서의 간식은 단순한 먹을거리가 아니라 '관심과 사랑'으로 받아들여질 것이라 생각했기에, 내 마음을 그리 전한 것이다. 또한 굳이 도자기 찻잔과 차를 준비한 것은 이 모임의 '품격'을 높이고 싶은 바람 때문이었다. 가볍게 홀짝 마실 수 있는 음료수가 아니라 은은한 향과 깊은 맛을 내는 '차'처럼 이 모임이, 또 아이들 하나하나가 그렇게 속 깊고 의젓하게 자라기를 바란 것이다.

학교의 책모임은 이처럼 '집'이 주는 '따뜻함'은 덜할 수 있다. 그러나 '집'에서 한 개 팀만 활동하는 가정독서모임과 달리 학교에서는 '도서관'이라는 열린 공간에서 여러 개 팀이 함께 활동할 수 있다는 장점이 있다. '도서관'은 학교에서 책모임을 하기에 가장 적합한 공간이다. 우리 학교는 32개 책모임이 외부 활동을 나갈 때를 제외하고는 '도서관'에서 함께 활동했다. 여러 책모임이 같은 공간에서 활동하다 보니 소란스럽고 산만한 점은 있지만 이렇게 한 공간에서 활동하는 것이 다른 모임과도 교류할 수 있고 서로 자극과 격려를 주고받을 수 있어서인지 아이들 역시 '교실'이나 그 밖의 장소보다 '도서관'을 선호했다.

그러나 22개 팀이 활동하던 2011년에 비해 32개 팀이 활동한 2012년에는 교실 세 칸 반밖에 안 되는 도서관이 무척이나 비좁았다. 특히 13개 책모임이 한데 몰려 있는 월요일 활동 시간은 도서관이 시장처럼 시끄러워 마음이 편치 않았다. 아이들이 어울려 얘기 나누다 보면 크게 웃을 수도 있고 격한 토론을 벌일 수도 있는데, 바로 옆에서 책을 읽고 있는 다른 책모임에게 방해가 될까 싶어 자꾸 제재를 가하게 된다. 우리 도서관도 미국의 드와이트 중고등학교 도서관처럼 시원스럽게 넓은 공간과 유리벽으로 둘러싸인 여러 개의 토론방이 있다면 얼마나 좋을까, 하는 탄식이 절로 나온다. 그러나 지금의 우리에게는 꿈도 꿀 수 없는 일이다. 현실적인 대안은 월요일 모임을 다른 요일로 분산시키는 것일 텐데, 이마저도 2012년에는 토요일이 완전 휴무일이 되고 체육활동 강화로 인해 스포츠 시간까지 생겨 7교시 하는 날이 3일이나 되어 옴짝달싹할 수가 없었다.

 무슨 일을 하려 할 때 '시간'은 누구에게나 문제가 되지만, 우리나라 청소년처럼 방과 후에도 해야 할 일이 빼곡하면 그 증상이 더욱 심하다. 중학교의 경우, 6교시가 있는 날은 오후 3시 10분, 7교시가 있는 날은 오후 4시쯤 학생들의 정규 일정이 끝난다. 그리고 도서관 개방은 본래 오후 4시 30분까지로 되어 있지만 2011년부터 책모임 운영을 위해 오후 5시로 연장하고 있다. 그렇더라도 아이들은 6교시 하는 날을 선호할 수밖에 없고 그중에서도 방과후수업이나 학원 수업과 겹치지 않게 하려다 보면 한두 개 요일에 집중될 수밖에 없다. 또한 이때 모임원끼리 일치되는 날이 없다 보면 아예 모임 결성을 못하거나 날이 맞는 아이들끼리 축소해서 할 수밖에 없다. 우리 학교에서 중도에 해체가 된 책모임의 경우 대체로 이러한 일정과 시간이 문제였다. 시작 당시에는 방과후수업이나 학원을 다니지 않던 아이가 그 수업을 하게 되면서 요일을 맞출 수 없게 되고, 모두가 가능한 날이 7교시가 있는 날뿐이어서 어떻게든 해 보고 싶은 마음에 결성은 했지만, 청소 당번이거나 종례가

길어지면 모임 활동 시간이 30여 분밖에 안 되다 보니 흐지부지 활동하다 해체되고 마는 것이다.

1장에서도 말한 바 있듯, 우리나라 청소년들은 독서나 독서모임을 하고 싶어도 '시간'이 없어서 못하는 경우가 많다. 특히 학교 성적이 좋은 아이들일수록 하루 일정이 학교와 학원, 특별과외 등의 '공부' 시간으로 빽빽하게 짜여 있어 느긋하게 책을 읽고 글을 쓰고 얘기 나눌 시간을 확보하기가 어렵다. 가정독서모임의 경우에도 외국 유학을 가는 바람에 그만두게 된 아이 말고도 외고 준비로 주말에도 학원을 다니게 되어 중도에 그만둔 아이가 있었다. 아이는 독서모임을 무척이나 좋아하여 끝까지 계속하고 싶어 했지만 학원 일정과 점점 늘어나는 공부량에 치여 결국 독서모임을 포기하고 말았다. 우리 가정독서모임에서 끝까지 활동을 열심히 한 아이들은 모두, 학원을 전혀 다니지 않았거나 일정 기간 한두 개 과목만 잠깐 다니고만 아이들이다. 학교 책모임 아이들의 경우에도 마찬가지다. 학교에서 두드러진 활동을 보이는 책모임 아이들은 학원을 다니지 않거나 1주일에 두세 번 정도 영어나 수학 한 과목만 학원을 다닌다.

아이들이 책모임 활동을 활발히 할 수 있으려면 '시간 확보'가 매우 중요하다. 모임날 활동하는 두어 시간 외에도 평소에 차분히 책을 읽고 글을 쓸 수 있는 시간이 있어야 한다. 책모임 활동을 활발히 하려면 모임날 전에 대상 도서를 읽고 글을 쓰고 신문 스크랩을 하는 등의 사전 활동을 해야 하는데(우리 가정독서모임과 학교에서 활발한 활동을 하고 있는 책모임은 모두 이렇게 했다.), 학교 공부와 학원 숙제에 치여 사는 아이들에게 이건 무리이다. 물론 본인이 간절히 바란다면 할 수도 있겠지만 행여 부모 욕심으로 아이를 밀어붙인다면 아이는 책모임에서조차 배움의 기쁨을 느끼기는커녕 이중 삼중의 스트레스 때문에 정서적으로 더 큰 문제가 생길 수 있다.

이처럼 아이들이 맘 편히 책모임 활동을 할 수 있으려면 '따뜻한 공간'과 함께 '넉넉한 시간 확보'가 매우 중요하다. 아이를 일주일 내내 학원으로만 내몰 것인지 아이를 믿고 격려하며 스스로 배움의 길을 걸어갈 수 있도록 도울 것인지 '선택'할 수밖에 없는 것이다. 그렇기에 이것은 방법의 문제라기보다는 철학과 용기의 문제이다.

현명한 사람이라면 그 '선택'이 어렵지는 않을 것이다. 이미 새로운 시대는 시작되지 않았는가. 아이들은 새로운 시대를 살아가야만 하는데 언제까지 구시대에 묶어 둔 채 억지로 끌고 다닐 것인가? 폴 발레리가 말한 것처럼, 우리는 생각한 대로 살지 않으면 사는 대로 생각하기 마련이다. 생각이 그렇다면 그대로 실천할 수 있는 용기, 우리에게 필요한 것은 바로 이러한 '용기'이다.

책모임 운영 원칙을 분명히 하자

혼자서 일할 때도 그렇지만 '모임' 활동을 할 때는 '운영 원칙'이나 '활동 원칙'을 세우고 함께 지켜 나가는 것이 좋다. 책모임은 어쩌다 한 번 만나는 것도 아니고 단순히 '친목'만을 목적으로 하는 것도 아닌 데다 서로가 애써 노력하지 않으면 금세 무너질 수 있는 '책을 읽는 모임'이기 때문이다. 거듭 강조하지만 독서는 쉬운 일이 아니다. 더구나 매일매일 할 일이 태산 같은 아이들이기 때문에 '책모임'은 금세 뒷전으로 밀리기 십상이다. 따라서 서로를 어느 정도 구속하고 서로에게 책임을 지워 줄 수 있는 '원칙'을 세우는 일은 매우 중요하다.

가정독서모임을 처음 결성했을 때, 나는 이러한 위험성을 설명한 후 모임을 오래도록 유지하고 이를 통해 우리가 함께 성장하기 위해 활동 원칙은 지키자고 강조했다.

토트 가정독서모임 활동 원칙

- **성실하게 참여하자**
  - 함께 만들어 간다는 생각 잊지 않기
  - 못 오게 될 경우에 연락하기
  - 숙제 잘해 오기
  - 시간 잘 지키기

> - **자기 속도대로 한 걸음씩 꾸준히 걷자**
>   - 잘하는 친구 시샘하지 않기
>   - 못한다고 무시하거나 구박하지 않기
>   - 적어도 1년 동안은 탈퇴하지 않기
>
> - **손가락 새로 빠지는 것들을 소중하게 생각하자**
>   - 독후 활동에 연연하지 말고 읽는 일 자체를 즐기기
>   - 함께 만들어 가는 추억거리 소중히 여기기

이 같은 원칙을 정한 것은, 가정독서모임은 사적인 모임이고 그 목적이 '존재와 배움'에 관한 것이기 때문에, 자신과 서로를 위해 책임감 있게 활동하되 자기가 할 수 있는 만큼 즐기면서 활동할 수 있어야 한다고 생각했기 때문이다. 물론 이런 원칙을 세웠다고 해서 모두 완벽하게 지킨다거나 지키지 않은 멤버를 크게 벌 줄 수 있는 것은 아니지만, 그때마다 '원칙'을 새롭게 환기시키며 마음을 다잡게 할 수는 있다.

이것은 아이들의 모임을 이끄는 어른에게도 똑같이 적용할 수 있다. 특히 우리 가정독서모임처럼 자녀의 친구들을 모아 모임을 이끌 때 그 부모는 자신의 아이만 유독 잘하기를 바란다거나 자신의 아이에게만 엄격해서는 안 된다. 이처럼 운영자가 자신의 자녀에게만 관심을 집중한다거나 거리 유지에 실패

하게 되면 자녀는 말할 것도 없고 모임원 모두가 불편하여 모임은 곧 와해될 수밖에 없다. 따라서 자녀와 그 친구들을 모아 '가정독서모임'을 이끌고자 하는 운영자 역시 다른 모임원과 마찬가지로 잘하는 아이를 시샘하지 않고, 못하는 아이를 구박하지 않을 수 있어야 하고, 손가락 새로 빠져 달아나는 것들을 소중히 여기는 '여유'가 있어야 한다. 어찌 보면 쉽고 사소해 보이는 문제가 '가정독서모임' 성공 여부를 결정짓는 가장 큰 요인일 수 있다.

 가정에서 부모가 하나의 모임을 이끄는 '가정독서모임'과 달리, 학교에서 운영하는 책모임은 '공'적인 성격을 띠고 있고 더 많은 팀을 이끌어야 하는 것이라, 참가 학생들의 활동 원칙뿐만 아니라 운영자의 운영 원칙도 분명히 세워야 한다. 우리 학교의 경우, 책모임 사업은 학교의 특색사업 중 하나로 '인문사회부'의 주요 사업이 되었기에 이 일을 담당하고 있는 독서동아리 계 선생님과 사서 선생님이랑 의논하여 운영 원칙을 세웠다.

 이 책모임은 교사가 일방적으로 끌어가는 '방과 후 독서토론논술반'과 달리, 아이들 스스로 필요에 의해 '자발적'으로 참여하고 '자율적'으로 운영해야 하는 순수 독서동아리이다. 그러나 아직 이러한 경험을 해 본 적이 없고 꾸준히 독서한다는 것이 쉬운 일이 아니기 때문에 '울타리 교사'를 두어 모임 유

> **봉원중학교 학생독서동아리 운영 원칙**
>
> - 소그룹(3~7명) 구성을 원칙으로 한다.
> - 학생들의 자발적인 참여를 원칙으로 한다.
> - 학생들의 자율적인 운영을 원칙으로 한다.
> - 1주일에 1회 1시간 이상의 활동을 원칙으로 한다.
> - 울타리 교사를 두어 출석을 확인하고 활동을 지원한다.
> - 도서관에서 활동하는 모임에게는 매번 간단한 간식을 제공한다.

지에 기본이 되는 '출석 확인'과 연수, 그리고 자문을 맡도록 한 것이다. 또 굳이 '소그룹 구성'을 강조한 것은 아이들이 많다 보면 모임날을 정하기도 어려운데다 활동할 때 행여 소외되는 친구가 생길까 봐, 탁자에 빙 둘러앉아 얘기 나누기에 가장 적합한 4~5(±2)명으로 정한 것이다. 그리고 '간식'은 돌아서자마자 배고픈 성장기 아이들에게 그 위력이 얼마나 대단한 것인지 잘 알고 있기에 애써 마련한 것이다. 다행히 우리 학교는 관할 지자체인 관악구청에서 경비를 보조해 주어[2] 활동자 모두에게 모임을 할 때마다 약간의 간식을 제공할 수 있었다.

이러한 운영 원칙 외에, 책모임이 결성된 후 모임원들에게는 활동할 때 반드시 지켜야 하는 '활동 원칙'을 강조했다.

봉원중학교 학생독서동아리 활동 원칙

- 자신의 활동날에는 반드시 출석한다. 사정이 생겨 못 오게 될 경우는 같은 모임 친구들에게 양해를 구한 후 담당 선생님께 말씀드린다.
- 활동 시간은 적어도 1주일 1회, 1시간 이상이어야 한다.
- 활동 내용은 독서 관련 활동(책 읽기, 독후감 써서 발표하기, 주제 토론하기, 신문 스크랩하여 발표하기, 원작 읽고 영화 보기, 전시회나 음악회 함께 가기, 그 밖의 다양하고 개성 있는 독서 활동 등)을 하되 구체적인 프로그램은 모임원들이 협의하여 정한다.
- 활동을 시작할 때 도서관에 비치한 활동일지를 가져가 활동 내용을 2~3줄 정도로 기록하여 활동을 끝낸 후 울타리 교사의 사인을 받는다.
- 학교에서 독서동아리를 위한 워크숍과 발표회 자리를 마련했을 때 적극적으로 참여한다.
- 스스로 주체가 되어 활동하고 서로 협력하여 아름다운 배움과 성장을 이루도록 한다.

　구속 같아 보이지만 큰 방향과 울타리는 있어야 아이들이 긴장감을 갖고 책임감 있게 활동할 수 있다. 원칙이 없다 보면 협동심이 좋거나 열성적인 몇몇 동아리 말고는 뒤로 갈수록 흐지부지되기 십상이다. 이러한 까닭에 나와 독서동아리 계 선생님과 사서 선생님, 곧 우리 '울타리 교사'들은 매번 아이들의 출석 확인과 일지 점검을 하고 혹여 말없이 출석하지 않은 아이가 있으면 전화하여 피치 못한 일이 아니면 와서 모임 활동을 하게 한다. 또한 아이들이 활동할 때 도서관에 같이 있어 주고 필요할 때는 상담과 자문을 해 준다. 교사가 큰 울타리 역할을 해 주는 것이다.

책모임 아이들은 학교가 제시한 기본적인 원칙 외에도 자체적으로 규정을 더 만들기도 하는데, 주로 과제를 안 해 오거나 말없이 결석한 사람에게 벌금을 걷거나 별도의 과제를 부과하는 등의 벌칙 중심이다. 아이들은 자기네 스스로 정한 규정이어서인지 '벌칙'조차 재미있어 하며 잘 지킨다.

독서동아리 활동계획서

동아리명	책이 굶는 시간			
동아리 회원	학년	반	성명	동아리 회장
	3	8	내공민	유보경
	3	4	이혜림	
	3	3	김5명	
	3	3	유보경	

활동 목표	① 사회문제에 대한 비판의식과 세상을 바라보는 안목을 키운다. ② 글쓴이의 의도를 파악하고, 그에 대해 자신의 의견을 다른사람과 나눌 수 있다.

월별 계획	월	활동 내용	
	3	시사토론 & 독서활동 및 토론	〈빵과 장미〉 〈HOLES〉
	4	〃	〈전갈의 아이〉 〈HOLES(영어원서)〉 〈멋진 신세계〉
	5	〃	〈HOLES(영어원서)〉 〈그리고 아무도 없었다〉
	6	〃	〈거꾸로 읽는 신세계〉 〈수학의 800〉
	7	영화보고 토론하기 〃	〈올리버 트위스트〉
	8	탐구과제 수행.	〈논리의 미궁을 탈출하라〉
	9	〃	〈울지 않는 늑대〉 〈위대한 개츠비〉
	10	〃	
	11	〃 현장답사(장소미정)	〈88만원세대〉 〈나는 개입니까〉
	12	〃	〈데미안〉 〈봄의 오르간〉

활동 일시	요일	시간	총 시간
	화, 금	3:30 ~ 5:30	약 3시간

독서동아리 (책이 끓는 시간)반 운영 일지

차시	(/)차시	지도교사 확인 (박도연)
일시	3월 22일 화요일 4시 30분 ~ 5시 30분	
장소	도서관	
참가자	김도영, 유브경, 이혜림, 나공민	

활 동 내 용 (책 내용, 토론 내용 등)

1) 1년 계획 및 책 선정 관련 토의.

2) 일본 지진 피해에 대한 자신의 생각 & 의견 발표

차시	(2)차시	지도교사 확인
일시	3월 25일 금요일 3시 30분 ~ 5시 00분	
장소	도서관	
참가자	김도영, 나공민, 유브경, 이혜림	

활 동 내 용 (책 내용, 토론 내용 등)

〈빵과 장미〉

1) 줄거리 내용 이야기.

2) 빵과 장미의 의의

　빵 : 먹을 식량
　장미 : 인간으로서 당연히 가져야할 최소한의 존엄성

3) "왜 로자는 제이크를 받아줬을까?"에 대해 생각.

가끔은 특별 프로그램도 필요하다

책모임의 주된 활동은 '책 읽고 얘기 나누기'이다. 『책으로 크는 아이들』에서도 소개했듯이 가정독서모임은 시작 초반에는 그림책이나 동화책을 함께 읽고 간단한 독후 활동을 하는 것이었지만, 점점 책 읽기에 힘이 붙기 시작하면서 1주일에 한두 권씩 같은 책을 읽거나 같은 주제의 다른 책을 읽고 글을 써와 서로 발표하고 토론하는 형태로 나아갔다. 학교 책모임도 마찬가지다. 물론 책모임 수가 많다 보니, 책을 읽고 얘기만 나누는 모임도 있고, 책을 읽고 글을 쓰고 토론하는 일뿐 아니라 '우단장(우리들의 단어장)'까지 만들어 모르는 낱말을 찾아와 서로 교환하는 모임도 있다. 또, 아주 열심히 하는 모임은 1주일에 두 번 만나는데 한 번은 독서 활동, 한 번은 원서 읽기나 학습 활동(영어나 수학 공부 혹은 신문이나 잡지 읽기 등)을 하기도 하는데 이들 모두 1년 내내 '책 읽고 얘기 나누기' 활동이 중심을 이루는 것은 똑같다. 하지만 이처럼 줄곧 같은 활동만 하다 보면 자칫 따분해질 수 있다. 그렇기에 때때로 특별 프로그램을 마련할 필요가 있다. 우리 가정독서모임 1기 아이들처럼 방학 때마다 '책을 읽고 떠나는 여행'[3]을 추진하거나 2기 아이들처럼 '탐구 활동 프로젝트'[4]를 시도해도 좋을 것이고, 우리 학교 독서동아리처럼 활동 사이사이 영화나 연극 관람 프로그램을 삽입하거나 방학을 활용하여 문화 탐방 등을 하도록 적극 권유해도 좋을 것이다.

    이밖에도 학교 책모임의 경우에는 울타리 교사들이 직접 나서서 전체 독서동아리 대상의 특별 행사를 마련하면 좋은데, 우리 학교의 경우, 3월에는 '독서동아리 워크숍 & 밤새워 책 읽기', 9월에는 '독서동아리 발표회 & 만남과 소통의 밤'을 1박 2일로 진행한 바 있다.

독서동아리 워크숍 & 밤새워 책 읽기
우리 학교에서는 독서동아리 조직이 완료되는 3월 말이나 4월 초에 '독서동아리 워크숍'[5]을 마련하여 모임을 막 시작한 아이들에게 '왜 책모임인가'를 다시 한번 주지시키고, 모임별로 1년간의 활동 계획을 세워 발표도 하고 다 같이 어우러져 책도 읽고 얘기도 나누며 책모임 활동의 의지를 다지도록 이끌고 있다.

> 친구의 권유로 독서동아리를 하게 되었는데 생각보다 어려웠다. 계획을 세울 때 주제를 정하는 것이 어려웠고 또 그 주제에 맞는 책을 고르는 것이 어려웠다. 그런데 처음에는 독서동아리가 매우 힘들고 귀찮을 줄 알았는데 흥미롭고 여러 가지를 배울 수 있다는 것도 알게 되었다.

처음에 백화현 선생님께서 외국의 도서관에 대해 설명하실 때, 우리나라도 저렇게 책을 읽을 수 있는 공간에 많은 돈을 투자해 책을 읽기에 쾌적한 환경이 있다면 좋겠다고 생각했다. 그 다음, 우수 동아리 활동 사례를 발표하는데, 우리 동아리도 저렇게까지는 할 수 없어도 비슷하게라도 했으면 좋겠다고 생각했다. 또, 1년의 계획을 세울 때 앞으로 열심히 잘해야겠다는 생각을 했고, 좀 더 자세한 계획을 세워 보고 싶었다. 토론하는 프로그램에서 나는 듣기만 했다. 하지만 3학년 누나들의 열띤 토론을 보고 놀랐다. 새벽시간까지 활동이 있어 피곤했지만 보람 있는 활동이었다. (책이란 무엇인가, 1학년 백경덕)

중학교에 들어오고 나서 책을 많이 읽지 않았는데 독서동아리 활동을 함으로써 책도 틈틈이 읽고 '밤새워 책 읽기' 캠프 등 다양한 활동을 할 수 있어서 좋다. 이번 '밤새워 책 읽기' 행사에서 가장 인상 깊었던 것은 『아낌없이 주는 나무』『꽃들에게 희망을』『행복한 청소부』『우리 누나』중 하나를 읽고 주제 토론을 하는 것이었는데 작년 캠프에 없던 프로그램이어서 매우 신선하고 재미있었다. 내가 선택한 책은 『아낌없이 주는 나무』였다. 토론 주제는 '나무가 아낌없이 소년에게 모든 것을 준 것이 과연 옳은가?'였는데 난 찬성 쪽에서 토론을 했다. 독서동아리 활동의 꽃인 '밤새워 책

읽기', 다음에는 2박 3일이 어떨까? (뱀파이어, 2학년 정유진)

  모임 활동이 뜻대로 안 될 때가 많아서 힘들 때가 많긴 했지만 선생님들의 조언으로 위기를 잘 극복해 나가서 항상 감사하다. 그리고 이 독서동아리 활동을 하면서 상상력, 내가 생각하지도 못했던 것들을 마음껏 생각해 볼 수 있는 상상력이 많이 향상한 것 같다. 또 앞으로도 열심히 해서 우리 학교의 독서동아리 활동을 다른 학교도 실천하도록 만들 때까지 열심히 할 것이다.

  '밤새워 책 읽기' 행사는 책과 친해질 수 있는 아주 좋은 기회였던 것 같다. 이 행사를 통해 많은 친구들도 사귀고 독서동아리 활동에 대해 새로운 다짐도 한 유익한 시간이었다. 이 '밤새워 책 읽기' 행사에서 가장 크게 배운 것은 '그림책의 가치'이다. 그림책 하나를 놓고 25명 정도가 같이 토론을 했는데 그림책 속에도 많은 교훈, 생각들이 숨겨져 있다는 것을 알았다. (북트리, 2학년 김연희)

  오늘 새삼 또 책의 중요성을 깨달았다. 다른 모임이 한 것처럼 우리 모임도 이번엔 꼭 성공해야겠다. 역시 책은 날 풍요롭게 해 주는 것 같다. 싱책향의 우단장! '우리들의 단어장'이라는 것을 모방해 봐야겠다. '모방은 학습'이라고 나의 단어장을 만들어 논리적인 사고를 길러야겠다.

지금은 피곤하지만 나중에 돌이켜 보면 매우 소중한 추억이 될 것만 같다. 토론하기, 제일 재미있었다. 또 몰래 학교 곳곳을 탐방했는데 혼도 났지만 너무 재미있었다. 우리가 너무 떠들어서 2학기 때는 안 하실 수도 있지만 개인적으로 꼭 하고 싶어요~^*^. 선생님들 수고하셨슴돠앙! (오예스보단 몽쉘, 3학년 이경은)

책을 평상시에 제대로 못 읽어서 독서동아리를 통해 더 많은 책을 접하고 읽기 위해서 참여했다. 독서동아리에서 걍 책만 읽고 그럴 줄 알았는데 정말 다양한 방식으로 책을 읽을 수 있다는 것을 깨닫게 되었다. 앞으로 정말로 다양한 종류로 책을 쉽게 접해보는 것이 목표이다.

처음에는 밤을 별로 안 샐 줄 알았는데 정말로 새벽 4시까지 안 잤고 정말로 이런 게 토론이구나, 할 정도로 진지하게 재미있게 토론을 했다. 그리고 인원 수는 많았으나 가족 같은 분위기로 정말로 뜻깊은 하루였던 것 같다. 좀 졸리다는 게 문젠데, 그러나 어제 우리가 토론하고 생각한 걸 생각하니 졸음도 날아가서 다음에도 또 하고 싶다. (A Book Concert, 3학년 전여진)

2012년 3월 말에 진행한 '독서동아리 워크숍 & 밤새워 책읽기'에 대한 아이들의 소감이다. 아이들은 이러한 활동을 통해 어렴풋이, 또는 막연하게 알고 있었던 책모임의 힘과 가치를 깊이 느낄 수 있고, 앞으로 활동해야 할 방향과 방법에 대해서도 구체적으로 배울 수 있으며, 활동을 함께 할 친구들과 마음을 활짝 열고 친해질 수 있어서 좋다. 이런 워크숍의 기회가 있느냐 없느냐에 따라 이후의 활동은 큰 영향을 받는다. 앞서도 누차 강조한 바 있지만, 이 책모임은 아이들이 스스로 운영해 나가야 하는 것이고 싫으면 언제라도 그만둘 수 있는 자유가 있기 때문에, 모임원이 좋고 모임의 이유가 분명할수록 오래 유지되고 그렇지 않으면 금세 해체될 수 있다. 따라서 우리 학교처럼 학교나 공공기관에서 여러 개의 책모임을 운영하려 한다면 활동 초기에 이러한 '책모임 워크숍'을 진행할 필요가 있다.

독서동아리 발표회 & 만남과 소통의 밤

매년 9월에 진행하고 있는 '독서동아리 발표회 & 만남과 소통의 밤'[6] 행사를 기획했던 당시에는, 2학기 들어 행여 이탈하는 동아리가 생길까 봐 '발표회'를 통해 '긴장감'과 '재충전'의 기회를 갖게 하기 위한 것이었다. 그런데 2011년 모임별로 5분여밖에 안 되는 발표(활동하는 이유와 활동한 내용, 활동하며 깨닫게 된 것, 이후의 계획 등)를 위해 아이들이 어찌나 열심히 준비하던지, 부모님에게도 아이들이 이처럼 의젓하게 성장한 모습을 보여 주는 것이 좋을 것 같아 학부모 초청을 생각하게 되었다. 그러다 보니 관악구청에도 초대장을 보내야 할 것 같고, 기자에게도 알리고 우리 도서관모임 선생님들도 초대해야 할 것 같아 그만 일이 커지게 된 것이다.

아이들은 이렇게 일이 커진 것에 무척 자랑스러워 하면서도 부담을 느꼈다. 그렇기에 2011년에는 2시간여 17개 팀 모두 열린 마당에서 공개 발표를 했지만, 2012년에는 30개 동아리가 오전과 오후로 나눠, 오전에는 독서동아리 활동자만의 비공개 발표회를 갖고, 오후에는 외부인을 초대하여 공개 발표회를 가졌다. 물론 오전과 오후 발표 중 어느 것을 택할지는 모임에서 결정하면 되었다. 아이들에게는 이 발표회가 남들과 기량을 겨루는 '대회'도 아니고 우리가 반드시 외부인에게 공개를 해야 할 의무가 있는 것도 아니니 부담 갖지 말고 '원하는 대로' 선택하라는 말을 강조했다.

> 사실 나는 중간에 모임에 합류하여 직접 자료 준비는 못했고 발표할 때 PPT만 넘겨주었다. 그런데도 너무너무 떨렸다. 우리 독서동아리가 끝나고 다른 독서동아리가 하는 발표를 보았다. 3학년 선배님들께서 발표를 하시는데 진짜 능숙하고 창의성이 돋보였다. 나도 그걸 보면서 나중에 3학년이 되면 꼭 저렇게 될 것이라고 다짐했다. (……) (다섯 명의 책벌레들, 1학년 마지형)

처음에 발표회를 한다고 했을 때 굉장히 떨렸다. 아직 조직된 지 얼마 안 된 1학년들이라 과연 참여할 만한 능력이 되는 것인지 의심스럽기도 했고, 또 이렇게 독서동아리 활동을 열심히 한 우리의 결과물을 다른 동아리에게 보여 주는 것이 설레기도 하고 긴장되기도 했다. 2, 3학년 선배들의 발표를 보면서 그동안 우리는 너무 교내 활동만 한 것이 아닌가 싶었다. 독서와 연관된 외부 활동을 골고루 한 선배들을 보며 나도 다음에는 저렇게 긴 발표를 할 수 있을까, 생각했다. 이렇게 대단한 선배들과 함께 발표한 것만으로도 우리 동아리 모두에게 큰 영광이었다. (……) (마음자리, 1학년 박진희)

발표회를 준비하면서 참 많은 것을 깨달았다. 작년 독서동아리에서는 발표회 준비를 성의없이 해 그날 바로 PPT 만들고, 두서없이 발표했다면 이번에는 사뭇 다르게 준비했다. 여름방학 때부터 가평에 가서 발표회에 필요한 사진도 많이 찍고, 올 12월에 있을 대선에 대해서도 집중 토의를 하였다. 지난해에는 찾아볼 수 없는 모습이었다. 이걸 보며 독서동아리를 하며 내가 정말 많이 변하고 발전했구나, 라는 생각을 했다. 서로 바쁜 시간을 쪼개어 방과 후에 남아서 대본과 PPT 자료를 만들고 MC용 큐카드도 만들고. 제일 기뻤던 건 우리 독서동아리 단체 후드티를 구입한 것이다. 평크&핫핑크로 맞춰서 우리가 제일 튀었다.^*^ 발표할 때는 어땠는지 기억이 안 난다. 너무 떨려서 다리가 후들거렸지만, 발표회를 두 번이나 해 본 고수(?)답게 티는 내지 않으려고 애썼다. 발표회 준비로 우리가 한 활동들을 정리하고 부족한 점에 대해 알게 되었고, 앞으로의 계획도 생각하게 되었다.

발표회 후에 이어진 레크리에이션 시간! 독서동아리 하면 딱딱하고 지루할 거다, 라는 생각의 틀을 깨 버린 좋은 시간이었다. 이 시간을 통해 서로를 더 알고, 더 가까이 다가갈 수 있게 되었다. 또 밤에 '관악 북 페스티벌' 계획을 세우는 것도 재미있었다. 우리는 그날 'Leader=Reader', '독서동아리 3년이면 세상이 나를 찾는다.'라는 문구를 써 넣은 피켓을 들고 우리 독서동아리 단체복인 핑크&핫핑크 티를 입고 거리를 활보하기로 했다. 작년 북 페스티벌은 사정이 있어 참석하지 못해 아쉬웠는데, 이번에 또 한다고 하니 열심히 준비해서 참여해야겠다.

처음 2학년 때 독서동아리를 시작해서 벌써 2년 차가 되어 간다. 처음에는 우여곡절도 많고 사고도 많이 치고, 독서는 안 하고 수다만 떨었는데, 이젠 내가 직접 나서서 책을 읽자며 솔선수범하고 있다. 이런 행동들이 바로 독서동아리와 도서관의 힘이 아닐까 싶다.^*^ (리딩캠프 이쁘지 아니한가, 3학년 허예림)

(······) 이번 발표회를 하며 나는 놀랐다. 그 이유는 다른 동아리 친구들이 이 행사에 임하는 태도 때문이었다. 남자, 여자, 1학년, 2학년, 3학년 할 것 없이 다들 엄청난 열정을 보이고 있었다. 나는 그들을 보면서 '나도 마음가짐을 단단히 하고 제대로 해야겠구나.'란 생각을 했다. 그리고 서로 다른 개성의 동아리들이 '책'으로 연결되어 유대감을 형성하고 있는 것 같아 기분이 좋았다. 이러한 마음들이 고등학교, 대학교, 성인이 되어서까지 이어진다면 우리나라 미래는 딱히 걱정하지 않아도 될 것 같다.

나는 지금 3학년이다. 이제 2학기에 접어들어 독서동아리를 하게 될 시간도 얼마 남지 않았다. 동아리 운영 방식에 갈피를 못 잡고 우왕좌왕하다가 허송세월을 보낸 시간이 많이 아쉽지만 어느 동아리가 발표회 때 말한 것처럼, 오늘은 남은 날들의 첫 번째 날이다! 소중한 내 친구들과 함께 2학기 때는 우리의 기량을 한껏 뽐내 최고의 독서동아리가 되고 싶다. 그리고 지금 1, 2학년 친구들은 어서 좋은 추억들을 많이 쌓고 열심히 하여 후회가 없길 바란다. (독서대장 책책이, 3학년 이누리)

이처럼 아이들은 '독서동아리 발표회'를 통해 자신의 지난날을 되돌아보기도 하고 다른 동아리를 통해 배움을 얻으며 스스로 성장할 수 있다. 부모님이나 선생님이 애써 강조해도 안 되던 일들이 이처럼 스스로 느끼고 깨달으며 저절로 이뤄지게 되는 것이다.

발표회를 통해 배움과 성장의 길로 나아가게 되는 것은 아이들만이 아니다. 나 역시 아이들에게서 큰 배움을 얻었거니와 2011년 우리 독서동아리 발표회에 참관한 많은 이들 역시 나와 같았을 것이다. 그래서 2012년에는 더 많은 이들을 초대하여 이 같은 멋진 배움의 기회를 누리게 해 주고 싶었다. 그러나 외부 손님이 너무 많다 보면 정작 아이들에게 집중할 수 없을 듯하여 학교에서 공식적으로 초대한 몇 분 외에는 네이버에 내 개인 블로그(http://bookiclub.blog.me)를 통해 '꼭 와서 보고 싶으신 분들은 오시되 아이들에게 방해가 되지 않게 해 달라.'라는 주문을 달아 놓았다. 그럼에도 전남 광주에서, 천안에서, 구리에서, 인천에서, 또 이웃 학교에서 꽤 많은 분들이 오셨다. 이들로 인해 우리 아이들의 사기가 높아지고 발표회장이 더욱 열기를 띠게 되었음은 물론이다. 또 그랬기에 참관자들 역시 그만큼 더 많이 배우고 더 깊이 감동하지 않았을까 한다.

아이들의 책모임을 이끌고자 할 때는 이처럼, 분명한 원칙을 세워 지켜 나가도록 하고 서로에게서 배우고 성장할 수 있는 특별 프로그램을 마련하는 것이 좋다. 이러한 일은 사소해 보이지만 책모임의 성패를 좌우할 만큼 중요한 일들이다.

2011년 밤새워 책 읽기 소감문 ❶

'밤새워 책 읽기' 캠프 소감

| 책이나 읽어요, 2학년 김유빈 |

독서동아리 활동을 한다는 것은 내게 기적이나 다름없다고 나는 생각한다. 솔직히 나는 책을 읽는 건 좋아하지만 글을 쓰거나 토론하는 건 나 보고 죽으라는 거나 다름없다고 생각했다. 엄마가 자꾸 신청을 하라고 해서 이 기회에 나를 좀 고쳐 볼까 하는 마음이 있긴 했지만 사실 큰 기대는 하지 않았다. 그러다가 독서동아리 활동하는 아이들을 대상으로 학교에서 '밤새워 책 읽기' 독서캠프를 한다고 해서 친구 민이까지 억지로 끌어들여 참가를 했다.

아무튼 '밤새워 책 읽기'는 참 유익한 프로그램이라고 생각한다. 한 번도 이런 걸 해 보진 않았지만 안 했으면 후회했을 거 같은 기분이 들 정도로 정말 재미있었다. 졸린 것만 빼면 정말 더 좋았을 것이다. 이건 모두 공감할 것이다. 하여튼 재미있었단 얘기다.

4월 2일 토요일, 학교를 마치고 집에 갔다가 민이랑 5시 30분쯤 학교에 왔다. 6시에 시작하는 거여서인지 아이들이 없었다. 조금 있으니까 3학년 선배 한 명이 오고 백화현 선생님이랑 사서 선생님이 청소를 시작했다. 나와 민이는 엉겁결에 열심히 도와주게 되었다. 우리가 도서관 정리를 거의 마칠 때쯤 아이들이 몰려들었다.

우리는 이날 유럽이랑 미국, 캐나다의 여러 도서관도 보고 1년간 독서동아리 활동 계획도 세워 보고 2시간 동안 책도 읽었는데 내 평생 이렇게까지 집중해 본 적이 없었다. 나는 자유 독서 시간에 『셜록 홈스의 모험』이라는 책을 읽었는데 홈스가 추리를 펼치는 이야기에 푹 빠져 졸음이 싹 가서 버렸다. 나는 이 책을 읽으면서 이런저런 생각을 많이 해 봤는데 확실히 조용한 분위기에서 책을 읽으니까 더 쏙쏙 눈에 들어오는 것 같았다.

새벽에는 잠깐 잠을 잘 수 있어 좋았고, 도서관 보물찾기도 재미있었다. 다른 동아리의 연간 계획을 발표할 때도 좋았는데, 다 지킬 수 있을지 모르지만, 참 대단하다고 생각했다. 이런 활동을 해 보니까 책에 더욱 가까이 다가가게 된 것 같고 내가 모르는 것이 많았다는 생각이 들었다. 앞으로도 이런 활동을 많이 접해 보고 싶다.

2011년 밤새워 책 읽기 소감문 ❷

'밤새워 책 읽기'를 마치며

| 싱그러운 책의 향기, 2학년 이자림 |

처음으로 독서동아리에 대해서 들었을 때는 내가 이 곳에서 어떤 일을 하게 될지, 어떤 기적들을 행하게 될지 아무 것도 몰랐다. 그저 우리 학교에 그런 일이 있는가 보다 하면서 나에게는 해당되지 않는 이야기라고 짐작만 할 뿐이었다. 그런데 우리 국어 백화현 선생님께서 하시는 수업을 듣고 나서 내 마음속에 보이지 않는 씨앗이 뿌려졌다. 2학년으로 들어오면서 예상하지 못했던, 스스로도 깨닫지 못했던 시기에 정체성에 대한 혼란을 겪고 있던 나에게, '나는 누구인가'에 대해 그 누구도 말해 주지 않았던 진지한 고민들을 해 나가는 그 과정, 순간순간이 큰 깨달음을 주었던 것이다. 나 스스로도 몰랐던 내 안 깊숙한 곳에 숨겨져 있던 나의 진실한 꿈들이 살며시 고개를 들기 시작했고 나는 독서동아리를 하기로 결심했다. 나는 무엇보다 책 속에서 나를 발견하고 싶었다. 인생에는 시험지의 답처럼 정확

한 답이란 존재하지 않는다는 것을, 그때그때의 내가 모여 오늘날의 내가 되고 나는 얼마든지 변화할 수 있는 무한한 잠재력을 가지고 있다는 것을 알고 또 믿기에 책 속에서 다양한 나를 찾고 내 씨앗이 커다란 나무로 자라날 공간을 마련하고 싶었다. 내가 얼마나 많은 가능성의 열매를 찾을지, 얼마나 넓고 깊게 뿌리를 내릴지는 나도 알지 못하지만, 지금 그 씨앗을 심었다는 것 하나만으로도 내가 대단한 일을 해 나가고 있다고 나는 믿는다. 문제집과 교과서를 외우는, 일방적이고 획일적인 주입식 교육은 그저 우리를 공부의 노예로 만들고 있다고 생각한다. 우리가 처음으로 모여 이야기를 나눌 때 이렇게 우리들이 준비를 해 오고 이렇게 즐겁게 그리고 열심히 스스로 이야기하고 주제와 계획을 세울 수 있다는 사실이 너무 신기했고 또 자랑스러웠다. 우리들은 꼭 시켜야만 하는 아이들이 아니라는 거, 스스로 무언가를 해 낼 수 있다는 가능성의 희망으로 내 씨앗은 비로소 떡잎을 틔울 수 있었던 것 같다. 서로의 시간을 조정하고 서로의 의견을 나누며 한 페이지의 기록을 남겼을 때 이루 말할 수 없는 뿌듯함은 말 그대로 멋졌다. 우리가 해 나갈 작은 기적들이 이 독서동아리가 끝났을 때 얼마나 커다랗고 울창한 숲을 이루게 될지 나 스스로도 궁금하고 기대된다. 시작이 반이라는 말처럼 내가 이 독서동아리를 시작하고 이 곳에서 진정한 나를 발견하겠다는 다짐을 했다는 사실만으로 우리들은 정말 아름답고 훌륭한 사람들이라고 생각한다. 함께하는 즐거움, 같이 성장해 가는 모습들이 우리 스스로에게 미치게 될 정서적인 영향, 많은 책들과 토론을 통해 차근차근 쌓아 갈 우리들의 기반 지식, 서로를 존중하고 경청하는 진짜 사람다운 사람이 되는 것, 수많은 계획과 꿈과 기대를 짊어진 우리들 자신을 믿었으면 좋겠다. 나 자신이 나 자신을 믿음으로써 우리의 아름다운 출발을 시작하고 싶다. 우리들의 무한한 가능성을 믿으며……. 우리 모두 파이팅!

4장

도란도란 책모임 활동하기

봉원중학교에는 2012년에 32개나 되는 학생독서동아리가 자율적으로 활발한 활동을 했다. 중학교의 경우 2012년부터 시행된 토요일 휴업과 '체육활동 강화 정책'으로 6일 중 한 번뿐이던 7교시가 5일 중 세 번으로 늘었음에도 불구하고, 봉원중학교 독서동아리는 2011년에 비해 오히려 더 늘었다. 이 독서동아리 안에서는 무슨 일들이 일어나고 있는 것일까?

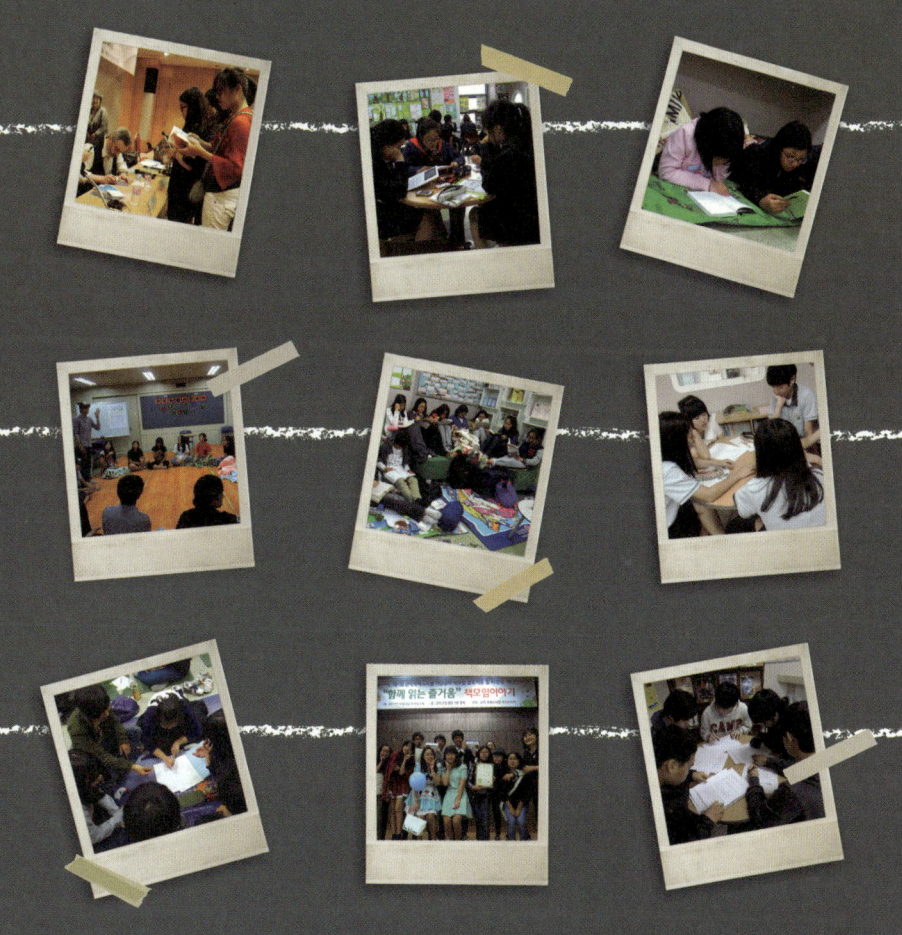

도란도란 책모임, 날개를 달다

우리 학교는 2012년 32개 독서동아리가 활발한 활동을 하였다. 3월에 37개로 출발하여 1학기 마칠 때는 39개[7], 그러나 2학기가 시작되면서 교과부의 '체육활동 강화 정책'으로 7교시가 갑자기 추가되는 바람에 모임원끼리 시간을 맞추기 힘든 7개 모임이 해체되어 32개가 되었다. 7개 책모임이 해체된 것은 안타까운 일이지만 3명의 울타리 교사가 감당하기에는 32개 책모임도 벅차 더 이상 추가 모집은 하지 않았다.

    이 책모임에서는 어떠한 활동들을 하고 있는 것일까? 다들 독서 관련 활동을 하고는 있지만 자세히 들여다보면 책모임마다 조금씩 다른 모습을 띠고 있다. 그 모두를 소개할 수는 없으니, 활동이 왕성하여 다른 책모임에게 좋은 영향을 끼쳤거나 앞으로 책모임을 하고자 하는 이들에게 도움이 될 만한 동아리 중심으로 소개한다.

학생독서동아리 운동의 첫문을 열어 준 '책이 끓는 시간'

학교 단위에서 '도란도란 책모임' 운동을 처음 시도한 2011년, 유보경이라는 아이가 맨 먼저 달려와 자신이 친구들과 책모임을 시작해 보겠다며 "선생님, 힘내세요~!"라고 응원을 보내 줬다. 2학년 때 내게 국어를 배웠고 방과후수업으로 '세계명작읽기반'을 함께 했던 아이인데, 3학년이 되어 '세계명작읽기반'을 더 이상 할 수 없어 슬프다더니 대뜸 자신이 친구들과 한번 시작해 보겠다는 것이었다. 천군만마가 따로 없었다.

(……) 현재 우리 학교에서 진행되고 있는 독서동아리 활동이 시작되기 전에 씨가 되었던 특별활동이 있었다. '세계명작읽기 반'이라고 해서 세계명작을 읽고 글을 쓰고 토론을 하는 모임이었다. 우리 학교 독서교육을 담당하고 계신 독서활동의 대표 백화현 선생님의 지도 아래, 뛰어난 말 재주와 글 솜씨로 후배들의 기를 죽이시던 선배님들 그리고 현재 '책이 끓는 시간'에서 함께 활동 중인 김도영 친구와 유보경 친구를 비롯한 몇 명의 친구들이 약 1년간 명작읽기 반을 통해 책과 함께 값진 시간을 보냈었다. 그런데 백화현 선생님께서 더 많은 학생들에게 기회(?)를 줘야 한다며 그 반을 운영하지 않고 '자발적 독서동아리'로 전환을 하시는 바람에 명작읽기 반 친구들이 흩어져 다른 친구들과 동아리를 하게 된 것이다. '명작읽기 반'이라는 민들레 꽃 씨앗이 현재 우리 학교 22개의 독서동아리로 퍼져나간 것이다.

(……) '책이 끓는 시간'이 처음 결성될 때 우린 모임 이름 속에 우리의 다짐을 담았다. 딱딱한 쌀은 바로 먹을 수 없지만 그 쌀에 물도 주고 압력도 넣어서 잘 끓이면 먹을 수 있는 밥이 된다. 쌀이 밥이 되는 과정처럼 우리도 동아리 활동을 통해 밥처럼 잘 성

> 장해보자고 만든 이름이었다. 아직 우리 동아리가 완전한 밥으로 성장하진 못했지만 점점 부드럽고 따뜻한 밥이 되어가는 중이라고는 장담할 수 있다. (……) (유보경, 김도영, 이혜림, 나공민)

2011년 〈학교도서관저널〉 11월호에도 소개가 된 바 있는, '책이 끓는 시간' 아이들의 이야기이다. 이 아이들의 말처럼 우리 학교에서 독서동아리가 곧바로 조직되고 비교적 쉽게 정착될 수 있었던 것은 2010년에 활동한 '세계명작읽기반'이라는 '씨앗'이 있었기 때문일 것이다.

'세계명작읽기반'은 방과후수업과 동아리가 결합된 특별활동반이었는데, 방과 후 1주일에 2시간씩 도서관에 모여 세계의 고전문학을 중심으로 책을 읽고 글을 쓰고 토론을 하는 모임이었다. 자율적 독서동아리와는 달리 교사가 만든 프로그램을 교사가 중심이 되어 이끌어 가긴 했지만, 매주 책을 읽고 글을 써 와 자유롭게 얘기한다는 점에서는 독서동아리 활동과 같았다. 이때만 하더라도 아이들 스스로 독서모임을 잘 운영할 수 있으리라는 확신도 부족했거니와 책모임 운동에 대한 절박감도 없었던지라, '좋은 책을 깊이 있게' 읽고 싶은 아이들의 요구를 받아들여 방과후수업으로 매주 세계 명작 중 한 편을 함께 선정하여 읽고 글을 써 와 토론하는 활동을 했다.

■ '세계명작읽기반' 2010년 활동 프로그램 ■

활동일	활동 주제	활동 내용
3.22	독서동아리 구성	1. 연간 계획 세우기 2. 친목의 시간 갖기
3.26	'잘 산다는 것은 무엇인가?'	1. 『꽃들에게 희망을』(트리나 폴러스, 시공주니어) 감상문 쓰기 2. 주제 토론하기
4.2	그 이상의 것을 추구한다는 것, 책 엮어 읽기	1. 『갈매기의 꿈』(리처드 바크, 문예출판사)과 『마당을 나온 암탉』(황선미, 사계절출판사) 비교하며 읽기(숙제) 2. '나는 조나단인가, 잎싹인가?'를 주제로 글 쓰기(숙제) 3. 발표 및 토론하기
4.9	'도덕과 예술, 현실과 이상, 어떻게 부딪히나?'	1. 『달과 6펜스』(서머싯 몸, 민음사) 읽기(숙제) 2. 감상문 쓰기(숙제) 3. 발표와 토론하기
5.7	과학과 인류의 행복과의 관계	1. 『멋진 신세계』(올더스 헉슬리, 소담출판사)와 『전갈의 아이』(낸시 파머, 비룡소)를 읽고 '과학과 인류의 행복과의 관계'에 대한 에세이 써서 제출하기 2. 토론하기
5.28	저자 초청 강연회 참석	『책으로 크는 아이들』(백화현, 우리교육) 강연회 참석하기
6.4	'왜 책인가?'	1. 『책으로 크는 아이들』 읽고 감상문 써서 보내기(숙제) 2. '독서, 꼭 해야 하나?'를 주제로 토론하기
6.11	주제 토론	'독서 종합 지원 시스템' 찬반토론하기

날짜	주제	내용
7.9	전쟁 찬반토론, 독서기행 준비	1. 『소년병, 평화의 길을 열다』(사토 다다오, 검둥소) 감상문 발표하기 2. 권정생과 퇴계를 찾아 떠나는 여행, 계획 짜기
7.19~7.20	독서 기행	1. 권정생과 퇴계를 찾아 떠나는 여행(안동기행) 2. 권정생의 『몽실언니』(창비) 『한티재 하늘 1, 2』(지식산업사) 읽기 3. 『퇴계 달중이를 만나다』(김은미·김영우, 디딤돌) 『동양철학 에세이』(김교빈·이현구, 동녘) 읽기
7.26	안동기행문 작성	안동기행 감상문 쓰기(7~10쪽)(숙제)
8.8	탐구 보고서 발표	내가 좋아하는 시인과 소설가, 탐구 발표하기
8.27	'체벌금지법' 쟁점안 토론	'체벌금지법' 찬반토론하기
9.10	'인간의 본성은 선한가 악한가?'	1. 『파리대왕』(윌리엄 골딩, 민음사) 읽고 '인간의 본성은 선한가 악한가?'를 주제로 논술문 쓰기(숙제) 2. 토론하기
10.8	『제인 에어』와 『폭풍의 언덕』 비교하며 읽고 토론 1	1. 『제인 에어』(샬럿 브론테, 민음사) 읽기(숙제) 2. 『제인 에어』 감상문 쓰기
10.15	『제인에어』와 『폭풍의 언덕』 비교하며 읽고 토론 2	1. 『폭풍의 언덕』(에밀리 브론테, 민음사) 읽기(숙제) 2. 『폭풍의 언덕』 감상문 쓰기(숙제) 3. 『제인 에어』와 『폭풍의 언덕』의 사랑관과 캐릭터 비교하며 토론하기

활동일	활동 주제	활동 내용
10.22	'성공적인 삶이란 무엇인가?'	1. 『노인과 바다』(어니스트 헤밍웨이, 하서) 읽기(숙제) 2. 『노인과 바다』 감상문 쓰기(숙제) 3. '성공적인 삶이란 무엇인가?'를 주제로 토론하기
10.29	관심 가는 시사 문제 스크랩하여 발표	'신문 스크랩' 5줄 비평 써서 발표하기
11.5	'라스꼴리니꼬프는 유죄인가 무죄인가?'	1. 『죄와 벌』(표도르 도스토예프스키, 하서) 읽기(숙제) 2. '라스꼴리니꼬프는 유죄인가 무죄인가?'를 주제로 토론하기
11.12	관심 가는 시사 문제 스크랩하여 발표	'신문 스크랩' 5줄 비평 써서 발표하기
11.19	'양심적으로 산다는 것은 무엇인가?' 1	『앵무새 죽이기』(하퍼 리, 문예출판사) 읽으며 자료 조사하기
11.26	'양심적으로 산다는 것은 무엇인가?' 2	1. 『앵무새 죽이기』 감상문 쓰기(숙제) 2. 감상문 발표 및 토론하기
12.10~12.17	자료집 제작	1년의 활동 자료집 만들기
12.24	평가회	1년의 활동 평가하기
1.6	탐구 과제 보고서 발표	탐구하고 싶은 주제 정하여 탐구한 후 발표하기

그러나 시간이 지날수록 더 많은 아이들에게 이러한 기회를 줘야 한다는 생각과 아이들 스스로도 충분히 잘할 수 있겠다는 확신이 서는 데다, 북미 도서관 탐방 후에는 '우리 교육,

이대로는 안 된다.'는 절박감마저 생겨 '도란도란 책모임'으로 전환을 시도한 것이다. 이때, '세계명작읽기반' 아이들 중 2학년이었던 아이들이 3학년이 되어 각각 흩어져 친구들을 데리고 모임을 시작함으로써 이 운동의 초석이 되어 주었다.

(……) 우리 동아리는 꾸준한 독서 활동과 독후감 작성을 통해 1차적으로는 글쓴이의 의도를 파악하고 찬반토론을 통해 깊은 사고력을 키우며 최종적으로는 사회 문제에 대한 비판의식과 세상을 바라보는 안목을 기르는 데에 그 목표를 두고 있다. 이러한 목표 달성 과정에서 우리는 크게 다섯 가지 활동을 했다. 독서 활동과 영화 토론, 신문 스크랩과 시사 토론, 현장 답사 등의 활동이다. (……)

'책이 끓는 시간'은 독서 활동으로『빵과 장미』『멋진 신세계』『전갈의 아이』『그리고 아무도 없었다』『오리엔트 특급 살인』『구덩이』등을 읽었다. 책 읽기는 독서동아리의 기본이 되는 것이다. 하지만 팀원 중 일부는 책을 그다지 좋아하지 않았다. 그래서 동아리 활동 초기에는 흥미도를 높이고 공감대를 형성하기 위해서 각자 자신이 읽은 책들을 순서대로 추천하며 읽기로 했다.

우리가 함께 처음으로 읽은 책은『빵과 장미』였다. 노동자 관련 문제를 다룬 책이었다. 우리는 이렇게 조금씩 사회 문제에도 접근하기 시작했고, 그렇게 『그리고 아무도 없었다』 『전갈의 아이』 『멋진 신세계』 등의 책을 읽으며 느낀 점을 기반으로 하여 한 발자국 더 나아가 사회 문제 관련 토론을 하기도 했다. 그리고 그 결과 독서량과 생각의 폭이 넓어진 듯하다.

우리는 독서동아리인 만큼 책 읽고 이야기를 나누는 것이 대부분이었지만, 독서뿐만이 아니라 새로운 경험도 쌓고 싶어 책 대신 영화를 보고 얘기 나누는 활동도 했다. 우선 〈방가? 방가!〉라는 영화를 고른 뒤 학교 한 교실을 빌려서 보았는데 아무래도 직접 고른 영화인지라 자부심을 가지고 볼 수 있었다. 처음 이 영화를 접했을 때는 단지 코믹한 영화인 줄 알았다. 다 보고 나서야 코믹한 소재가 포함되어 있을 뿐만 아니라 현재 우리 사회 문제를 반영하고 있다는 것을 알 수 있었다. 외국인 노동자라는 주제 자체가 자칫 무거워지기 쉬운데, 그 편견을 깨고 코믹하면서도 우리들의 마음에 강한 인상을 남겨 준 영화였다.

영화를 보고 나서 그 다음 주에는 함께 토론을 했다. 기존의 방식과는 다르게 영화를 보고 함께 토론도 해 보자는 아이디어는 우리들을 설레게 해 주는 데 충분했다. 그래서 더더욱 적극적인 마음을 갖고 토론에 참여할 수 있었던 것 같다. (……)
또 다른 활동으로는 『멋진 신세계』와 『전갈의 아이』라는 두 책을 함께 읽으며 '과학 발전은 인류의 행복에 도움이 되는가?'를 주제로 토론을 했었다. (……)

　여름방학식날, 우리 팀을 비롯해 모든 독서동아리들에게는 몇 가지 특별한 방학 과제가 주어졌었다. 솔직히 처음 그 소식을 들었을 때, 학교 교과 방학숙제들만으로도 버거운데, 동아리마저 숙제가 있다는 생각에 그리 달갑지는 않았던 것 같다. 그러나 주어진 과제 중 하나인 '팀원들과 함께 체험학습 가기'를 수행하기 위해 체험학습 장소를 정하는 과정에서 어느새 알아서 열심히 사전 조사를 하고 있는 우리들의 모습을 발견할 수 있었다. 아무래도 처음부터 끝까지 선생님이나 부모님이 아닌, 오직 우리들의 주도로 가는 것이다 보니 더 애착이 가고, 열정이 생겼던 것 같다.

　사전 조사를 하기 전, '북촌 한옥마을'은 어느 인기 예능 프로그램의 촬영지였던 곳일 뿐이었지만, 사전 조사를 마친 후에는 그곳이 어디에 위치해 있는지부터 처음에 어떻게 만들어지고 변화되었는지에 대해서까지 자세히 알 수 있었다. (……)

　솔직히 떠나기 전에 그다지 재밌을 거라고 기대하지 않았는데 뜻밖에도 가족여행 뺨치는 즐거움을 느낄 수 있었다. 도서실 안에서만 하던 모임을 벗어나 밖에서 만나니까 훨씬 활기차고 신나는 모임을 가질 수 있었고, 친구들에게서 알게 모르게 신선한 자극과 즐거움을 느낄 수 있어 특히 더 뜻깊은 시간들이었던 것 같다. 기회가 된다면 다음에 또 이렇게 우리 팀원들과 함께 밖으로 나들이를 떠나 보고 싶다. (……)

'책이 끓는 시간' 아이들 스스로 정리한 한 해의 주된 활동 내용이다. 이를 통해 알 수 있듯, 아이들은 처음에는 길을 찾지 못해 우왕좌왕하기도 하고 다른 바쁜 일들로 부담을 느끼기도 한다. 하지만 서로 협력하여 길을 찾고 새 길을 만들어 갈 때마다 그 어떤 일에서도 맛보지 못한 보람을 느낀다. 스스로 정한 책과 영화를 함께 읽고 보고 토론을 하며 세상을 더 깊이 느끼고 체험하며 마음과 정신이 훌쩍 자란다. 따뜻한 배움과 성장의 경험이 있기에 이를 다른 사람들에게 나눠 주고 싶은 소망도 싹 틔울 수 있다.

(……) 그동안 우리 동아리는 다른 동아리들과 다를 바 없이 신문 스크랩, 독후 활동 등 우리 네 명의 팀원들을 위한 동아리 활동만을 해 왔었다. 하지만 이젠 우리들뿐만이 아니라 우리 주위의 이웃들과 독서를 매개로 소통해 보고 싶다. 우선은 학교 친구나 주위 사람들에게 독서 홍보 활동을 하고, 나중에는 재미있는 소설을 바탕으로 작은 연극을 해 보는 것도 좋을 것 같다. 청소년에 불과

> 한 우리가 하기엔 너무 큰일인데 과연 할 수 있겠냐고 되묻는 사람들이 있을 수도 있다. 하지만 그동안 우리들이 해 왔던 것처럼, 누군가의 강압 없이 우리들의 노력만으로 이번 계획도 성사시킬 것이다. 나만의 독서 활동이 아닌 우리 모두의 독서 활동이 될 수 있도록 노력할 것이다. (유보경, 김도영, 이혜림, 나공민)

실제로 이 아이들은 2011년 10월 8일에 관악구가 처음으로 개최한 '관악 북 페스티벌' 행사 때 사전 행사로 진행된 '책 읽기 플래시몹'에 적극적으로 참여하기도 하고, '관악 책모임 사례 발표대회'에 참여하여 자신들의 사례를 널리 알리고 나누는 일을 하며 자신들만의 독서 활동을 넘어 지역과 대한민국 여러 학교에서 책모임 운동이 일어날 수 있도록 큰 역할을 했다.

서로 기대며 자라는 '책 읽는 Best Friend'

'책이 끓는 시간'처럼 처음부터 다른 이들을 이끌며 나아가는 책모임도 있지만, 처음에는 자기네 모임마저 어찌 운영해야 할지 몰라 갈팡질팡하다 시간이 지나면서 점차 자리를 잡아가는 것이 일반적인 모습이다. '책 읽는 Best Friend(이하 책 읽는 BF)'도 그런 책모임 중 하나이다.

2011년 독서동아리가 출범한 후 도서관을 가장 자주 찾은 동아리는 '책 읽는 BF'였다. 평소 친하게 지내던 친구 넷으로 이뤄진 2학년 여학생 팀이었는데, 이 아이들은 학교 수업을 마친 후 거의 매일같이 도서관에 들렀다. 그러나 이 아이들은 책을 읽고 얘기하는 책모임 활동을 한다기보다는 서가 한쪽 구석진 곳이나 도서관 온돌방에 드러누워 이런저런 얘기만 주고받았기에 '책은 언제 읽으려나?' 하는 조바심이 나기도 했다. 이 아이들은 다른 동아리 아이들이 한 권씩 갖고 있는 독서동아리 공책도 없고 신문 스크랩을 하지도 않고 특별히 외부 체험활동도 안 하는 것처럼 보였다.

그러나 1년 지나 2년째 활동에 접어들면서 아이들은 달라지기 시작했다. 동아리 활동을 할 때도 드러누워 있는 시간보다 앉아 있는 시간이 많았고 책을 읽고 토론하는 일도 잦아졌으며 아이들 얼굴에 생기가 돌았다.

(……) 엄마의 권유에 못 이겨 반 강제로 하게 된 독서동아리는 조금 귀찮았다. 매주 시간을 정하여 책도 읽고 토론도 하고 독후감 쓰는 일은 우리와 잘 맞지 않았다. 그래서 우리 팀은 도서관에서 간식 먹고 온돌방에서 자고 수다 떨고……. 그런데 9월 발표회를 할 때, 다른 팀들이 발표하는 것을 보고 완전히 충격 먹었다. 자료

도 잘 만들었고 발표도 엄청 잘했다. 그게 우리 팀이 독서동아리를 열심히 하게 된 터닝포인트였다. (……) 그래서 우리도 조금씩 책도 더 읽고 토론도 했다. 그런데 이상하게 독서동아리를 열심히 하니까 다른 것도 열심히 하게 되었다. 공부도 그렇고 다른 모든 것도 그렇다. 만약 독서동아리를 하지 않았다면 지금도 놀고 있을지 모른다. 독서동아리를 하게 된 후에 친구들의 관계도 더 좋아졌고 책 읽는 습관이나 책을 읽어야 되는 이유를 알게 됐다. 독서동아리는 고등학교를 올라가도 계속할 거다. (손석영)

언니와 함께 엄마의 반 협박으로 시작한 독서동아리는 처음에는 그냥 수다모임이었다. 2학년 초에는 하고 싶은 것도 없고 잘하는 것도 없어서 공부도 안 하고 정말 생각 없이 살았었다. 그렇다 보니 동아리 활동도 온돌방에 들어가서 책은 안 읽고 수다만 떨거나 누워서 자는 등 열심히 한 적이 없는 것 같다. 하지만 학교에서 좀 안 좋은 일이 있고 난 후, 내 꼴이 한심하게 느껴지며 더 이상 한심하게 살지 말고 뭐든 열심히 하면서 내가 하고 싶은 일을 찾아야겠다고 생각했다. 그때 독서동아리는 내가 열심히 하면 할 수 있는 게 많다는 걸 알게 해 주었고 내가 하고 싶어 하는 일을 찾게 해 주는 데 많은 도움을 주었다. 그 덕분에 열심히 공부해서 성적도 많이 올랐고, 남의 잘못을 이해하지 않고 내 잘못도 인정하지 않아 단체 활동에 맞지 않던 성격도 남의 의견을 존중하는 것으로 자연스럽게 고쳐졌다. 이렇게 독서동아리는 나의 중학교 생활에서 절대 빠질 수 없는 추억이 되었고 무기력한 인생에서 뭔가 하고 싶어 하는 인생으로 바꿔 준 정말 중요한 존재가 되었다. (손채영)

내가 독서동아리를 시작할 당시에는 나에게 책이라는 것은 자장가 같은 것이었다. 책을 좋아하지도 않았고 책의 글자만 봐도 지루하고 이상하게 책만 펴면 잠이 쏟아졌다. 이런 내가 독서동아리를 하게 된 계기는 2학년 국어 시간마다 백화현 선생님께서 독서의 중요성과 필요성에 대한 이야기를 끝없이 늘어놓으시고 이런 말들을 듣다 보니까 독서가 중요한 것 같아졌기 때문이다. 그러나 과연 내가 독서동아리에 들어가서 잘할 수 있을까, 하는 걱정이 앞서 망설였는데 석영이와 채영이가 하자고 해서 제니랑 이렇게 넷이 독서동아리를 시작하게 되었다.

처음에는 독서동아리 하는 날에 도서실에 와서 간식 먹고 각자 읽고 싶은 책 읽고 그런 정도로 도서실에 왔다갔다 하였다. 그러다 보니까 도서실이 점점 편해졌다. 특히 온돌방은 정말 예술이다. 내 방처럼 편하고 겨울에는 온돌방에서 온도를 올려놓고 따뜻하게 있는 게 정말 최고였다. 그렇게 독서동아리 초기에는 그냥 도서실과 책에 대해 친해지는 시간을 가진 것 같다. 이때까지만 해도 책에 대해 별다른 감정은 없었던 것 같다. 그러다 제니가 전학을 가고 우리 셋이서 독서동아리를 이어 나가게 되었는데 셋만 있으니 좀 심심하긴 했지만 오히려 집중은 더 잘되었다. 또 곧 3학년도 되니까 열심히 하려고 마음을 먹었던 것 같다. 이제 책의 재미도 조금씩 느끼게 되고 책을 끝까지 읽지 않았었는데 끝까지 읽게도 되고, 독서에 점점 빠지기 시작한 것 같다.

이렇게 활동을 하다가 3학년이 되어 팀원이 3명에서 7명으로 늘어났다. 원래 우리의 팀명은 '책 읽는 BF'였는데 인원이 늘어나면서 '리딩캠프 이쁘지 아니한가'라는 이름으로 활동을 하게 되었다. 본격적으로 문화 탐방도 다니면서 우리들만의 규칙도 만들고 열심히 활동을 하기 시작하였다.

독서동아리 활동 중에는 '밤새워 책 읽기'나 '동아리 발표회' 등의 특별 활동들을 하면서 우리가 성장할 수 있는 좋은 기회들이 많았다. 이런 활동들을 열심히 하니까 신문에도 나오고 정말 신기한 일들이 많이 일어났다. 무엇보다도 2학년 때 전혀 관심이 없었던 공부에 관심이 생기기 시작하였다. 전에는 듣지 않던 수업이 3학년 들어와서 귀에 들어오기 시작하였다. 그러다 보니까 성적이 오르기 시작하였고 나에 대한 만족도도 높아졌다. 그리고 책을 읽고 싶다는 생각이 들기 시작했다. 정말 나로서는 생각도 할 수 없었던 일이라 '내가 맞나?'라는 의심이 들 정도로 신기하였다. 내가 도서관에 가서 무슨 책을 읽을까, 라는 고민을 하게 되고 책을 빌려 집에 가서 하루가 저물도록 책만 보는 이런 놀라운 일들이 일어났다. 2학년 때 백화현 선생님께서 이야기해 주셨던 일들이 나에게도 일어나리라고는 상상도 못했었는데 말이다.

독서동아리를 하면서 무엇보다도 내 자신이 많이 변화되었다는 생각을 스스로도 많이 하게 되었고 선생님께서도 그런 말씀을 많이 해 주셨다. 우리 독서동아리가 남이 시켜서 하는 게 아니고 자발적으로 하는 동아리이기 때문에 가능한 일이라고 생각한다. 독서동아리는 나를 변화시켜 준 정말 좋은 활동인 것 같다. 고등학교에서도 이런 프로그램들이 있다면 주저없이 하고 싶다. 봉원중 후배들이 독서동아리에 많이 가입해서 나와 같이 변화되는 학생들이 많이 생기고 우리 학교뿐만 아니라 전국에 있는 학교에서 독서동아리 활동이 활성화되었으면 좋겠다는 게 나의 작은 소망이다. 앞으로 책도 많이 읽고 책과 한 걸음 더 가까워져서 나를 더욱 더 발전시키면서 후회 없이 살아갈 것이다. (김다솜)

많이 더디고 비틀거리던 아이들이 이처럼 의젓하고 아름답게 변화되어 가는 것을 볼 때면 가슴이 뜨거워진다. 딱딱하고 자그마한 씨앗 속에 이토록 부드럽고 탐스러운 꽃잎이 숨어 있다니! 아이들은 씨앗이 가지를 뻗고 잎과 꽃을 피워 올리듯 자신 안에 숨겨 놓았던 가능성들을 그렇게 하나씩 아름답게 피워 내고 있었다.

스스로 조사하고 의논하여 찾아간 '아침고요수목원'에서 '리딩캠프 이쁘지 아니한가' 멤버들이 행복한 미소를 짓고 있다.

2012년 독서동아리 소통과 만남, 밤새워 책 읽기에서 '리딩캠프 이쁘지 아니한가'가 2학기 활동 계획을 발표하고 있다.

책의 향기에 푹 빠진 '싱그러운 책의 향기'

2011년부터 왕성한 활동을 펼치며 독서동아리 활동자 모두에게 큰 자극과 영감을 제시해 주고 있는 '싱그러운 책의 향기'는 2학년 여학생 네 명으로 시작하여 3학년이 된 지금까지도 그 멤버 그대로 활동하고 있는 열정적인 독서동아리이다. 멤버 모두 지적 호기심이 강하고 활동성이 강해 독서동아리 활동 외에 교과 활동에도 적극적이고 학생회와 그 밖의 학교 활동에서도 큰 활약을 하고 있다. 독서동아리 활동을 하기 전에는, 한 멤버 외에는 독서를 그렇게 좋아하거나 잘하지 않았다는데 그 말이 믿기지 않을 만큼 모두가 잘하고 있고 큰 성장을 보이고 있다.

2011년 초, 백화현 국어 선생님의 소개로 독서동아리를 알게 되고, 친구들의 함께 하자는 제안으로 '싱그러운 책의 향기'(이하 성책향)팀을 시작했다. 평소 친했던 친구 4명이 정기적으로 모여 책에 대해 대화를 나눈다는 것은 우리에게 굉장히 새로우면서도 재미있게 다가왔다. 처음 시작한다는 설렘과 함께 무섭고 막연한 일이기도 하였지만 우리는 용기를 내었다. 지금 생각해보면 이 경험이 오늘 우리의 모습을 만들어 내지 않았나 하는 생각이 든다. 우리는 '밤새워 책읽기'에서 외국 도서관과 교육 사례를 보며 나아가야 할 방향을 잡았고, 1년 계획을 세우는 시간에는 작은 것부터 차근차근 시작했다. 가장 먼저 노트를 정리하기로 하고 어떻게 쓸 것인지 그림을 그려가며 이야기를 나누었다. 책을 읽고 느낀 점은 집에서 정리하고, 각자 나누고자 하는 주제에 대한 자신의 생각을 3개가량 써 오기로 했다. 익숙한 책부터 시작하여 다양한 분야와 시각으로 접근하고자 도서관 장서들을 탐색하며 계획표를 완성했을 때의 그 기분은 말로 표현할 수 없을 만큼 뿌듯했다. 중2, 중3이 한가한 시간이 아니기 때문에 함께 모여 학원과 방과 후 스케줄을 조정하고 서로를 배려하면서 결정된 요일인 월요일마다 활동을 하기로 하였다.

처음에는 대화를 나누는 것이 어색하여 써 온 것을 읽고 받아쓰는 정도였으나, 시간이 지날수록 친구간의 친목도 다져지고 분위기가 편안해져서 자유롭게 자신의 생각과 느낀 점을 이야기했다. 가장 먼저 볼품없던 어휘 실력이 매우 많이 향상되었고, 그 다음에는 읽기 능력이, 그 뒤를 이어 글 쓰는 즐거움을 느끼며 학업 성취도 또한 높아지는 효과까지 나타났다. 모두가 놀라워하며 우리 '싱책향'을 독서동아리의 본보기로 바라보기 시작했고 우리들은 우리의 발전에 나름대로 자부심을 느끼며 새로이 각오를 다져갔다. 처음의 막막함과 답답함을 벗어나 커다란 결과까지 얻어 기쁜 순간도 잠시, 우리에게 또 다른 시련이 닥쳐왔다. 각자의 성장이 너무나 큰 나머지 자신감이 충만해져 서로를 배려하지 못하고

자만하여 밖으로 보이는 것에 치중하는 일이 벌어진 것이다. 많은 선생님들께서 해주신 충고를 계기로 함께 모여 솔직하게 자신의 감정을 이야기하며 경쟁자가 아닌 친구로서 다시 협력해나가는 발판을 마련하게 되었다. 우리는 밖으로 시선을 돌려 누군가의 도움 없이 문화기행을 시작했다. 화폐박물관, 청와대 사랑채, 쁘띠 프랑스, 서울광장 스케이트장, 교보문고 등 머리로만 읽었던 것을 눈과 가슴으로 느껴 볼 수 있었다. 동아리 발표회를 위해 PPT자료와 대본을 제작하고 모여서 연습하는 모든 순간들이 너무나 즐거웠고, 무대에 올라 발표할 때의 떨렸던 심장과 마친 후의 후련하면서도 기쁜 느낌이 아직도 생생하다. 이 경험은 우리에게 자신감을 심어 주었고, 우리의 부족한 점을 깨닫고 보충할 수 있는 기회를 주었다. '관악 북 페스티벌'에 참가하여 즐거운 시간을 보내며 우리가 대한민국을 바꿀 수 있는 독서운동에서 중요한 역할을 하고 있다는 사실에 스스로를 자랑스러워하기도 하였다. 우리가 겪었던 또 하나의 어려움은 시간을 맞추는 것이었는데, 특히 중3이 되자 더욱 바빠져 서로에게 통보하지 않고 빠지는 일들이 발생하기 시작했다. 서로에게 기분이 상해 섭섭해 하며 사이가 멀어질 뻔 하였으나, 이 때 역시 자신의 솔직한 마음을 이야기하고 시간 조정에 있어 서로를 배려하고 제대로 통보해주기로 4명이 다시 이야기를 나누면서 갈등을 해결했다.

'싱책향' 활동을 1년이 조금 넘는 기간 동안 해 오면서 참 많은 것을 배우고 깨달았던 것 같다. 어휘력과 읽기 능력 향상, 논리적으로 말하고 쓰는 방법뿐만 아니라 친구 관계에 있어서 서로에 대한 신뢰와 배려를 통한 협력, 겸손해지는 방법, 활동과 책의 적절한 조화의 필요성 등 다른 그 어디에서도 얻기 힘든 깨달음과 경험을 얻을 수 있었다. 중학교 3학년, 일 년 남짓한 시간 밖에 남지 않았지만 졸업하고 고등학교에 가서도 만나며 우리 동아리를 유지해갔으면 좋겠다. 친구들과 함께 언제까지나 싱그러운 책의 향기 속에서 살고 싶다. (이자림)

이는 2012년, 참교육학부모회에서 발간하는 〈학부모신문〉 봄호(5월 5일자)에 실린 '싱그러운 책의 향기' 이야기이다. 아이들의 이야기처럼 이 동아리는 모여서 한 활동도 많지만 그 모임을 위해 각자 집에서 준비하는 내용 역시 만만치가 않다. 책을 읽고 독후감을 쓰고 어려운 단어를 찾아 우리들의 단어장(우단장)에 기록하고 토론하고 싶은 주제를 미리 뽑아 어떠한 내용으로 토론하고 싶은지 얼개를 짜 오는 일까지. 모두 이처럼 할 수는 없겠지만 만일 학원을 다니지 않고 혼자서 공부하는 아이들이라면(실제로 '싱책향' 멤버 중에는 학원을 전혀 다니지 않는 아이들이 있다. 이 아이들은 이러한 활동을 하며 스스로 공부한다.) '싱책향' 활동을 좀 더 찬찬히 살펴볼 필요가 있을 것이다. 정신적 성장과 함께 학습력 향상을 위해 이만 한 길을 찾기 쉽지 않을 테니 말이다. ('싱책향'의 활동상은 북스타트코리아가 운영하는 다음 까페 '청소년 북스타트(http://cafe.daum.net/teenbs)' 지역별 게시판 서울 방에 동영상으로 올라와 있다. 이곳에 가면 '싱책향' 외에도 봉원중학교 독서동아리를 비롯한 여러 지역의 책모임 활동을 엿볼 수 있다.)

참고가 될까 하여 '싱책향'의 2011년과 2012년의 활동 프로그램을 소개한다.

■ '싱그러운 책의 향기' 2011년 활동 프로그램 ■

회	활동일	활동 내용	대상 도서
1	3.21	독서동아리 운영 세부 계획 및 노트 정리하기	-
2	3.27	어휘 나누기(이하 우단장), 주제 및 생각 나누기	『메밀꽃 필 무렵』(이효석, 다림)
3	4.2~4.3	2011년 독서동아리 캠프 '밤새워 책 읽기'	-
4	4.9	우단장, 책 속의 인물 및 내용 정리하기, 사자성어 나누기	『간디의 뒤를 따라서』(앤 시블리 오브라이언·페리 에드먼드 오브라이언, 여름산)
5	4.11	일본의 '독도는 자기네 땅'이라는 억지 주장에 따른 해결 방안 찾기	-

6	4.18	시인 탐구 결과 발표하기	-
7	5.14	우단장, 영화〈버킷 리스트〉감상 후 자신만의 버킷 리스트 만들기	-
8	5.16	우단장, '일기의 중요성' 찬반토론하기	『안네의 일기』(안네 프랑크, 지경사)
9	5.30	우단장, 언어가 나라와 민족에 미치는 영향 이야기하기	『마지막 수업』(알퐁스 도데, 지경사)
10	6.9	독서퀴즈 출제자가 되어 문제 내 보기	『햄릿』(윌리엄 셰익스피어, 민음사) 『커피우유와 소보로빵』(카롤린 필립스, 푸른숲주니어) 『쉼터에서 만나다』(토니 브래드먼, 동산사) 『세 더잘-공정무역, 왜 필요할까?』(아드리안 쿠퍼, 내인생의책)
11	7.18	자기가 읽은 책들 중 가장 인상 깊었던 책 소개하기, 방학 계획 세우기	자기가 읽은 책
12	7.20	'싱책향'의 어려움 예상 및 해결 방안 찾기	『책 읽어 주는 할머니』(김인자, 글로연)
13	7.27	우단장, 느낌 나누기, 주제 나누기	『그리고 아무도 없었다』(애거서 크리스티, 동서문화사)
14	8.5	우단장, 주제 나누기	『영화는 좋은데 과학은 싫다고?』(김상욱, 한숭)
15	8.7	화폐박물관, 청와대 사랑채 견학하기	-

회	활동일	활동 내용	대상 도서
16	8.12	우단장, 주제 나누기, 과학과 관련된 기발한 아이디어 내기	『맛있는 물리』(이기진, 홍익출판사)
17	8.13	가평 '쁘띠프랑스' 견학하기	『어린 왕자』(생텍쥐페리, 소담출판사)
18	8.19	영화 〈바이센테니얼 맨〉 감상하기	-
19	9.5	발표 자료 준비하기	-
20	9.15	주제 나누기, 〈중앙일보〉 기자와의 인터뷰하기	『The blue day book』(브래들리 트레버 그리브, 바다출판사)
21	10.8	관악 북 페스티벌 '책 읽는 플래시몹'과 '관악 책모임 사례 발표대회' 참가하기	'관악 책모임 사례 발표대회'에서 아름다운책모임상 수상
22	10.10	우단장, 주제 나누기 연장	『The blue day book』
23	10.17	우단장, 동아리 확대 계획 세우기	-
24	10.24	우단장, 주제 나누기, 토론하기	『왜 세계의 절반은 굶주리는가?』(장 지글러, 갈라파고스)
25	10.31	우단장, 사회 관련 토론하기	『책으로 크는 아이들』(백화현, 우리교육)
26	11.7	우단장, 주제 나누기	『사이시옷』(손문상 외, 창비)
27	12.12	우단장, 주제 나누기	『우아한 거짓말』(김려령, 창비)
28	12.19	1년 동안 활동 돌아보고 반성하기	-

책 속 토론 주제 찾기

대상 도서	토론 주제
『메밀꽃 필 무렵』	- 허생원이 첫사랑을 잊지 못하는 이유는 무엇일까? - 허생원의 삶이 아름답게 그려진 이유는 무엇일까? - 나귀의 상징성은 무엇일까?
『안네의 일기』	- 일기의 중요성 - 히틀러의 유대인 말살 정책의 원인
『마지막 수업』	- 언어가 나라와 민족에 미치는 영향
『책 읽어 주는 할머니』	- '싱책향'에 생길 어려움 예상하고 해결 방안 찾아보기 - 옆에서 나를 지지해 주고 응원해 주는 존재가 있다는 것은 어떤 의미일까?
『그리고 아무도 없었다』	- 추리소설인 이 책을 읽으면서 느낀 점 나누기 - 자신이 추측한 범인에 대해 이야기 나누기 - 등장인물 중 에밀리 브랜트의 행동에 대해 평가해 보기 - 워그레이브 판사가 살인을 통해 그들을 벌하고 심판하는 것은 옳은 일일까?
『영화는 좋은데 과학은 싫다고?』	- 투명 망토가 실존한다면 우리 사회에 도움이 될까? - 맥스웰의 도깨비가 있다면, 또 어떤 일이 가능할까? - 전자가 나뉘지 않고 두 구멍을 지나갈 수 있는 방법 - 만약 우리가 사는 이 세계가 가상세계라면?
『맛있는 물리』	- 우주에서 살게 된다면 무슨 문제점이 발생할까? - 지구온난화의 원인인 온실가스를 배출하려면 어떻게 해야 할까? 대기권을 뚫는 게 좋을까? - 소의 방귀(지구온난화의 주범 중 하나)를 에너지화시킬 수 있는 방법

대상 도서	토론 주제
『The Blue Day Book』	- 내가 불행하고 우울하다고 느낄 때 바꾸어야 할 자세 또는 해결 방법 - '나' 말고 다른 사람들도 힘들고 어렵다는 것을 잊지 않고 배려할 수 있는 방법 - 가장 공감되었던 사진 나누기
『왜 세계의 절반은 굶주리는가?』	- 식량 문제와 환경 문제의 연결 고리 - 기아 문제를 해결하기 위해 개인, 집단, 나라, 세계가 해야 할 일들은 각각 어떤 것이 있을까? - '자연 도태'에 대한 각자의 생각 나누기 - 기아 문제의 심각성을 알도록 하는 방법
『책으로 크는 아이들』	- 진정한 공부란 무엇을 의미하는 것일까? - 모범 사례를 통해 '싱책향'의 앞으로의 활동 계획하기
『사이시옷』	- 가장 인상적이었던 그림과 만화 나누기 - 이 책에 나온 것 이외의 또 다른 차별에 대해 생각해 보기 - 곳곳의 차별을 개선할 수 있는 방법 - '창'에서와 같은 폭력에 대한 자신의 의견 말하기
『우아한 거짓말』	- '우아한 거짓말'의 의미에 대해 생각해 보기 - 가슴속에 묻어 둔 아픔이나 숨겨진 진실이 있다면 그것을 이겨 내고, 세상에 알리기 위한 방법

■ '싱그러운 책의 향기' 2012년 활동 프로그램 ■

회	활동일	활동 내용	대상 도서
1	1.9	우리들의 단어장(이하 우단장), 질문 나누기, 한비야 여행 장소의 역사적 배경 조사하기	『지도 밖으로 행군하라』 (한비야, 푸른숲)

2	1.16	우단장, 책의 주제 파악하기, 질문 나누기	『GO』(가네시로 가즈키, 북폴리오)
3	1.28, 2.3	우단장, 질문 나누기, 베이비박스에 대한 토론하기	『생명이 있는 것은 다 아름답다』(최재천, 효형출판)
4	2.10	우단장, 질문 나누기, 독도의 날 지정에 대한 생각 나누기	『반크 역사 바로 찾기 4: 독도와 동해의 주인을 찾아라!』(이다, 키네마인)
5	2.17	우단장, 인물 심정 변화 파악하기, 질문 나누기	『내 생각은 누가 해줘?』(임사라, 비룡소)
6	3.19	우단장, 질문 나누기, 여성에 대한 인식 차이 비교하기, 뒷이야기 상상하기, 방관자 효과에 대한 생각 나누기	『날개도 없이 어디로 날아갔나:정약용, 김려 서사시』(김이은 풀어씀, 알마)
7	3.30 ~ 3.31	밤새워 책 읽기(외국의 독서 교육, 활동 사례 발표-'싱책향' 포함, 1년 계획 세우기, 토론 한마당 등)	『꽃들에게 희망을』(트리나 폴러스, 시공주니어) 『아낌없이 주는 나무』(셸 실버스타인, 시공사) 『우리 누나』(오카 슈조, 웅진주니어) 『행복한 청소부』(모니카 페트, 풀빛) 중 하나를 택하여 토론
8	4.1	우단장, 질문 나누기, 소재의 의미 파악하기, 언론 문제점 파악하기	『모래톱 이야기』(김정한, 푸른사상)
9	5.5	〈학부모신문〉에 '싱책향'에 관한 원고 기고(싱그러운 책의 향기 속에 취하다)하기	-
10	5.6	우단장, 질문 나누기, 소재의 의미 파악하기, 제목 분석하기	『광장』(최인훈, 문학과지성사)

회	활동일	활동 내용	대상 도서
11	5.12	독서 멘토링 토요 프로그램 오리엔테이션(서울대 생활과학대학 독서동아리 '노굿'-우리는 몇몇 독서동아리와 함께 이 프로그램에 참여했다.)	-
12	5.21	우단장, 질문 나누기, 인물의 특성 분석하기	『운영전』(조현설, 나라말) 『사씨남정기』(김만중, 북앤북)
13	5.26	'노굿' 멘토링-페미니즘 알아보기, 감상 나누기	『인형의 집』(헨릭 입센, 문예출판사)
14	6.2, 6.9	꿈에 대한 탐색-각자 읽어 온 책 나누기, 자신의 꿈 선언하기, 친구의 조언 듣기, 고등학교, 장래희망, 인생설계 세 파트로 나누어 깊이 있는 대화하기	『꿈꾸는 다락방』(이지성, 국일미디어) 『스무살을 부탁해』(이시다 이라, 노블마인) 『아름답게 욕망하라』(조주희, 중앙북스) 『20대 나만의 무대를 세워라』(유수연, 위즈덤하우스) 『프린세스라브라바』(아네스 안, 위즈덤하우스) 『10대 꿈을 이루어주는 8가지 법칙』(김태광, 하늘아래) 『16살 네 꿈이 평생을 결정한다』(김재현, 팝콘북스)
15	6.9	'노굿' 멘토링-〈뉴스 후〉 '나는 나쁜 엄마입니다'를 보고, 육아 휴직의 구체적 정책 마련, 육아 휴직의 대안 생각해 보기	-
16	6.11	우단장, 질문 나누기, 제목 분석하기	『우상의 눈물』(전상국, 민음사) 〈날개〉(이상)

17	6.23	'노굿' 멘토링 – 영화 〈악마는 프라다를 입는다〉 시청하기, 감상 나누기, 여성의 사회 진출에 관한 의견 나누기	–
18	7.13	『북미 학교도서관을 가다』 저자와의 만남	『북미 학교도서관을 가다』(전국학교도서관담당교사 서울모임, 우리교육)
19	7.14	'노굿' 멘토링	『즐거운 불편』(후쿠오카 켄세이, 달팽이)
20	7.16	우단장, 주제 나누기, 모의 면접 상상해 보기, 감상 나누기	『돼지가 철학에 빠진 날』(스티븐 로, 김영사)
21	7.28	'노굿' 멘토링 – 소비에 대한 고찰, 명품을 사는 이유, 보이지 않는 계급에 대해 이야기해 보기	『즐거운 불편』
22	7.29	연극 〈니 부모 얼굴이 보고 싶다〉 관람하기, 교보문고 탐방하기	–
23	8.2	우단장, 가정 폭력의 해결 방안 찾아보기	『개 같은 날은 없다』(이옥수, 비룡소)
24	8.5	우단장, 행복 외의 삶의 목표 생각해 보기, 무소유와 행복의 관계 탐구하기	『나는 사고 싶지 않을 권리가 있다』(미카엘 올리비에, 바람의아이들)
25	8.6	우단장, 자신이 가장 좋아하는 시 나누기	–
26	8.11	'노굿' 멘토링	『달리는 기차 위에 중립은 없다』(하워드 진, 이후)

회	활동일	활동 내용	대상 도서
27	8.25	'노굿' 멘토링 - 〈인생은 아름다워〉 시청하기	-
28	9.8~9.9	'2012 독서동아리 발표회' 및 '밤새워 책 읽기'	-
29	9.15	'노굿' 멘토링 - 유태인에 대한 마인드맵 그리기, 인권의 의미 생각해 보기, 범죄자 인권에 대한 마인드맵 그리기	-
30	10.8	시 읽고 이야기 나누기	『지금 알고 있는 걸 그때도 알았더라면』(류시화, 열림원) 『청소년 시와 대화하다』(김규중, 사계절출판사) 시 〈사랑하는 별 하나〉(이성신) 〈벗마을〉(김소월)
31	10.13	'노굿' 멘토링 및 관악 북 페스티벌 '책 읽기 플래시몹'	-
32	10.20	'노굿' 멘토링 - 서울대 탐방하기	-
33	11.10	'노굿' 멘토링 - 〈고기 랩소디〉 시청 후 일주일간의 채식 계획표 짜 보기	-
34	11.19	우단장, 주제 파악하기, 질문 나누기, 사회적 배경 조사하기, 반민족주의자에 대한 견해 나누기	『뫼비우스의 띠』(조세희, 삼성출판사) 『꺼삐딴 리』(전광용, 을유문화사) 『태평천하』(채만식, 문학과지성사)

35	11.24	서울대 '노굿' 선배들의 예비 고1을 위한 조언 듣기	-
36	12.3	토론동아리 '대형마트 영업 규제'에 대한 찬반토론하기	-
37	12.1	우단장, 질문 나누기, 감상 나누기	『탈출기』(최서해, 문학과지성사) 『동물농장』(조지 오웰, 민음사)

2012년 독서동아리 발표회에서 '싱책향' 멤버들이 자신들의 활동 내용을 발표하고 있다.

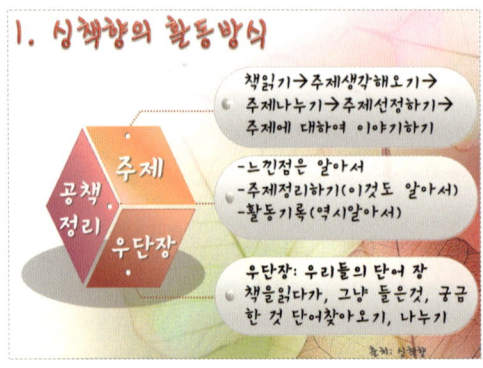

'싱그러운 책의 향기' PPT 자료

꽃들에게 희망을 주는 'Face Book'

2011년 7월 추가 모집 때 기회를 얻어 독서동아리에 합류한 'Face Book'은 '싱그러운 책의 향기' 못지않게 매우 활발한 활동을 하고 있다. 남들보다 늦게 시작했다는 안타까움이 있어서인지 본래 지적 욕구가 강해서인지 이 동아리는 1주일에 한 번 활동하기도 바쁜 3학년에 와서 오히려 1주일에 두 번씩 만나

왕성한 활동을 한다. 또한 'Face Book'이라는 이름에 걸맞게 도서관에서의 만남뿐 아니라, 카톡을 통해 수시로 연락을 주고받고 N드라이브에 서로의 자료를 탑재하여 공유하는 등, 온라인상에서의 활동도 활발하다. '싱책향'과 함께 참교육학부모회 소식지에 실린 'Face Book'이 말하는 'Face Book 이야기'를 들어 본다.

> 독서동아리 FaceBook. 뜬금없이 웬 SNS? 얼굴을 맞대고(Face) 책에 대해(Book) 소통하는 동아리라는 의미를 담기 위해 요즘 한창 유행하는 이름을 따 왔을 뿐. 우리는 망설이다 참여하지 못했지만 7월에 추가모집에 부리나케 모여 제일 먼저 팀을 꾸렸다. 첫 주는 솔직히 우리가 봐도 한심했다. '왜 세계의 절반은 굶주리는가?'라는 어려운 인문서적으로 시작했기 때문에 책 내용에 대한 토론은 커녕 신자유주의니 시장경제니 하는 전문용어들 때문에 절절 맸다. 어떤 친구는 책 읽기를 포기했다. 출발부터 삐끗했던 탓인지, 한동안 우리 팀은 모여서 잡담만 했다. 활동기록지에는 '친목도모'라고 적었다. 초기에 쓸모없는 활동으로 채운 것 같지만, 우리는 그 과정에서 중요한 것을 얻었다. 덕분에 서로 어색함도 없어지고, 의사소통을 원활하게 할 수 있게 되었기 때문이다. 이렇게 함께 웃고, 즐기고, 공감하는 과정에서 본격적으로 동아리 활동을

시작할 수 있는 '연대감'이라는 기반을 마련할 수 있었다.

　시작한 지 얼마 후, 우리는 '동아리 발표회'와 '밤새워 책읽기'에 참가했다. 그 날 우리는 많은 손님들과 몇몇 기자분들까지 모시고 발표회를 가졌다. 다른 동아리들이 만들어 놓은 수준 높은 독서활동 자료를 보면서 '아, 지금처럼 흐지부지 하다가는 아무것도 안 되겠구나.' 정신을 번쩍 차렸다. 영화관에 가서 '완득이', 소극장에 가서 '1F/B1'이라는 제목의 연극도 봤다. 바쁜 와중에도 시간을 내어 함께 대형서점도 가고, 북카페에 가서 독서활동도 했다. 결국 독후활동 수준을 조금 낮추기로 했다. 어려운 책만 읽어봐야 어차피 얻는 건 없다는 걸 깨달았기 때문이다. 우리는 비로소 다채로운 독후활동을 할 수 있었다. '디자인 캐릭커쳐'라는 책을 읽고 얼굴을 서로 직접 캐릭터화해 보고, '조선을 뒤흔든 16가지 살인사건'을 읽고서는 조선시대에 이러한 살인사건이 일어날 수밖에 없었던 사회구조적인 문제와 그 해결방안에 대해서 의견을 나누었다.

　얼마 전부터, 우리는 독서동아리 활동과 더불어 학습동아리 활동도 시작했다. '글벗누리'에 모여 도서 관련 활동만 했지만, 학교에는 읽을거리 가득한 신문도 있고, 각종 학습관련 잡지들도 많은데 단행본에만 우리의 활동이 한정되는 게 아쉬웠다. 우리는 분명 현재에 살고, 현재의 일을 잘 알아야 과거와 미래의 내용을 담은 책도 이해할 수 있겠다는 생각이 들었다. 월요일에는 독서활동, 목요일에는 학습활동을 하기로 했다. 학습활동은 시작한 지 얼마 되지 않아 조금 헷갈리고 막막하기도 하지만 잡지와 신문 등 다양한 대중 매체를 통해 지금 이 순간의 이야기들에 대해서 알아보고 고민하며 함께 의견을 나누어 볼 생각이다.

말도 많고 탈도 많은 FaceBook이지만, 요즘은 학교에서 배우지 못한 부분을 독서를 통해 알게 된 지식으로 채우고, 또 그렇게 쌓인 것들이 우리도 모르는 새 튀어나올 때 깜짝 놀라곤 한다. 독서동아리 프로그램을 진행하고 있는 중학교가 몇 안 되는 것으로 알고 있는데, 우리학교에서는 이렇게 잘 운영되고 있어 자랑스럽고, 우리가 아주 좋은 기회를 누릴 수 있어 행운이다. 우리 모두 이 프로그램이 다른 학교 친구들에게도 널리 퍼져 모든 학생들이 우리처럼 놀라운 성장을 경험했으면 좋겠다. 관심있으면 지금 당장 친구들과 함께 독서동아리를 만들어 보자. 함께 읽고 생각하고 이야기를 나누는 과정에서 여러분은 무한한 성장을 경험하며 여러분 안에 있는 가능성을 발견할 수 있을 것이다. 궁금한 점이 있으면 메일 주소로 질문해도 좋다. [윤여은(yoneu25@naver.com), 김태윤(kty8749@naver.com), 백주원(bjwuain@naver.com), 최창수(jake65@naver.com), 유승걸(jjk7421@naver.com)]

2012년 3월에 있었던 '독서동아리 워크숍'에서 지난해 활동 사례를 발표하고 있는 'Face Book'

'Face Book'은 스스로 말한 것처럼 처음에는 '말도 많고 탈도 많은' 동아리였다. 책을 고르는 일이나 토론을 하는 일에서 번번이 실패하기도 하고 서로의 관심과 요구가 충돌하여 삐거덕거리는 모습을 보이기도 했다. 그러나 2011년 '독서동아리 발표회'에서 다른 동아리 친구들로부터 많은 자극과 배움이 있었던 듯, 이후로는 중심을 잘 잡고 활동하더니 2012년에는 1주일에 두 번씩이나 모임 활동을 하는 부지런한 책모임이 되었다. 또한 이 친구들은 멤버 중 영어를 잘하지 못하는 친구를 격려하여 교내 영어말하기대회에도 함께 출전하고, 자신들이 배우고 깨달은 것들을 다른 사람들에게 나눠 주는 일에도 앞장설 만큼 인성적인 면에서도 큰 성장을 이루었다. 이처럼 애벌레에서 번데기로, 번데기에서 아름다운 나비로 변신에 변신을 거듭하는 'Face Book'을 보고 있노라면 부풀어 오르는 희망 탓에 때론 가슴이 먹먹해지기도 한다.

'Face Book'의 2011년과 2012년 활동 내용 소개한다.

■ 'Face Book' 2011년 활동 내용 ■

월	활동 내용
7	① 『왜 세계의 절반은 굶주리는가?』(장 지글러, 갈라파고스)를 읽고 '세계의 절반이 굶주리고 있는 문제'에 대한 해결책을 세워 봄. ② '독서동아리 발표회'를 위한 프레젠테이션을 준비함. 2011년 2학기 동안 독서동아리 'Face Book'이 나아갈 방향을 제시함. ③ 『W2 : 세계와 나』(MBC 'W' 제작팀, 삼성출판사)를 읽고 엘살바도르의 아동 노동에 대한 토론을 실시함.
8	① 독서동아리 발표회에서 프레젠테이션을 실시함. ② 독서동아리 캠프 – '밤새워 책 읽기'에 참가함. ③ 『커피우유와 소보로빵』(카롤린 필립스, 푸른숲주니어)을 읽고 마인드맵을 제작함.
9	『오늘의 과학』(곽영직 외, 사이언스북스)을 읽고 느낀 점을 나눔.
10	① 『십시일反』(박재동 외, 창비)을 읽고 느낀 점을 나눔. ② 2011 관악 북 페스티벌 '책 읽기 플래시몹'에 참가함. ③ 『조선을 뒤흔든 16가지 살인사건』(이수광, 다산초당)을 읽고 조선시대 살인사건의 원인과 해결 방안을 제시해 봄. ④ 영화 〈완득이〉를 보고 인상 깊었던 명대사&명장면을 정리해 봄. ⑤ 『여기는 독도』(전충진, 이레)를 읽고 일본인들에게 편지를 써 봄.

월	활동 내용
11	『디자인 캐리커처』(김재훈, 디자인하우스)를 읽고 친구들의 얼굴을 캐리커처 해 봄.
12	독서동아리 문집 제작을 위한 연간 활동을 총 정리해 봄. 그에 대한 느낌을 나눠 봄.

■ 'Face Book' 2012년 활동 내용 ■

회	활동일	대상 도서	활동 내용
1	3.17	-	신림 반디앤루니스 견학 및 도서 선정
2	3.19	『칭찬은 고래도 춤추게 한다』(켄 블랜차드 외, 21세기북스)	도서 감상 및 토의
3	3.24	『1F/B1』(김중혁, 문학동네)	연극 관람 및 후기 발표
4	3.26	『도가니』(공지영, 창비)	도서 감상 및 토의
5	3.30 ~ 3.31	『아낌없이 주는 나무』(셀 실버스타인, 시공사)	2012년 1학기 '밤새워 책 읽기' 및 사례 발표, 도서 감상 및 토론
6	4.9	-	잡지 〈학교도서관저널〉 및 신문 〈학부모신문〉 기사 투고
7	4.12, 4.16	『네추럴리 데인저러스』(제임스 콜만, 다산초당) 『시크릿 패밀리』(데이비드 보더니스, 생각의 나무)	도서 감상 및 토의

8	5.~12.	『인형의 집』(헨릭 입센, 문예출판사) 『달리는 기차 위에 중립은 없다』(하워드 진, 이후) 『즐거운 불편』(후쿠오카 켄세이, 달팽이) 『우리는 왜 개는 사랑하고 돼지는 먹고 소는 신을까』(멜라니 조이, 모멘토)	서울대학교 독서동아리 '노굿' 독서 멘토링 및 도서, 영화, 다큐 감상, 토의, 토론
9	5.10	『우리들의 짭조름한 여름날』(오채, 비룡소)	도서 감상 및 토의
10	5.14	-	글빛정보도서관 견학 및 도서 대출
11	5.17		오채 작가님과의 만남 및 감상 후기 작성
12	5.31~6.11	『불편한 진실』(앨 고어, 좋은생각)	교내 영어말하기대회 토론 준비 및 장려상 수상
13	6.1	-	신문 〈중고등 아침독서〉 스크랩
14	6.4	『불편한 진실』 『1F/B1』	도서 감상 및 마인드맵, 그림 작성
15	6.14	『오메 할머니』(오채, 주니어랜덤)	도서 감상 및 마인드맵 작성
16	7.9	-	여름방학 계획 작성
17	7.12	『북미 학교도서관을 가다』(전국학교도서관담당교사 서울모임, 우리교육)	도서 감상 및 토의
18	7.13	『북미 학교도서관을 가다』	저자와의 만남 감상 작성

회	활동일	대상 도서	활동 내용
19	7.16	『북미 학교도서관을 가다』	저자와의 만남 후기 작성
20	7.19	-	여름방학 구체적인 일정 계획
21	7.25	『퓰리처상 사진』(핼 부엘, 현암사)	도서 감상 및 토의
22	7.25	-	국회도서관, 광화문 교보문고 견학 및 후기 작성
23	8.8	-	김유정문학촌, 북카페 '미루' 견학 및 후기 작성
24	8.24	『에너지와 환경』(과학동아 편집부, 동아사이언스)	도서 감상 및 토의
25	9.8~9.9	-	2012년 2학기 '밤새워 책 읽기' 및 활동 발표회
26	10.7~10.13	-	관악 북 페스티벌 '책 읽기 플래시몹' 준비, 참여 및 후기, 신문 작성
27	10.9	-	허정수 작가님과의 만남 및 감상 후기 작성
28	11.~12.	-	'Face Book' 문집 제작 및 UCC 제작

도란도란 얘기 나누며 함께 배우고 성장하는 'Face Book'

'Face Book'이 자체적으로 발행한 UCC, 내용의 방대함과 깊이에 감동받지 않을 수 없다.

본·깨·적 (본 것·깨달은 것·적용할 것) NOTE

'Face Book'은 자신들의 활동 내용을 학교에서 제공한 '독서동아리 활동 일지' 외에도 각각의 개인 공책과 클리어 파일에 정리하고 있는데, 그들만의 본·깨·적 공책 내용 일부를 소개한다.

| Face Book, 3학년 윤여은 |

1. **책 제목** 『오늘의 과학』
2. **저자** 곽영직 외 12인
3. **출판사** 사이언스북스
4. **이 책의 키워드** 과학, 암흑물질, 기생충, 뇌, 0.999……, 생명체, 성운, 쿼크, 힉스, 세균
5. **본 것**(What I see) 『오늘의 과학』은 보통 주변에서 쉽게 볼 수 있는 과학 교양서와는 다르다. 내가 이제까지 읽어 온 과학 교양서들에는 단순히 우리 생활 속에서 쉽게 볼 수 있는 과학적 현상들에 대해 설명해 놓은 것들이 많았는데, 『오늘의 과학』에서는 그런 시시한 것들을 다루지 않았다. 아무도 그 정체를 알 수 없는, 우주 공간의 대부분을 차지하는 '암흑 물질'이나, 대부분의 사람들이 기생충이 돼지에서 인간으로 옮겨 갔을 거라고 생각했던 것과 달리 사실은 사람이 돼지에게 기생충을 옮긴 거라는 사실 등을 다뤘다. 게다가 그런 이야기들을 그렇게 "~카더라."에 그치는 것이 아니라 자세한 과학적 사고 과정을 제시하여 사실에 신빙성을 더했다. 그리고 이 책에서 제시된 수학에 대한 탐구들도 인상적이었는데, 학교 수학책이나 문제집들은 가르쳐 주지 않았던 '실제' 원리, 그러니

까 학생들이 이해하기 쉽도록 만들어 놓은 간단한 증명이 아닌 진짜 왜 그렇게 되는지에 대한 것을 깊이 있게 파헤쳐 놓았다. 수학 논문이 아닌 '과학 교양서'라는 취지에 맞게 그리 복잡하지 않게 설명을 하면서도 그 원리에 대해 진짜로 이해할 수 있게 해 주어 왠지 내가 모르던 새로운 세계를 알게 된 것 같은 기분이 들었다. 게다가 우주의 다양한 천체들, 각종 세포, 세균, 화학물질의 컬러풀한 사진들까지 곁들여져 있어 보는 즐거움 또한 쏠쏠했다. 음, 아무리 그래도 내가 이 책에서 가장 좋다고 생각했던 건 앞서 말한 '어렵고 다양한 주제들에 대한 쉽고도 깊이 있는 설명'인 것 같다.

6. 깨달은 것(What I learn) 이 책에는 고대부터 이루어졌던 과학 탐구에 대한 내용부터 현재에도 활발하게 진행되고 있는 최첨단 과학 실험까지 시공간을 넘어서는 다양한 과학적 사실들을 포함하고 있다. 그런데 이런 사실들은 내가 만약 이 책을 보지 않았더라면 아마 오랫동안 알 길이 없었을 것이다. 나는 나름 학교에서도 과학 시험을 보면 항상 성적도 잘 나오고, 과학영재원에도 다니고 있어 과학 지식을 꽤 많이 알고 있다고 생각했었는데, 생각보다 과학에 대해서 상당히 무지했다. 특히 최근에 이슈가 되고 있는, 활발히 진행되고 있는 첨단의 과학 실험들에 대해선 진짜로 아는 게 하나도 없었다. 장래희망이 생물연구소 소장인 것에 비하면 너무 요즘 추세에 대해 모르는 것이 아닌가 하는 생각이 들었다.

7. 적용할 것(What I apply) 쿼크, 암흑물질, 힉스 입자 등 너무 어렵게만 느껴지는 것 같은 내용들도 중학생들이 쉽게 이해할 수 있는 내용으로 학교에서 학생들에게 가르쳐야 한다고 생각한다. 일단 몇천 년 전에 진행되었던 과학 실험들을 알아야 이러한 내용들을 이해할 수 있는 것은 맞지만, 교과서에서 최근의 과학 사실들도 다뤄 주어야 학생들의 과학 지식이 균형 있게 자리잡을 것이라고 생각한다.

독서동아리 활동 차근차근 풀어 가기

남들이 하는 걸 보면 쉬워 보이지만 막상 자신이 할 때는 아주 사소한 것에서부터 막혀 일이 잘 풀리지 않을 때가 많다. 독서동아리 활동 역시 그럴 것이다. 우리 학교 독서동아리처럼 학교에서 장소와 간식을 제공해 주고 울타리 교사들의 적절한 도움이 있다면 조금은 수월하겠지만 이 모든 것들을 스스로 해야 한다면 넘어야 할 산이 많다. 그러나 겁먹지 말고 일단 시작해 보자. 몇 가지 기본 원칙만 잘 지켜 나간다면 의외로 금세 책모임의 매력에 빠져들 수 있다.

마음에 끌리는 책부터 읽자

책모임 활동의 기본은 책 읽기. 책 없는 활동은 생각할 수 없다. 그러나 평소 책에 대해 관심이 많거나 책 읽기를 즐겨 한 사람이 아니라면 대체 무슨 책을 어찌 읽어야 할지 난감할 것이다. 이러한 일은 학생독서동아리 아이들뿐만 아니라 가정독서모임 아이들도 그랬고 교사독서모임과 학부모독서모임에서도 똑같았다. 자신이 혼자서 책을 읽을 때와 달리 누군가와 '함께' 읽어야 하고 읽은 후에 '토론'까지 해야 한다고 생각하면 머리가 아파 오고 도망가고 싶어지기 십상이다.

 그러나 '욕심'만 버린다면 전혀 어려운 일이 아니다. 처음부터 너무 '좋은 책'만 고집한다거나 '학습에 도움이 되는 책'

만 찾지 않으면 된다. '책이 끓는 시간' 동아리처럼 처음에는 자신이 읽었던 책들 중에서 친구와 함께 읽고 싶은 책을 하나씩 추천해서 같이 읽어 나가도 되고, 우리 가정독서모임처럼 우선 그림책과 동화책을 책상에 쏟아 놓은 후 마음에 드는 것부터 하나씩 읽어 나가도 좋다. 이렇게 쉽고 가볍게 시작하고, 날을 잡아 모임원이 함께 도서관이나 서점을 방문하여 책 구경을 실컷 한 후, 각자 마음에 드는 책을 서너 권씩 골라 먼저 읽고 싶은 책부터 순번을 매겨 연간 계획을 세우면 좋다. 우리 학교 독서동아리 아이들은 '독서동아리 워크숍&밤새워 책 읽기' 행사 때 학교 도서관의 책들을 잔뜩 쌓아 놓고 읽을 책을 골랐다.

    이러한 작업을 하다 보면 읽고 싶은 책이 없어서 못 고르는 게 아니라 읽고 싶은 책이 너무 많아 못 고르는 일이 더 많다. 읽고 싶은 책은 많고 골라야 할 책은 한정되어 있을 때, 가장 좋은 방법은 앞서 말한 것처럼 한 사람씩 읽고 싶은 책을 추천하여 순번을 정하는 것이고, 다음으로는 매달 관심 분야나 주제를 정해 그와 관련된 책들을 순서대로 읽는 것이다. 실제로, 우리 학교 독서동아리 중 '축구'에 관심이 많은 한 동아리는 1년 내내 축구 관련 잡지와 스포츠 관련 책만 읽기도 했고, 유독 '친구 문제'와 '연애'에 관심이 많던 한 동아리는 한국 청소년 작가들의 성장소설만 읽기도 했다. 반면에 우리 가정독서모임과 우리 학교의 꽤 많은 독서동아리는 3월에는 성장소설, 4월에는 과학, 5월에는 가정과 가족, 6월에는 전쟁과 평화, 7월에는 여행과 모험, 8월에는 예술, 9월에는 시집, 10월에는 한글, 11월과 12월은 인권이나 인물, 1월과 2월은 대하소설이나 그 밖의 분야 등 달마다 읽을 책의 분야를 정해 놓고 그와 관련한 책들 중에서 하나씩 함께 골라 읽었다.

하지만 스스로 고른 책마다 불만스럽다거나 곧바로 양서를 읽고 싶다면 독서교육에 관심이 많은 주변의 어른들에게 자문을 구하거나 동서양의 '고전'을 중심으로 읽으면 좋을 것이다.

어떤 책을 읽어야 할지 막막하다면,
이런 책 어떨까요?

좋은 책을 읽고 싶은데 못 고르겠다는 독서동아리에게 추천한 책들이다. 재밌으면서도 감동적인 책이나 토론하기에 좋은 세계 명작을 원하는 이들에게 도움이 될까 싶어 소개한다.

▶ 잠깐! 책을 고를 때는 먼저…
  1. 관심 분야의 책부터 고른다.
  2. 재미있거나 감동이 있는 책을 고른다.
  3. 차츰 '고전'에도 도전해 본다.

▶ 그림책을 추천합니다.
  1. 『넉 점 반』(윤석중 글, 이영경 그림, 창비) : 천진무구한 어린아이의 세계를 윤석중의 시와 이영경의 그림을 통해 낙천적으로 보여 주는 우리 시 그림책입니다.
  2. 『우리 순이 어디 가니』(윤구병 글, 이태수 그림, 보리) : 엄마 미소를 짓게 하는 향토성이 짙은 파스텔 톤의 우리 그림책입니다.
  3. 『돼지책』(앤서니 브라운 글·그림, 허은미 옮김, 웅진주니어) : 양성평등 문제를 다룬 세계적인 그림책입니다.
  4. 『지각대장 존』(존 버닝햄 글·그림, 박상희 옮김, 비룡소) : 아이의 세계를 전혀 이해하지 못하는 선생님을 통쾌하게 혼내 주는 재치 있는 그림책입니다.
  5. 『느끼는 대로』(피터 H. 레이놀즈 글·그림, 엄혜숙 옮김, 문학동네) : 느낌의 중요성과 그

맛을 느끼게 해 주는 웅숭깊은 그림책입니다.

6. 『점』(피터 H. 레이놀즈 글·그림, 김지효 옮김, 문학동네) : 자신감이 없는 아이를 어떻게 대해야 하는지 그 방법을 알려 주는 지혜로운 그림책입니다.

7. 『내 귀는 짝짝이』(히도 반 헤네흐텐 글·그림, 장미란 옮김, 웅진주니어) : 귀 하나가 축 처진 토끼 이야기인데 신체 콤플렉스의 문제를 유쾌하게 풀어 놓았습니다.

8. 『언제까지나 너를 사랑해』(로버트 먼치 글, 안토니 루이스 그림, 김숙 옮김, 북뱅크) : 부모의 사랑을 이보다 더 감동적으로 그려 낼 수 있을까 싶을 만큼 가슴 뭉클한 책입니다.

9. 『나무를 심은 사람』(장 지오노 글, 프레데리 백 그림, 김경온 옮김, 두레아이들) : 황무지에 날마다 도토리 100개씩을 심어 낙원으로 일구어 낸 '나무를 심은 사람'의 감동적인 이야기입니다.

10. 『생각을 모으는 사람』(모니카 페트 글, 안토니 보라틴스키 그림, 김경연 옮김, 풀빛) : 생각을 모으러 다니는 사람에 대한 이야기를 담은, 발상이 신선한 그림책입니다.

11. 『행복한 청소부』(모니카 페트 글, 안토니 보라틴스키 그림, 김경연 옮김, 풀빛) : 음악가와 작가의 거리를 청소하는 독일 청소부 이야기로 '직업의 의미'를 다시 생각하게 해 줍니다.

12. 『떠돌이 개』(가브리엘 뱅상 그림, 열린책들) : 떠돌이 개의 하루 일상을 모노톤 데생으로 그려 낸 그림책입니다. 글이 없어 그림에 집중할 수 있습니다.

13. 『얼굴 빨개지는 아이』(장 자크 상뻬 글·그림, 김호영 옮김, 열린책들) : 얼굴 빨개지는 아이와 재채기하는 아이의 따뜻하고 유쾌한 우정을 그려 낸 작품으로, 그림이 앙증맞고 문장들도 살아서 꿈틀댑니다.

14. 『천둥치는 밤』(미셸 르미유 글·그림, 고영아 옮김, 비룡소) : 존재의 의미, 자잘한 일상의 가치 등을 되묻게 하는 간결하고 기발한 청소년 그림책입니다.

15. 『꽃들에게 희망을』(트리나 폴러스 글·그림, 김석희 옮김, 시공주니어) : 맹목적인 경쟁에

시달리며 애벌레처럼 살 것인지, 외롭더라도 용감하게 나비가 되는 길을 선택할 것인지를 자문하게 하는 우화입니다.
16. 『마지막 거인』(프랑수아 플라스 글·그림, 윤정임 옮김, 디자인하우스) : 악의는 없었으나 침묵을 지키지 못한 한 지리학자로 인해 전설적인 거인의 세계가 인간에게 파괴당하는 이야기입니다. 그림책이지만 철학책처럼 수많은 생각의 가지를 뻗게 해 줍니다.

▶ 재미와 감동을 주는 동화와 소설을 추천합니다.
1. 『초정리 편지』(배유안 글, 홍선주 그림, 창비) : 세종대왕의 일화에서 건져 낸, 한글 창제의 참뜻을 알게 해 주는 따뜻한 동화입니다.
2. 『프린들 주세요』(앤드루 클레먼츠 글, 양혜원 그림, 햇살과나무꾼 옮김, 사계절출판사) : 언어의 사회성 문제를 재기 발랄한 소년과 원칙주의자인 교사와의 관계를 통해 매우 유쾌하게, 감동적으로 그려 냈습니다.
3. 『마당을 나온 암탉』(황선미 글, 김환영 그림, 사계절출판사) : 닭장을 거부하며 암탉 본연의 모습으로 살고자 하는 '잎싹'의 자유와 사랑을 깊고 따뜻하게 그려 낸 우화입니다.
4. 『해피 버스데이』(아오키 가즈오 지음, 홍성민 옮김, 문학세계사) : 부모의 편애와 왕따 문제를 박진감 있게 그려 냈습니다.
5. 『문제아』(박기범 글, 박경진 그림, 창비) : 정리해고, 문제아, 가난, 소외 등과 같은 현실적인 문제들을 아이들의 눈높이에 맞춰 쉽고 감동적으로 그려 낸 10편의 동화 모음집입니다.
6. 『우리 누나』(오카 슈조 글, 카미야 신 그림, 김난주 옮김, 웅진주니어) : 장애우 문제를 매우 사실적으로 다룬 6편의 단편 모음집입니다. 문장이 간결하고 치밀하여 긴장감이 있습니다.

7. 『손도끼』(게리 폴슨 지음, 김민석 옮김, 사계절출판사) : 아빠를 만나기 위해 비행기를 타고 가다 추락하여 무인도에 떨어지게 된 소년의 모험 이야기입니다.
8. 『달빛 노래』(스콧 오델 글, 김병하 그림, 김옥수 옮김, 우리교육) : 고향을 빼앗긴 인디언 나바호족의 사랑과 눈물의 대장정을 감동적으로 그려 낸 작품입니다.
9. 『내 영혼이 따뜻했던 날들』(포리스트 카터 지음, 조경숙 옮김, 아름드리미디어) : 인디언 조부모와 함께 살아온 작가의 자전적 성장소설로 문명에서 한 발 비껴 자연과 교감하며 사는 인디언의 참삶을 엿볼 수 있습니다.
10. 『전갈의 아이』(낸시 파머 지음, 백영미 옮김, 비룡소) : 마약왕국 엘 파트론(대부)의 클론으로 태어난 소년의 삶과 사랑을 통해 복제인간의 문제를 제기한 소설로, 처음부터 끝까지 손에 땀을 쥐게 합니다.
11. 『나는 아름답다』(박상률 지음, 사계절출판사) : 자신을 규격화된 틀 속에 가두려는 학교와 사회에 저항하며 자신만의 아름다움에 눈떠 가는 고등학생 선우의 이야기입니다. '천상천하유아독존'의 의미를 다시 생각하게 해 줍니다.
12. 『키싱 마이 라이프』(이옥수 지음, 비룡소) : 열일곱 살의 평범한 주인공이 미혼모가 되는 이야기를 담은 청소년소설로 청소년의 성 문제를 주제로 토론하기에 좋습니다.
13. 『개 같은 날은 없다』(이옥수 지음, 비룡소) : 형에게 매일같이 얻어맞고 사는 강민과 어린 시절 오빠에게 당한 폭력의 후유증을 앓고 있는 미나 씨 이야기를 통해 가정 폭력의 심각성을 제기하고 있습니다.
14. 『이덴』(미카엘 올리비에·레이몽 클라리나르 지음, 박희원 옮김, 바람의아이들) : 일 중독과 마약 중독, 그로 인해 파괴되어 가는 가정과 현대인의 소외 문제를 그려 낸 미래소설로 매우 흥미진진합니다.
15. 『방관자』(제임스 프렐러 지음, 김상우 옮김, 미래인) : 왕따와 학교 폭력을 다룬 청소년소설로, 폭력을 방관하는 자들은 폭력에 대한 책임과 죄가 없는지 묻습니다.

16. 『모스 가족의 용기 있는 선택』(엘린 레빈 지음, 김민석 옮김, 우리교육) : 1950년대 미국에 불어닥친 매카시즘의 소용돌이 속에서 숱한 고난과 희생을 치르면서도 자신들의 신념을 지켜 가는 한 가족의 용기를 그려 낸 작품입니다.
17. 『앵무새 죽이기』(하퍼 리 지음, 김욱동 옮김, 문예출판사) : 인종차별과 종교적 편견이 심했던 1930년대의 미국 남부 한 시골마을에서 벌어지는 일들을 어린 소녀 스카웃의 눈으로 그려 낸 수작으로, '차이'와 '관용'에 대해 많은 생각을 하게 해 줍니다.

▶ 토론하기 좋은 세계 명작을 추천합니다.
1. 『양반전』(박지원 지음) : 성품이 어질고 글 읽기를 좋아하는 한 양반이 천 석이나 되는 관곡을 갚지 못해 위기에 처하자, 돈은 많지만 양반이 아니라서 천대받던 한 부자가 그 양반 자리를 사게 되면서 벌어지는 이야기입니다. 박지원 특유의 풍자와 해학으로 양반의 허세를 고발하고 있습니다. 나는 글 읽는 선비인지 양반 자리를 사려는 부자인지, 내 안에는 양반의 허세가 있는지 없는지, 당시 박지원은 왜 주류가 못 되고 비주류여야 했는지 등에 대해 토론해 보면 좋습니다.
2. 『노인과 바다』(어니스트 헤밍웨이 지음) : 고기잡이 노인이 자신이 잡은 고기를 낚아채려는 거대한 물고기와 사투를 벌인 끝에 앙상히 뼈만 남은 고기를 끌고 돌아오는 이야기입니다. 작가는 이 이야기를 통해 무슨 말을 하고자 한 것인지, 이 노인은 어리석은 것인지 위대한 것인지 토론해 봐도 좋을 것입니다.
3. 『달과 6펜스』(서머싯 몸 지음) : 화가 고갱의 삶을 소설화한 것으로, 물질과 규범을 중시하는 '6펜스의 세계'와 이상과 열정을 중시하는 '달의 세계'를 대비시켜 인간이란 무엇이고 어떻게 살아야 하는 것인지 되묻습니다. 작가의 질문이나 스트릭랜드(고갱의 작품 속 이름)의 행위에 대해 토론하다 보면 자신의 가치관

이나 인생관을 좀 더 깊이 들여다볼 수 있습니다.

4. 『아Q정전』(루쉰 지음) : 신해혁명 당시 여전히 권력을 쥐고 있는 지방 토호들과 자신의 이름이 정확히 무엇인지도 모른 채 노예 근성과 위선에 찌들어 살아가는 날품팔이 '아Q'를 통해 당시 중국의 혼란상을 보여 주고 그 정체성을 묻고 있는 작품입니다. '아'도 아니고 'Q'도 아닌 '아Q'는 당시의 중국, 아니 오늘날 우리 모두의 자화상은 아닌지 함께 토론해 보면 좋습니다.

5. 『멋진 신세계』(올더스 헉슬리 지음) : 과학 문명의 위험성을 경고한 미래소설로, 인간은 공장에서 등급이 매겨져 탄생되고 길들여지며, 슬픔이나 아픔이 느껴질라치면 소마 한 알만 먹으면 됩니다. '인간답다.'의 진정한 의미는 무엇인가, '멋진 신세계'란 어떠한 세계여야 하는가, 과학에 지배당할 것인가 과학을 지배할 것인가에 대해 토론해도 좋을 것입니다.

6. 『지와 사랑』(헤르만 헤세 지음) : 냉철한 철학자 나르시스와 사랑을 탐닉하는 예술가 골드문트의 갈등과 우정을 통해 인간에게 지성과 감성, 정신과 육체, 이성과 본능은 어떠한 것이고 어떠해야 하는 것인지 묻고 있습니다. 어려운 질문이긴 하지만 친구들과 함께 그 답을 찾아보는 것도 재미있지 않을까요?

7. 『햄릿』(윌리엄 셰익스피어 지음) : 부왕을 살해하고 어머니와 왕위를 가로챈 숙부에 대한 증오와 복수, 실수로 죽이게 된 재상의 딸 오필리아에 대한 사랑과 자책으로 한없이 고뇌하고 절규하는 햄릿과 그들의 죽음을 절절히 그려 낸 명작 중의 명작입니다. 작중 인물들의 행위에 대한 찬반토론이나 『햄릿』이 오늘날까지도 '명작 중 명작'으로 평가받는 까닭에 대해 얘기해 봐도 좋습니다.

8. 『주홍글씨』(너대니얼 호손 지음) : 청교도 계율이 엄했던 시절, 간통죄로 '간통'을 상징하는 주홍글씨를 가슴에 달고 살아가야 하는 헤스터와, 죄는 숨겨졌지만 양심의 가책으로 더 큰 마음의 고통을 겪는 딤스데일 목사의 이야기를 통해 사랑과 욕망, 원칙과 관용, 인간의 나약함과 용기에 대해 많은 생각을 갖게 합

니다.

9. 『지킬 박사와 하이드』(로버트 루이스 스티븐슨 지음) : 점잖은 지킬 박사와 야수 같은 하이드. 동일인물인 이 두 사람의 이야기를 통해 우리들 자신 안에 공존하고 있는 선과 악의 두 얼굴을 응시하게 해 줍니다. 어느 게 진짜 나일까요? 이 둘을 어떻게 조정하고 이끌어야 할까요?

10. 『파리대왕』(윌리엄 골딩 지음) : 무인도에 고립되어 원시 상태로 되돌아간 소년들의 야만성을 적나라하게 보여 주는 작품입니다. 인간의 본성은 악한가, 사회 환경이나 교육은 인간의 본성을 바꿀 수 있는가, 이 작품을 통해 작가가 제기하고 있는 것은 무엇이고 그 문제에 대한 생각은 어떠한가 등을 주제로 토의나 토론을 해 보면 좋습니다.

11. 『부활』(레프 톨스토이 지음) : 러시아 귀족 청년 네흘류도프와 창녀 카튜샤의 사랑과 배신, 속죄와 부활의 과정을 통해, 부패한 당시 러시아 사회의 부활과 진실하지 못한 인간 개개인의 부활을 호소하고 있습니다. 우리 역시 이러한 부활을 필요로 하는 것은 아닌지 함께 얘기 나눠 보면 좋을 것입니다.

도란도란 얘기를 나누자

책도 고르고 읽기도 했지만 막상 토론을 하려 하면 무슨 말을 어디서부터 시작해야 할지 막막하다는 동아리가 많았다. 더러는 독후감까지 써 와 얘기를 나눴음에도 30분도 안 돼 할 말이 없어진다는 것이다. 잡담이라면 모를까 책을 읽고 토론을 하는 일은 쉽지 않다. 또 잘해 보겠다고 토론대회처럼 격식을 갖추려다 보면 되레 어색하고 딱딱하여 겉돌기 십상이다.

해결책은 두 가지이다. 하나는 그렇게 딱딱한 토론을 하려 하지 말고 그냥 이런저런 '얘기'를 나누는 것이고, 꼭 토론을 하고 싶다면 토론하고 싶은 주제를 미리 적어 와 토론하는 것이다.

'도란도란 책모임'은 교사가 주도하는 '독서토론논술반'과는 다르다. 또한 성적과 스펙을 목적으로 하는 것이 아니라, '책'과 좀 더 친해지자는 것이고, 친구들과 '책'과 '존재'에 대한 얘기를 나누며 자신을 깊이 들여다보고 인간에 대한 이해와 사랑의 마음을 넓혀 가자는 것이다. 그렇기에 굳이 토론에만 매달려야 할 까닭이 없다. 그냥 자연스럽게 책과 존재와 삶에 대해 도란도란 얘기 나누면 된다. 이런 시간들이 쌓이다 보면 우리 가정독서모임 1기 아이들이나 '책 읽는 BF'처럼 자신도 모르는 새 토론이 가능하게 된다.

그러나 배움에 대한 욕구가 강한 아이들은 '잡담'이 길어지는 것을 못 견뎌 할 수 있다. 이런 아이들에게는 두 번째 방법을 적용하는 것이 좋다. '싱책향' 아이들처럼 독후감도 미리 써

오고 토론하고 싶은 주제도 두서너 개씩 적어 와 함께 얘기 나누고 싶은 주제를 골라 시간이 허락하는 만큼씩 토론하면 된다. 이때 한두 사람만이 계속해서 발언하지 않도록 서로를 배려하고, 발언자는 토론 주제에서 벗어난 이야기를 하지 않도록 조심해야 한다. 그리고 자신의 생각을 말할 때는 그 생각의 근거를 분명히 밝혀야 하고, 그와 관련한 구체적인 예를 제시해 주는 것이 좋다. 반면, 들을 때는 친구의 주장에 모순되는 점은 없는지, 근거가 타당한 것인지, 그 예는 적합한 것인지 등을 체크해야 한다. 이렇게 한 사람씩 돌아가며 자신의 주장을 펴고, 친구의 주장 하나하나를 검토하며 질문과 반론을 펴다 보면 1시간이 모자랄 만큼 시간이 금세 지나간다.

우리 학교 독서동아리 아이들은 책을 읽고 어떤 얘기들을 나눴을까? 몇몇 동아리에서 주고받은 두세 개 얘깃거리를 소개한다.

■ '나눔누리'의 토론거리 ■

읽은 책	토론 주제	얘기를 마무리하며
〈먹어서 죽는다〉 (법정)	닭, 소, 돼지 등을 사육해야만 하는가?	**사육해야 한다 : 허예림, 김병찬, 서진욱, 백지현** - 인간은 동물을 먹지 않고 살 수 없다. 단백질은 동물에서 얻을 수 있다. - 목축업자들이 일자리를 잃는다. - 사육을 하지 않는다면 사냥이 기승을 부릴 것이고, 그렇게 되면 동물들은 아예 씨가 마를 것이다. 이것은 더 큰 문제이다.

읽은 책	토론 주제	얘기를 마무리하며
〈먹어서 죽는다〉 (법정)	닭, 소, 돼지 등을 사육해야만 하는가?	**사육해서는 안 된다 : 정지형, 박지숙** - 동물 사육으로 가난한 사람들이 피해를 본다면 결코 그것들을 키워서는 안 된다. - 꼭 먹어야 한다면 사육을 하지 않아도 자연적으로 살아가는 동물들을 먹고 살면 된다. - 사육을 하지 않아 동물들이 비싸지게 되면 사람들이 먹지 않게 되고 그렇게 된다면 그 사료 값이 줄어들고 그 사료 만큼의 식량이 늘어난다.
『블루시아의 가위바위보』(김중미 외, 창비)	외국인 노동자의 불법체류를 허용해야 하는가?	**허용해야 한다 : 정지형, 박지숙, 허예림** - 외국인 노동자가 너무 불쌍하다는 생각이 든다. 그 사람들을 불쌍하게 생각하고 우리가 도와주어야 한다. - 우리나라의 제도가 잘못되어 외국인 노동자의 불법체류 문제를 만들어 낸 것이다. 그 사람들은 잘못이 없는 사람들이므로 보듬어 주어야 한다. - 우리가 다른 인종을 차별하면 우리도 차별받게 된다. **허용해서는 안 된다 : 김병찬, 서진욱, 백지현** - 외국인 노동자를 허용하면 그만큼 한국인의 일자리가 줄어든다. - '법'은 국가 간에도 지켜야 한다. 불법체류자를 눈감아 주면 국가 간에 갈등을 일으킬 수 있다. - 불법체류의 근본적인 원인은 외국인 노동자를 헐값으로 부려 먹고자 하는 기업의 이기심 때문이다. 불법체류자는 임금을 주어 고향으로 돌려보내고, 불법체류자를 고용한 기업은 벌줘야 한다.

'나눔누리' 활동 모습

■ '독서레시피' 얘깃거리 ■

읽은 책	얘깃거리	얘기를 마무리하며
『위저드 베이커리』 (구병모, 창비)	독후감을 발표한 후, '의존'과 '선택'이라는 주제로 얘기 나눴다.	하영 : 다른 방법에 의지하여 문제를 해결하는 것이 아니라 자신 스스로의 생각과 능력으로 문제를 해결할 수 있는 문제 해결 능력을 키워야 한다고 생각했어. 예지 : 선택을 하되, 그 선택에 책임을 지고 후회하지 않는 선택을 해야 한다고 생각했어. 효주 : 자신이 무언가에 힘들거나 기쁜 일에 대해 맞섰을 때 도움을 얻기 위해 의지하지 않고 내 스스로 어떻게 할지 생각해 봐야 할 것 같아. 예은 : 어려움을 피하려고 하기보다는 슬기롭게 넘어갈 수 있는 사람이 되어야겠어. 혜진 : 만약 진짜 이런 물건이 있다면 자기 스스로 해결하지 못하고 의지만 할 것 같아. 하지만 실제로 그런 물건은 없기 때문에 의지하지 않고 혼자 해결할 수 있는 능력을 키워야 한다고 느꼈어.
『열일곱 살의 털』 (김해원, 사계절 출판사)	독후감을 발표한 후, 세상에 말할 수 있는 '용기'와 사회가 정해 놓은 '규칙'에 대해 얘기 나눴다.	혜진 : 만약 내가 그런 상황에 닥치게 된다면 주인공을 본받아 맞서 싸우고 싶다고 생각했어. 예은 : 송일호처럼 우리들도 자신이 바르다고 생각하는 길로 나아가도록 노력해야겠어. 효주 : 그 규칙 안에서 자유롭게 행동하되 도가 지나치게 행동하지 않게 자신을 다스려야 한다는 것을 느꼈어. 하영 : 규칙에 얽매이지 않고 그 사회의 규칙 범위 안에서 내 자유를 찾으며 살아가야겠다고 생각했어. 예지 : 여러 작은 생각들이 결국 큰 실천이 되어 미래를 바꾸는 것 같아. 나도 일호처럼 부당하다고 생각하지만 당연하게 여기며 살아온 작은 것들부터 '의문'을 던지며 미래를 바꿀 생각을 해야겠다고 생각했어.

읽은 책	얘깃거리	얘기를 마무리하며
『환경 위기의 진실』(잭 M. 홀랜더, 에코리브로)	환경 문제에 관하여 인식을 새롭게 바꿔 환경 문제의 원인은 '가난'이라는 작가의 생각에 대한 자신의 생각을 쓰고 이에 대해 토의하는 시간을 가졌다.	**효주**: 사람들은 지구가 위태로워질 것을 알면서도 미래에 있을 일보다 지금의 일을 더 중요시하고 있기 때문에 피해가 커지고 있는 것 같아. 먼저 나부터 실천한다면 좀 더 빨리 해결할 수 있을 거라고 생각했어. **혜진**: 사람들은 어떤 행동이 환경을 오염시키는지 알고 있으면서도 편리함 때문에 어쩔 수 없는 것 같아. 그러나 지구가 없다면 인간은 살 수 없으니 지구를 살리는 일에 신경을 써야 한다고 생각했어. **예지**: 흔히 생각할 때 가난이 환경 문제의 원인이라는 인식은 가지기 힘들어. 오히려 부유하게 사는 것이 환경 문제의 원인이 될 것이라는 생각을 가지게 되는데, 그런 고정관념이 깨졌어. 환경 문제에 대해서 새로운 방향으로 생각해 보게 되었고 환경 문제가 심각하다는 것을 새삼 느끼게 된 계기가 된 것 같아. 또, '가난'의 문제 역시 혼자만의 문제가 아니라 우리 모두의 문제라는 것을 깨달았어.

'독서레시피' 활동 모습

독서동아리 연합 토론 활동

독서동아리 활동이 어느 정도 자리를 잡게 되면 가끔은 독서동아리 연합 토론회를 추진해 보거나 외부에서 진행하는 토론대회나 토론 프로그램에 참여하여 함께 활동해 보는 것도 좋다.

실제로 우리 학교에서는 2012년 서울대학교 생활과학대학 독서동아리 '노굿'과 결연을 맺어 매월 2, 4주 토요일마다 '노굿'이 진행하는 독서토론 프로그램을 운영할 수 있었다. 이 프로그램은 관악구청과 서울대학교가 협력하여 진행한 교육사업 중 하나인데 운 좋게도 우리 학교가 파트너로 선정되어, 이 활동을 희망한 '싱책향'과 'Face Book', '파이', '나눔누리', '184', '독서리오형제' 독서동아리 멤버들이 10개월 동안 함께 참여하여 귀한 경험을 할 수 있었다.

서울대학교 생활과학대학 독서동아리 '노굿'은 매월 2, 4주 토요일 우리 학교 도서관에서 연합 독서동아리의 멘토가 되어 독서토론을 이끌어 주었다.

그리고, 2012년 12월에는 3학년 독서동아리 활동자를 중심으로 '독서동아리 연합 토론모임'을 결성하여 월요일 방과 후에 디베이트 형태의 토론을 네 차례 진행한 바 있다.

이때 참여한 아이들은 모두 14명이었는데, 1~3회까지는 미리 찬성 팀과 반대 팀을 나눠 어떤 주제로 토론을 하든 찬성 팀은 찬성을, 반대 팀은 반대를 하도록 정해 놓고 사전에 팀별로 자료 준비도 함께 하고 작전도 짜도록 했다. 1~3회까지 진행한 토론 주제와 토론 진행 절차를 소개한다.

- 토론 주제

  1회(12.3) : 대형마트 영업규제 찬성이냐 반대냐

  2회(12.10) : 『조벽 교수의 인재 혁명』에서 조벽 교수가 제시하는 '새시대 성공전략' 찬성이냐 반대냐

  3회(12.17) : 인간복제 찬성이냐 반대냐

- 토론 진행 절차

  1. 사회자의 토론 진행 절차 안내(3분)

  2. 찬성 측의 입론(4분)

  3. 반대 측의 입론(4분)

  4. 팀별 질문거리 협의하기(5분)

  5. 양측 교차 질문하며 답하기(각 5분, 총 10분)

  6. 팀별 반박거리 협의하기(5분)

  7. 양측 교차 반박하며 답하기(각 5분, 총 10분)

  8. 양측 마무리 발언하기(각 3분, 총 6분)

  9. 토론 소감 나누기(10분)

10. 총평(3분)

이 토론 방식이 일반적인 토론 방식과 다른 점은 질문거리나 반박거리를 마련하는 데 팀별로 협의할 시간을 주었다는 것과 토론을 마친 후 소감 나누기를 한 점이다. 이 토론회는 상대방을 눌러야 한다거나 자신을 돋보이게 해야 하는 '대회'나 '시험'이 아닌 데다 팀별로 7명이나 되는 인원이 함께할 수밖에 없는 상황이었기에, 누구도 소외되지 않고 협력하며 주체적으로 참여할 수 있게 하려다 보니 이리 된 것이다. 토론 후 모두가 "진짜 재밌다!", "스릴감 만점이야!", "자료 준비를 조금 더 했어야 했어~!"라며 흥분하고 즐거워한 건 물론이다.

애초에는 3회 토론으로 끝낼 예정이었다. 그런데 아이들이 방학 때도 하자며 조르는 바람에, 1회를 더 해 보기로 한 것이다. 그래서 이참에 다른 학교 독서동아리와 함께하는 것도 좋을 것 같아 우리집에서 주말마다 함께 모여 책모임을 하고 있는 조카네 팀 '집현전학자들(이 책모임은 2012년 3월에 결성되어 매주 일요일 저녁 7시 30분에서 9시 30분까지 우리집에서 활동했는데 행당중학교와 구암중학교 2, 3학년 남자아이들 5명으로 구성되어 있다.)'과 함께하면 어떨까 했더니 양측 모두 좋다고 하여 그렇게 진행했다.

4회 토론회 주제는 '악법은 법인가 아닌가'였는데, 이때 준비 과정에서는 봉원중 팀과 집현전학자들 팀 모두 찬성과 반대 양쪽을 다 준비하도록 하였다. 그리고 토론회 당일 제비뽑기를 하여 한쪽의 입장에 서서 토론하도록 했다. 토론 진행 방식은 1~3회 때와 똑같았다.

놀라운 일은 이 토론회를 아이들이 너무도 열심히 준비했다는 것이다. 대회나 시험이 아닌데도 양측 모두 사전에 몇 차례씩 만나 각자 준비해 온 자료를 검토하고 분석하며 찬반을 나눠 미리 토론해 보고 작전을 짜는 등 마치 전국토론대회라도 준비하는 것 같은 모습이었다.

토론을 마친 후 아이들은 하나같이 이 토론을 통해, '토론의 재미와 필요성'을 새삼 깨닫게 되었고, 토론을 준비하며 친구들과 친해지고 많은 공부를 할 수 있어 좋았고, 그동안 혼란스럽고 얄팍했던 생각들이 깊어지고 정리되는 것 같아 뿌듯하다고 했다. 참으로 흐뭇한 일이었다.

봉원중학교 연합 독서동아리 팀과 집현전학자들 책모임 팀이 '악법은 법인가 아닌가'에 대해 찬반토론을 벌이고 있다. 옆에서는 이날 토론회 참관을 희망한 목동의 학부모 두 분이 오셔서 그 모습을 지켜보고 있다.

반박거리와 답변거리를 마련하기 위해 머리를 맞대고 토론 중인 봉원중 연합 독서동아리(위)와 집현전학자들(아래)

※ 토론과 관련하여 더 많은 것을 알고 싶으면 『토론하는 교실』(여희숙 지음, 파란자전거) 『토론의 전사』(유동걸 지음, 해냄에듀) 『대한민국 교육을 바꾼다, 디베이트』(케빈 리 지음, 한겨레에듀)를 읽어 보기 바란다. 토론의 힘과 가치, 토론하는 방법에 대해 많은 배움을 얻을 수 있다.

책 밖으로도 시선을 돌려 보자

책모임이라고 해서 1년 열두 달 책 관련 활동만 하면 따분해진다. 가끔은 전시회나 콘서트에도 함께 가 보고, 영화나 연극 관람, 문화 답사나 여행을 시도할 필요가 있다. 이런 일이 번거롭다면 가볍게 신문이나 잡지를 읽고 얘기를 나누거나 가끔은 책을 접어 두고 신변 문제들을 주제 삼아 얘기 나눠도 좋고, 자신이 좋아하는 사람이나 롤 모델을 한 사람씩 소개하는 활동도 좋을 것이다.

실제로 2011년 '말할 수 없는 비밀'에서는 이렇게 다양한 활동을 즐겼다. 이 모임의 활동 프로그램이다.

■ **'말할 수 없는 비밀' 2011년 활동 프로그램** ■

월	활동 내용						
	신문 및 잡지 스크랩	독서 및 독후 활동	책 소개	내 마음속 BEST 인물 소개	영화 VS 소설	야외 활동
4	오사마 빈 라덴 자살 사건	『초정리 편지』(배유안, 창비) 『키싱 마이 라이프』(이옥수, 비룡소)	-	『이루마의 작은 방』(명진출판사)	-	-
5	히로시마 원폭 폭발	『돼지가 한 마리도 죽지 않던 날』(로버트 뉴튼 펙, 사계절출판사)	『기억 전달자』(로이스 로리, 비룡소)	-	-	-

6	카이스트 재학생 자살	『연어』(안도현, 문학동네)	『모모』(미하엘 엔데, 비룡소)	『찰리 채플린, 나의 자서전』(김영사)	–	–
7	후크송, 문화의 힘	『돼지가 철학에 빠진 날』(스티븐 로, 김영사) 『언어란 무엇인가』(니콜라우스 뉘첼, 살림Friends)	–	–	마당을 나온 암탉	
8	고엽제, 휴대전화-뇌종양	『회계사 아빠가 딸에게 보내는 32+1통의 편지』(야마다 유, 비룡소) 『세계 종교의 문을 열다』(류상태, 인물과사상사)	–	–	빨간 모자 ↔ 빨간 모자의 진실	
9	수면 부족-건강 피해	『5교시 국사 시간』(윤종배, 역사넷)	–	『꿈은 박동한다』(송명근, 시작)	–	–
10	서울 시장 보궐선거	–	『빨간머리 앤이 어렸을 적에』(버지 윌슨, 세종서적)	–	–	국립중앙박물관 & 간송미술관 견학
11	건강 기능 식품	『어지러운 세상 인연의 배를 띄워』(황혜진, 나라말)	–	『바보처럼 공부하고 천재처럼 꿈꿔라』(신웅진, 명진출판사)	–	–
12	북한 마약 유행, MB 측근 비리 수사	–	–	–	–	영화 〈브레이킹 던〉 관람

대부분의 독서동아리가 '책 읽고 얘기 나누기' 활동을 중점적으로 한 데 비해 '말할 수 없는 비밀'은 '시사토론'을 중심에 두어 매월 한 번씩은 반드시 시사토론을 하고, 나머지 날에는 책 소개와 독후 활동, 인물 소개와 영화 관람 및 문화 탐방 등의 활동을 번갈아 가며 했는데, 아이들은 이 모든 활동들을 매우 즐기면서 하는 듯했다.

함께 읽어 보면 좋을 것 같아 잡지 기사를 읽고 토론 후 정리한 글 두 편 소개한다.

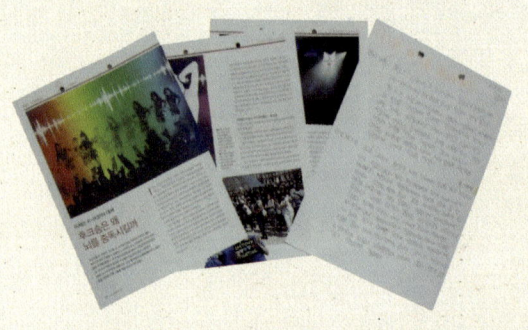

〈후크송은 왜 뇌를 중독시킬까?〉

'말할 수 없는 비밀' 동아리는 잡지와 신문 기사를 읽고 글을 써 와 토론하곤 했다.

- **글의 전체 내용** 프랑스 '르 제니스 드 파리'에서 동방신기, 슈퍼주니어, 소녀시대, 샤이니 등 한국의 가수들이 합동 무대를 가

졌다. 관객 중 약 98%가 유럽 현지인들이었다. 그들이 사랑하는 K-POP의 특징은 중독성이 있다는 것이다. 이런 노래를 '후크송'이라고 하는데, 후크송은 사람의 심장 박동 수와 박자가 비슷해 흥겨우면서도 즐거운 느낌을 준다. 또한 시각과 촉각을 자극해 사람의 흥미를 끌고 노래를 지루하지 않게 해 준다. 이러한 K-POP 열풍으로 인해 한류 팬들은 한국을 친근하게 느끼고 더욱 관심을 가진다.

▪ 의견 및 소감 우리나라의 음악이 세계 곳곳에서 인정을 받고 있는 것을 보자니 입가에 미소가 절로 띠어진다. 또한 K-POP이 단지 노래 가사가 재미있고 멜로디가 독창적이어서 인기가 많은 줄 알았더니, 이뿐만 아니라 안정도, 박자 등과 같은 과학적인 이유가 뒷받침해 준다는 것도 놀랍다. 멀고 먼 타지임에도 불구하고 한국을, 또한 한국의 문화를 사랑해 주는 외국인들이 고맙다. 이제는 한국의 것만이 아닌, 세계의 문화가 된 K-POP이니까 가사 한 글자 한 글자, 멜로디 하나하나 신경을 써 주어야 할 것이다. 하지만 노래가 사람들의 마음, 감정, 정서를 표현하는 것보다 상업적인 수단으로 변해 가는 모습도 적지 않게 볼 수 있어 안타깝기도 하다. 이런 점들을 보완하고 반성하여 문화적으로 비상하는 한국이 되었으면 하는 바람이다. (2학년 김하은)

〈누가 영재들을 죽음으로 내몰았나〉

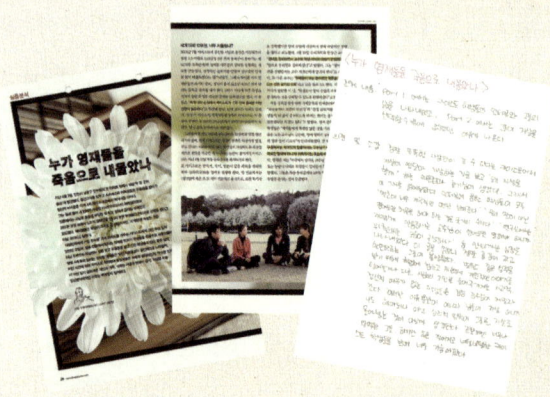

'말할 수 없는 비밀'은 주로 〈과학동아〉나 〈한겨레21〉 기사를 함께 읽고 글을 써서 발표하는 활동을 했다.

▪ **글의 전체 내용** 이 글은 두 개의 파트로 나눠져 있는데, PART. 1 에서는 카이스트 학생들의 인터뷰와 그들의 삶을 묘사하였고, PART. 2에서는 그들이 자살을 선택할 수밖에 없었던 이유와 환경을 소개한다.

▪ **의견 및 소감** 우리가 흔히 영재, 천재라고 부르는 학생들만이 갈 수 있다는 카이스트에서 학생들의 자살이 연달아 일어나는 것을 보고 나는 '왜 자살을 했을까?' 하는 의문점과 호기심이 생겼

다. 그래서 이 기사를 읽어 보았다. 인터뷰에 응한 학생들이 '언론이 너무 자극적인 면만 보여 준다.', '우리말이 아닌 영어로만 수업을 해야 하는 것은 국가의 수치다.', '연구실에서는 재미있게 말씀하시는 교수님이 수업시간에는 영어로만 말해야 하니까 위축되시는 모습이 속상하다.' 등 안타까운 심정을 나타냈다. 이 글을 읽고 나서 우리나라의 여러 제도들을 비판적으로 보는 시선이 생겼다. 또한 좋은 성적을 받기 위해 학업에 힘쓰고 있지만 개인적인 이야기를 털어 놓거나, 다른 사람의 고민을 들어주기에는 시간적, 정신적 여유가 없는 학생들이 불쌍하게 느껴지기도 했다. '남들이 자살을 하니까 나도 해야 하나?' 이런 심리적 압박이 그들을 자살로 몰아넣는 것이 아닐까 하는 생각도 든다. 겉보기엔 너무나 완벽한 그들, 하지만 속은 찢어지고 너덜너덜한 카이스트 학생들을 보며 너무 가슴이 아팠다. (2학년 김하은)

이밖에도 다양한 독후 활동을 할 수 있는데, 캐릭터 그리기나 표지화 그리기, 또는 독서나무 만들기, 작품 퍼즐 만들기 등 무궁무진하다. 꼭 잘해야만 하는 것이 아닌 만큼 가끔씩은 이런 특별한 활동을 하며 변화를 주면 독서동아리 활동을 좀 더 재미있고 활기차게 해 나갈 수 있다.

『이상한 나라의 앨리스』의 모자장수(네잎클로버, 3학년 용지희)

『모모』 표지화(뱀파이어, 1학년 신다연)

여러 가지 독후 활동

책은 읽기만 해도 좋다. 그러나 읽은 내용을 완전히 자기 것으로 만들기 위해, 또 사고력과 상상력, 창의성을 키우기 위해, 독후 활동까지 한다면 금상첨화일 것이다. 마음에 드는 것을 골라 때때로 독후 활동도 해 보기를 권한다.

- 독후 감상문 쓰기 작가 소개, 줄거리, 읽으면서 생각하고 느낀 것 등을 진실하게 쓴다. 꾸준히 한 편 한 편 쓰다 보면 사고가 깊어지고 자신의 진짜 마음과 생각을 알아 갈 수 있다.
- 독서 일기 쓰기 책을 읽으면서 느끼고 생각한 것을 일기 형태로 쓴다. 이런 형태의 글쓰기는 책 읽기를 통해 깊숙한 내면의 자아를 만날 수 있어 좋다.
- 등장인물에게 편지 쓰기 책을 읽은 후 책 속의 인물에게 편지를 쓴다. 인물의 입장에서 생각해 볼 수 있기 때문에 다양한 인간에 대한 이해심과 공감의 힘을 기를 수 있다.
- 작가 혹은 등장인물에게 질문하고 답하기 책을 읽으면서 궁금했던 것을 작가 혹은 등장인물에게 질문하고 그들이 대답했음 직한 답을 만들어 써 본다. 눈에 보이는 것뿐만 아니라 눈에 보이지 않는 것까지 들여다볼 수 있는 통찰력과 사고의 힘을 기를 수 있다.
- 뒷이야기 쓰기 이야기의 뒷이야기를 상상해서 써 본다. 상상력과 창의성 훈련에 좋다.
- 장르 바꿔 쓰기 소설은 시로, 시는 이야기로, 수필은 소설로, 소설은 만화로…… 장르를 바꿔 글을 써 본다. 장르를 넘나드는 글쓰기는 사고에 신선한 바람을 불

어넣어 줄 수 있어 좋다.

- **마인드맵으로 표현하기** 책을 읽으며 얻은 자신의 느낌을 주변의 기호나 부호로 그려서 표현하거나, 작품의 내용을 핵심어 중심으로 그물망처럼 표현한다. 작품의 내용을 오래 기억하기 좋고 핵심 내용을 한눈에 볼 수 있어 좋다.
- **벤다이어그램으로 인물 혹은 작품 구조 비교하기** 비슷하거나 대조적인 작품들을 엮어 읽거나, 한 작품 안에 비슷하면서도 상반된 성격이나 환경을 가진 인물을 비교할 때 좋다. 비교하고 분석하는 능력을 길러 준다.
- **장면화로 표현하기** 책을 읽고 인상 깊은 장면을 장면화로 표현한다. 상상력과 창의성, 그림 그리기 능력을 기르기에 좋다.
- **캐릭터 그리기** 책 속 인물의 개성을 살려 인물화로 표현한다. 역시 상상력과 창의성, 그림 그리기 능력을 기르기에 좋다.
- **광고문으로 표현하기** 책을 읽고 난 감상을 상징적이고 압축적으로 나타내는 활동으로 신문, 잡지에 있는 광고를 오리고 번뜩이는 아이디어가 있는 말 주머니를 채워 넣는다. 매체 활용 능력, 핵심 요약 능력, 창의성을 기르기에 좋다.
- **책 추천 홍보물로 표현하기** 책을 읽은 후 책에 대한 이미지와 책의 중심 내용, 책을 추천하는 이유를 써서 만든다. 서평 쓰는 능력, 핵심 파악 능력, 상상력과 창의성 훈련에 좋다.
- **책나무로 표현하기** 나무 그림에 잎과 열매를 그린 후 그 안에 등장인물의 성격, 주요 사건, 주제, 공간적 배경 등을 써 넣는다. 핵심 내용 파악 능력, 독서에 대한 흥미를 기르기에 좋다.

학교 밖으로도 시선을 돌려 보자

처음에는 그저 친구가 좋고 공부하는 데 도움이 될까 하여 책모임을 시작한 아이들이라 할지라도, 책모임 활동 시간이 쌓이다 보면 시야가 넓어지고 마음도 깊어지기 마련이다. 이때 이들의 활동을 학교 밖으로 확장시켜 줄 프로그램이 있다면 적극적으로 권장하거나 안내할 필요가 있다. 잘 살펴보면, 독서 관련 단체나 출판사, 큰 서점 등에서는 1년에 몇 차례 '저자와의 만남'이나 '저자 특강' 등을 마련한다. 이러한 행사를 안내하여 참여할 기회를 주어도 좋을 것이고, 교육청이나 지자체의 독서 관련 행사에 참여할 수 있도록 이끌어 줘도 좋을 것이다. 이러한 열린 공부를 통해 아이들은 마음과 정신이 자라고 시야가 넓어진다. 우리 학교의 경우에는 관할 지자체인 관악구청에서 책과 도서관 관련 프로그램과 행사를 다양하게 마련하고 있어 이를 적극적으로 활용하고 있고, 또 내가 관련되어 있는 '저자와의 만남'이나 '저자 특강 인터뷰' 등을 안내하여 원하는 아이들의 참여를 유도하고 있다.

저자 좌담회를 가 본 것은 이번이 처음인 것 같다. 외국 작가를 만나는 것은 물론이고. ㅎㅎ 그런 만큼 '미카엘 올리비에 방한 좌담회'는 나에게 정말 좋은 경험이었다. 좌담회를 덜렁 신청한 후

'시험 기간인데 어쩌지. ㅠㅠ'라는 걱정과 '내가 당첨될까?'라는 걱정을 동시에 해야만 했다.

좌담회에 가는 길은 험난했다(?). 길치인 내가 약도 없이 길을 찾아가는 것은 거의 불가능한 일이었기 때문이다. 겨우 찾아간 그곳엔…… 중학생이나 고등학생은 나 포함 10명도 안 되는 것 같았다. 아는 쌤들과 친구가 있었기에 망정이지…… 아니었다면…… 어색했을 것이다.

동시통역이 됐지만 여자 분 목소리라서 솔직히 매치가 잘 안 됐다. 좌담회를 보면서 열심히 필기하려고 했지만 그것도 나에게 무리였던 듯싶다. 처음이고 긴장감에 바짝 얼어서 사진을 찍을 여유도 없었다.

미카엘 올리비에 작가님의 좌담회를 들으면서 든 생각은 작가님이 매우 친절하다는 것이다. 질문이 들어오면 최대한 성의껏 답해 주었고, 시간이 없어 질문을 받아 주지 못했던 내게 사인을 해 줄 때 뭘 질문하고 싶었느냐고 다시 물어보는 섬세함도 보여 주셨다.

미카엘 올리비에 작가의 이야기는 재밌었다. 작가님의 소설도 좌담회도 말이다. 이런 경험을 할 수 있어서 좋았고, 시험 기간을 무시한 만큼의 보상을 받은 것 같다. 아쉬운 것이 있다면 작가님께서 책에 사인을 해 주시고 멘트도 달아 주셨지만…… 난 못 읽는다는 것이다. 또한 작가님과 통역 없이 직접 얘기를 해 보지 못한

것이다. 이번 기회로 나는 프랑스어를 배워 보고 싶어졌다. ㅎㅎ

(김희선)

미카엘 올리비에 방한 좌담회 안내 간판

미카엘 올리비에 좌담회 모습. 바람의아이들 최윤정 대표의 사회로 4명의 패널이 그의 작품 『뚱보, 내 인생』 『이덴』 『나는 내가 누구인지 말할 수 있었다』에 대해 작가와 얘기 나누고 있다.

미카엘 올리비에 작가 사인회, 김희선 학생이 떨리는 마음으로 차례를 기다리고 있다.

　이 좌담회는 기말고사를 열흘 앞두고 개최된 터라 모든 아이들에게 권유할 수는 없었다. 더구나 내가 토론자로 초대되어 갔던 좌담회였기에 행여 오해라도 있을까 봐 독서동아리 아이들에게 '이런 일도 있다.'는 정도로 가볍게 소개했는데, 한 동아리(Carzy Skull 726) 아이들이 이렇게 물어물어 찾아온 것이다. 그리고 이와 같은 후기를 이 좌담회를 주최한 '바람의아이들' 출판사 홈페이지 게시판에 당당히 올려놓기도 했다. 짧은 글이지만 솔직하고 씩씩한 아이의 마음이 그대로 전해져 흐뭇했다. 아이들은 이러한 경험들 속에서 부쩍부쩍 자라는 법이다.

하나 더 소개하고 싶은 것은 관악구청에서 2회째 진행하고 있는 '관악 북 페스티벌'의 '책 읽기 플래시몹' 참여이다. 관악구청에서는 2011년부터 '관악 북 페스티벌'을 민과 관이 협력하여 10월 한 주간에 걸쳐 대대적으로 펼치고 있다. 관악구 유종필 구청장(『세계 도서관 기행』의 저자이기도 하다.)은 '책 읽는 관악구'와 '10분 거리 도서관'을 선거 공약으로 내세웠을 만큼 '독서와 도서관'에 대한 열정이 남다르다. 이런 탓에 취임하자마자 구청 안에 '도서관과'를 신설하여 도서관과 독서 관련 일들을 전담케 하고, '독서진흥위원회'라는 민과 관이 협력하여 일할 수 있는 기구를 만들어 나와 같은 사람이 위원으로 활동할 수 있도록 길을 열어 주었다. 이 기구에서는 분기별로 '관악의 책'도 추천하고, 10월에 대규모 행사로 진행되는 '북 페스티벌'을 기획에서 실행까지 총괄하기도 한다.

'책 읽기 플래시몹'은 2011년 이 축제를 준비하는 과정에서, 모든 주민들이 부담없이 참여하고 즐길 수 있는 독서 행사를 고민하던 중 불현듯 떠올랐다. 북 페스티벌 본 행사 개막 직전에 20여 분, 주민들이 책을 한 권씩 들고 나와 거리에 앉아 책을 읽는 퍼포먼스를 하면 좋겠다는 생각에서 제안한 것이었다.[8] 이때 자신이 좋아하는 문장이나 시구 등을 옷에 붙이거나 피켓으로 들고 나와도 좋고, 작중 인물처럼 분장하는 코스프레를 해도 재미있을 것 같았다. 20분 책 읽기를 한 후 20여 분 다함께 거리 행진을 하며 본 행사장으로 이동! 누구라도 쉽게 참여할 수 있고 '재미'와 '의미'도 있을 것 같아 제안했는데 다행히 위원회와 구청장의 적극적인 호응을 얻어 생각보다 더 큰 판을 벌일 수 있었다. 이때 우리 학교 독서동아리 역시 한몫을 톡톡히 했다.

북 페스티벌에 참여했던 한 학생의 후기이다.

> 이번 '관악 북 페스티벌'은 관악구에서 처음으로 열린 페스티벌입니다. 그동안 관악구에서는 큰 행사가 별로 없었습니다. 또 처음으로 열린 책에 대한 행사였기 때문에 주변 여러 학교의 도서부들과 독서단체들이 행사가 시작되기 전부터 많은 준비를 꾸준히 해 왔습니다. 학교의 독서동아리뿐만 아니라 학부모독서회, 주민독서회 같이 그동안 저희가 잘 알지 못했지만 활발한 활동을 하고 계셨던 수많은 독서단체의 회원 분들께서 열심히 준비를 해 주셨습니다. 그래서 저희도 많은 준비를 하며 이 날을 손꼽아 기다렸습니다.
>
> 10월 8일 오전 9시 45분. 우리 학교 학생들은 삼삼오오 관악프라자 앞에 모였습니다. 동시에 모두의 흥을 돋우는 흥겨운 '우사풍(봉원중학교 풍물동아리)'의 풍물놀이와 함께 '책 읽기 플래시몹'은 시작되고 사람들은 책을 꺼내 들고 읽기 시작했습니다. 20분 정도 지날까말까 하자 어디선가 호각 소리가 들리고, 우리는

모두 일어나 각자 준비해 온 피켓을 들고 거리를 행진했습니다. '독서 1번지 관악구', '대한민국의 책 읽기는 관악구로부터!', '책 읽는 대한민국, 우리가 만든다.'라는 구호가 적힌 것도 있고, '책은 꿈꾸는 법을 가르쳐 주는 진짜 선생님이다.', '지혜는 책 사이로 흐른다.', '높이 나는 새가 멀리 본다.' 등과 같은 다양한 글귀도 있었습니다. 이 행진에는 봉원중학교 학부모독서회에서 만드신 6미터의 긴 용도 함께했습니다. 어머님들이 만드셨다는 용을 건장한 남학생들 7~8명이 함께 들면서도 힘들어 하며 행진을 하였습니다. 어머님들은 이 용을 만드는 데 보름 정도의 시간과 엄청난 정성을 들이시는 등 온갖 고생을 다 하셨다고 합니다. 하지만 이 금색으로 번쩍거리는 멋진 용으로 저희의 행진은 한층 화려해졌습니다. 그리고 풍물놀이와 어우러져서 행사를 더욱 더 웅장하게 보이게 하는 데 충분한 역할을 해 주었습니다. 또 많은 학생들이 코스프레를 하고 행사에 참여하면서 지나가는 시민들의 눈길을 끌었습니다. 다른 학교는 호랑이나 토끼 같은 동물 탈을 쓰는 경우가 대부분이었지만 저희 학교는 '춘향이와 이몽룡' 분장도 하고 '오즈의 마법사' 캐릭터들도 등장하여 더 재미있었습니다. 우리는 이렇게 웃고 떠들며 시민들의 시선을 끌면서 구청 앞까지 행진하였습니다.

이미 구청에는 각종 독서단체에서 만든 수많은 부스들이 개설

되어 있었습니다. 그 중에서도 '전통 탈 색칠'이나 '책의 주인공 만들기' 부스에는 특히 어린아이들이 매우 많이 모여 있었고 반응도 무척 좋았습니다. 아이들이 색칠을 하면서 웃는 모습을 보니 저도 오랜만에 동심으로 돌아간 듯했습니다. 페스티벌에는 어린아이들만 있는 것이 아니라 어른들까지 참여하는 모습을 볼 수 있었습니다. 그렇게 많은 사람들이 즐거워하고 있는 모습을 보니 우리 관악구가 독서의 중심지가 되는 것이 단순한 피켓의 구호가 아닌 현실이 되는 것은 시간문제라는 생각이 들었습니다. 비록 이번은 처음으로 열린 행사라 살짝 미숙했던 부분도 있었고 사람들에게 더 널리 알려지지 못해서 아쉽기도 했지만 내년, 내후년으로 갈수록 더 발전해 갈 수 있을 것이라는 생각도 들었습니다.

행진이 끝난 후 2시에 관악구청에서 '책모임 시상식'이 있어, 우리 '독서예찬'도 참석했습니다. 봉원중학교에서는 '책이 끓는 시간', '싱책향', '네잎클로버'와 저희 '독서예찬'이 수상을 하게 되어 함께 참석했습니다. 오후 2시부터 입상한 독서모임들의 발표가 시작되었습니다. 저는 여태까지 독서동아리는 학생들 위주로만 있을 것이라고 생각해 왔습니다. 하지만 그 곳에 가 보니 학생들뿐만이 아니라 어른들도 독서모임 활동을 하고 있다는 것을 알 수 있었습니다. 또 여태까지는 독서동아리가 책을 읽고 토론을 하는 것이라고 생각해 왔습니다. 하지만 다른 팀의 발표를 보니 창작이나 행사를 운영한 곳도 있었습니다. 아직 저희가 행사를 운영하는 것은 무리일지 모르지만 그동안 저희가 해 보지 않았던 창작활동(소설 쓰기, 시 쓰기 등)을 해 보는 것도 좋겠다는 생각이 들었습니다.

이번 행사를 마치고 보니 이번 행사를 위해 애쓰신 수많은 선생님들과 학생들에 대해서 진심으로 감사하는 마음이 들었습니다. 앞으로도 이런 행사가 관악구뿐만 아니라 서울 전체, 그리고 다시 전국적으로 일어나서 우리나라 전체에 남녀노소 막론하고 누구한테나 책의 향기가 퍼져 나가 독서를 사랑하는 대한민국이 되기를 바라 봅니다. 그리고 그때까지 이 페스티벌이 꾸준히 지속되기를 바랍니다. (독서예찬, 3학년 최민영)

우리 학교 학생회와 독서 동아리에서는 관악 북 페스티벌 '책 읽기 플래시몹'에 주체적으로 참여하여 '책 읽는 관악구 만들기'에 앞장서고 있다.

우리 학교 학생회와 독서동아리가 적극 참여한 2011년 관악 북 페스티벌 '책 읽기 플래시몹'

'책 읽기 플래시몹'을 준비하고 있는 독서동아리 아이들

독서동아리 아이들이 '헤윰나래'가 만든 '책 읽는 용'을 메고 관악구청을 향해 이동하고 있다.

'책 읽기 플래시몹'에 참여한 우리 학교 '시나브로' 학부모독서모임과 주민들이 거리를 행진하고 있다.

아이들은 이러한 기회를 주면 많은 것들을 느끼고 깨달으며 스스로 배운다. '나만의 독서'에서 '친구들과 함께하는 독서'로, 더 나아가 '지역과 함께하는 독서'에서 '대한민국을 이끄는 독서'로 나아가는 아이의 성장이 눈에 보이는 않는가? 아이들을 더 큰 배움의 길로 이끌기 위해서는 이처럼 자신들의 울타리를 벗어나 더 높이, 더 멀리 날 수 있는 기회를 마련해 줄 필요가 있다.

함께 날아라, 아름다운 나비

> 내 모습이 보이지 않아 앞길도 보이지 않아, 나는 아주 작은 애벌레, 살이 터져 허물 벗어 한 번 두 번 다시, 나는 상처 많은 번데기, 추운 겨울이 다가와 힘겨울지도 몰라, 봄바람이 불어오면, 이젠 나의 꿈을 찾아 날아, 날개를 활짝 펴고 세상을 자유롭게 날꺼야, 노래하며 춤추는 나는 아름다운 나비 (……)
> – YB, '나는 나비' 중에서

아마 모두가 이런 나비를 꿈꿀 것이다. 비록 살이 터지고 허물이 벗겨지는 고통이 따른다하더라도 '나비'가 될 수 있다면 그 길을 가고자 할 것이다. 우리 가정독서모임 아이들이 4년 혹은 8년의 긴 시간 동안 책모임 활동을 할 수 있었던 것이나 우리 학교 독서동아리 아이들이 수행평가에도 들어가지 않는 독서 활동을 스스로 선택하여 1년씩, 2년씩 꾸준히 해 나가는 것은 모두 나비로 날고자 하는 '꿈'을 꾸었기 때문일 것이다.

나는 우리의 이런 꿈이 그저 헛된 '꿈일 뿐'이라고

가람슬기 멤버들이 '신문 스크랩하여 5줄 비평 쓰고 발표하기' 활동을 하고 있다.

생각하지 않는다. 우리 독서동아리 아이들에게서 그 꿈이 현실이 되어 가는 것을 나는 수없이 목격하고 있다.

나는 독서동아리라는 것과 백화현 선생님 그리고 우리 '가람슬기' 친구들을 만나기 전까지 정말 독서와는 거리가 먼 아이였다. 하지만 중2 때 이들을 만나 나의 생각과 습관 그리고 모든 것을 바라보는 시선이 바뀌었다. 모든 것을 좀 더 깊게 생각할 수 있게 되었다. 그리고 이 독서동아리 활동 중 글을 쓰는 것 또한 나에게는 큰 배움이었다. 글을 많이 써 보니 다른 사람이 쓴 글이나 책을 읽어도 조금이나마 작가의 입장이 되어 생각해 보는 것이 수월했고 나라면 어땠을까, 라는 의문을 수시로 가졌던 것 같다. 정말 책과 글의 중요성을 크게 배웠다. 그리고 나는 이 독서동아리에서 책과 글뿐만 아니라 사람들의 서로 다른 생각에 대해서도 무척 놀랐다. 언젠가 '밤새워 책 읽기'를 할 때 친구들 그리고 후배들과 얘기를 나눈 적이 있는데 나와는 전혀 다른 생각을 갖고 있어 깜짝 놀랐다. 그리고 그 놀람 중에 나는 나의 생각만이 옳고 남의 생각은 틀리다, 라는 것보다 그들이 나의 생각과 다르기 때문에 가끔은 나보다 행복할 수 있구나, 라는 것을 깨달았다.

앞으로도 이 독서동아리에 우리를 이은 많은 후배들 그리고 전국의 학생들이 함께했으면 좋겠다. 독서동아리를 할 수 있게 해주신 백화현 선생님과 친구들에게 너무너무 고맙다! (가람슬기, 박지민)

처음 독서동아리 모집을 한다는 공고를 보았을 때는 그냥 시큰둥했었다. 하지만 친구의 주도로 친한 친구들끼리 만든 모임은 정말 말로 표현할 수 없을 만큼의 많은 것을 가져다주었다. 글도 제대로 쓰지 못하던 내가 어느 정도의 구색을 갖춘 글을 쓸 수 있게

'가람슬기'여, 영원하라~.

되었을 뿐만 아니라 글에 대한 거부감도 사라졌다. 그리고 원하든 원하지 않든 다양한 책을 친구들과 토론하며 심도 있게 다룰 수 있어서 혼자 읽던 때보다 더 많은 것을 얻을 수 있었다. 비록 이제 고등학교에 가서 더 이상 좋은 환경에서 규칙적으로 독서동아리 활동을 하지 못하겠지만 친구들과 마음이 맞는다면 내년에도 내후년에도 이런 모임을 갖고 싶다. (가람슬기, 김유진)

내가 독서동아리에 든 후 친구들과 더 친해진 것 같다. 계속 우리와 맞지 않게 다른 팀이 하는 토론을 했었는데 최근 우리에게 맞는 토론법으로 바꾼 후 더욱 독서동아리 활동이 재밌어진 것 같다. 앞으로도 이런 활동을 계속하고 싶은 생각이 들었다. 다른 친구들이 말해 주는 내용을 들으며 집중력이 더 커졌고 자신감도 생기게 된 것 같다. 이런 동아리 활동이 우리들의 후배들에게도 계속 퍼졌으면 좋겠다. (독서레시피, 이혜진)

(……) 활동을 하면서, 나는 절대 성격 좋은 아이가 아니란 것을 알았다. 조금은 우스운 말일 수도 있겠지만 특히 대화를 하며 많은 분노와 짜증, 답답함 들이 밀려와 아이들을 때려 주고 싶을 정도의 마음이 들었다. 내 의견을 이해 못하면 소리를 지르기도 했고, 무조건 따지려 하고 상대방의 의견을 듣지 않았던 나의 모습

을 발견하게 되었다. 그러나 요즘은 그런 나의 성격이 조금씩 없어지려 한다. 또한 더 넓게 생각할 수 있는 능력이 만들어진 것 같고 책을 읽고 나의 생각을 독후감으로 정리하는 것도 재미있어졌다. (독서레시피, 김하영)

백화현 선생님을 만나 독서동아리를 하면서 많은 것을 배우고 느꼈다. 특히 자발적인 독서동아리 활동을 통해 책임감과 독서의 중요성을 몸소 깨닫게 되어 예전에는 재미없고 진부하게만 느껴졌던 책들이 신선하고 새롭게 다가오게 되었다. 또한 글을 읽고 주제를 파악하면서 편독하지 않고 소설뿐만 아니라 과학 같은 다양한 분야의 책을 읽게 되었고 서로 의견을 나누고 경청하면서 남의 의견을 수용하는 태도와 어휘력이 많이 느는 것 같다. 하지만 각자 할 일이 있고 바쁜 만큼 약속시간을 맞추기 힘들 때도 있었고 활동을 하면서 하고 싶은 것도 많고 해야 하는 것도 많아서 우선순위를 정하기 힘들었다. 하지만 우리 팀원들이 서로를 믿은 결과, 곧 극복하여 현재까지 독서뿐만 아니라 영화를 보고 토론도 해 보고 『어린 왕자』를 읽고 '쁘띠프랑스'를 다녀오는 등 다양한 활동을 할 수 있었다. 올 한 해 동안 내가 잘한 일을 꼽으라면 독서동아리에 들어간 것이라 할 만큼 독서동아리 활동은 나의 국어 성적과 볼품 없던 어휘력에 많은 도움을 주었다. 독서동아리를 통해 값진 경험을 한 것 같고 이 활동들이 우리들의 삶에 좋은 거름이 될 것이라 믿어 의심치 않는다. (싱그러운 책의 향기, 박소정)

(……) 사실, 나는 이것을 하기 전에는 소설류만 읽고 책을 읽어도 별다른 활동을 하지 않고 책장을 덮곤 했는데 이 독서동아리 활동이 나에게 크게 도움이 된 것 같다. 친구들과 자발적으로 활동함으로써 자발성과 독립성 등이 길러진 것 같고, 창의적인 생각도 많이 하게 된 것 같다. 그리고 친구들과의 우정도 돈독하게 할 수 있고, 친구들을 만나도 막연히 연예인이나 친구들 뒷담화 같은 것이 아닌, 아직은 조금 어눌하지만 한층 높은 레벨의 시사나 사회 문제에 관련된 것들도 이야기하게 되었다. 매일 연예인 루머밖에 말할 줄 모르던 나에게 이렇게 큰 변화가 올 줄이야! 또, 예전에는 독서록, 독후감 쓰기 하면 진저리가 났는데 아직도 그 후유증이 조금 남아 있긴 하지만, 예전보다는 글쓰기에 대한 부담이 덜하게 된 것 같다. 아직 1년밖에 하지 않았는데 이 정도라면 이건 너무나도 희망적인 징조이다!(ㅋ) 하지만 내가 이렇게까지 된 것도 다 우리 동아리 멤버들 덕분이다. 항상 나를 위해 거침없는 독설과 충고를 아끼지 않는 그녀들에게 참~ 감사하다. 이 친구들이 없었다면 난 이렇게 좋은 경험도 해 보지 못했을 것이고 절대 발전도 없었을 것이다. 좋은 친구들과 좋은 동아리 활동을 하게 되

어서 너무나도 기쁘다. 중학교를 졸업해도 이 활동을 죽 이어 갔으면 좋겠다. (……) (싱그러운 책의 향기, 김나윤)

2011년 초, "독서동아리? 그게 뭔데? 뭐 하는 건데?" 친구로부터 독서동아리 이야기를 듣게 된 것이 '싱책향'을 시작하게 된 계기이다. 조금만 관심이 없었어도 이런 좋은 기회를 놓쳤을 것이다.

  독서동아리는 내 인생에 큰 영향을 끼쳤다. 가장 눈에 띈 변화는, '많은 책을 읽겠다고 결심만 열심히 하던 나를 실천하게 만들었다.'는 것이다. 책과 도서관과는 거리가 멀었던 내가 독서동아리를 시작하면서 책을 접하게 되었고, 읽는 것에 곧 재미가 붙어 다른 책들도 찾아보고 읽었다. 그리고 친구들과 얘기를 나누고 토론하기 위해 더 깊이 책을 읽고 생각했다. 이것을 시작으로 나는 '싱책향' 멤버들과 함께 학교에서 진행하는 '밤새워 책 읽기'에도 참여하고, 영화를 보기도 하며, 어른들의 힘이 아닌 우리들 혼자 힘으로 먼 곳까지 문학기행을 가기도 했다. 백화현 선생님께서 야심 차게 준비하신 '밤새워 책 읽기'에서는 여러 나라의 교육 시스템, 도서관, 학교 등의 사진을 보고 감탄하기도 하고, 긴장하기도 하고, 새벽이라 집중이 안 되는 데도 책을 끝까지 붙들고 있기도 하고……. 작가와의 만남을 갖고, 기자와 인터뷰도 해 보고, 우리의 독서동아리 활동 내용을 파워포인트와 함께 발표하기도 하고……. 지금, 되돌아 생각해 보니 한 해 동안 독서동아리와 함께 한 시간들이 머릿속에서 퐁퐁 솟아오른다. 생각하면 할수록 즐겁고 유익한 시간이었던 것 같다. '곧 다가오는 2012년에는 막강한 팀'이라 치켜세워주자 어느 새 자만심에 빠져 내용보다는 겉모습에 치중했던 것과 같은 시행착오들을 반성하고, '싱책향'보다 더욱 노력하고 열심히 하고 깊게 독서동아리에 빠져 들었던 다른 독서동아리들을 본보기로 삼으며, 조금 더 겸손하고 성실하고 깊이 생각하고 발전하는 '싱책향'이 되었으면 좋겠다. (……) (싱그러운 책의 향기, 김혜원)

독서동아리를 시작하기 전 나에게 독서란 지겨운 존재였다. 어떻게 그 많은 글자들을 다 읽을 수 있을까? 책이 두려웠다. 하지만 친구들과 함께 동아리를 진행하면서 변화할 수 있게 되었다. 독서동아리의 또 다른 좋은 점은 바로 친구들과 함께한다는 것이다. 지금 와서 생각해 보면 혼자서는 해내지 못했을 것 같다. 내가 삐뚤어질 때, 옆에서 잡아 주는 친구들이 있어서 다행이었던 것 같다. 친구들과 함께여서 두꺼운 소설책도 재미있게 느껴졌고, 토론이라는 건 들어 보지도 못했지만 우리끼리 주제를 정해서 토론도 진행해 보니 독서가 신이 날 정도였다.

또 독서뿐만 아니라 책에 관련된 외부 활동도 진행하였다. 책을 읽고, 그 책을 주제로 한 영화를 보고, 연극도 함께 관람하면서 책에 대한 흥미를 잃지 않을 수 있었고, 친구들과의 친목도 도모할 수 있었다. 다소 지루할 수도 있는 책 읽기에 문화 활동이 더해져서 처음에 가지고 있었던 거부감이 점점 줄어들었다.

하지만 나에게도 슬럼프가 찾아왔다. 언제부터인가 오로지 간식만을 위해 도서관을 찾고 친구들과의 독서 약속은 잊은 채 지냈다. 아무래도 잘하는 친구들 사이에서 기가 죽었던 것 같다. 그때 항상 나에게 용기를 불어넣어 주시는 선생님이 계셨다. 선생님께서는 기가 죽어 있는 나에게 충분히 잘하고 있다고 나 자신을 낮추지 말라고 토닥여 주셨다. 덕분에 나는 조금씩 나 자신을 알아 갈 수 있었고 동아리 활동이 재미있어졌다.

독서동아리를 통해서 나는 숨겨진 나를 찾을 수 있었고 자신감 또한 회복할 수 있었다. 중학교 3학년이어서 고등학교라는 큰 산 때문에 시험공부에 치여 살아 힘들었지만 쉬어 갈 수 있는 독서동아리가 있어서 다행이었고, 이런 기회를 만들어 주신 백화현 선생님의 추진력, 결단력을 본받고 싶다. 고등학교에 올라가서도 이런 기회가 생겼으면 좋겠다. (184, 김예리)

독서동아리를 시작하게 된 계기는 떨어지는 성적에 대한 불안감이었던 것 같다. 그때의 난 성적이라는 잣대로 친구를 가려 사귀었고, 나보다 처지는 아이들은 은근히 깔보는 면이 있었던 것 같다.

독서동아리 초기에는 일주일에 두 번, 두 시간씩 '책 읽기'에 시간을 투자한다는 게 시간 낭비라고 생각했다. 모여서 하는 거라곤 책 읽고 느낌을 나누는 거. 그게 다였다. 다른 애들은 점점 앞으로 나아가는 것 같은데 나만 제자리인 거 같아서 초조했다. 독서의 의미를 몰랐던 나는, 독서동아리에 흥미를 잃기 시작했다. 그런 채로 3학년이 되었다.

독서와는 멀어져 갔지만 백화현 쌤은 그렇게 흔들리던 나를 다시 잡아 주려 부단히도 애를 쓰셨다. 백화현 쌤은 나를 볼 때마다 독서동아리 꼬박꼬박 나오라고 잔소리하셨고, 어쩌다 도서관이라도 가면 간식도 챙겨 주시며 책 읽으라고 격려해 주셨다. 엉성하게 쓴 글을 꼼꼼하게 읽으시며 칭찬해 주시는 쌤을 보며, 처음엔 그냥 겉치레로 띄워 주는 거라고만 생각했다.

그런데 머리로는 부정하면서도 마음으로는 의지하고 있었나 보다. 집에서도 칭찬이란 걸 받아 본 적이 없었는데 '글을 잘 쓴다.'는 칭찬을 듣자 기대에 부응하려고 노력하고 있는 것이었다. 백화현 쌤의 칭찬에 나는 내가 글을 잘 쓴다고 믿게 되었고 그러자 자연스레 책을 읽고 느낀 점을 나누고 주제를 정해 토론하며, 책을 읽으면서 밤새는 것이 너무 재밌어졌다. 성적보다 책 읽기가 우선순위가 됐으며, 자연스럽게 친구를 가리고 깔보던 습관도 없어졌다.

  2년 동안의 독서동아리 활동을 통해서 시험문제 한 문제를 더 맞기 위해 무조건 달달달 외우는 시험공부보다 중요한 것이 무엇인지 깨닫게 되었고, 동아리 활동을 한 2년의 시간이 너무도 소중하고 값진 시간이었다. 사람에게는 살면서 세 번의 기회가 찾아온다고 한다. 그 첫 번째 기회를 봉원중학교에서 잡은 것 같아서 가슴이 벅차다. (리딩캠프 이쁘지 아니한가, 백지현)

나는 이 아이들에게서 아름다운 나비의 날갯짓을 본다. 함께 어울려 자유롭게 날아오르는 나비들의 아름다운 몸짓을 본다. 그리고 꿈을 꾼다. 대한민국의 모든 아이들이 이렇게 멋진 나비춤을 추며 꽃향기 가득한 세상을 함께 날아오르는 꿈을.

학생들이 직접 만든 봉원중학교 학생독서동아리 자료집 『나비의 꿈』 표지(표지화 : 3학년 함예은)

독서동아리 활동을 지켜본 학부모 수기

독서동아리 활동으로 부쩍 자란 아이들

| 김은정(학부모) |

자율 독서동아리가 생긴지 1년 남짓. 중3, 중2 두 딸이 망설일 때, 학부모로서 선뜻 시도해보라는 말을 건넬 수 있었던 것은 이끄시는 분이 백화현선생님이셨기 때문이다. 큰 아이 중2때 국어선생님이셨는데 아이들을 성적으로 판단하지 않고, 아이들의 글속에서 각자의 개성을 인정해주고 칭찬해 주시면서 좋은 면면을 밖으로 끌어내고자 노력하시는 모습이 아이를 통해 들어오면서 마음이 참 따스했다. 다양한 방식으로 독서의 중요성과 필요성을 강조해 주셨기에 아이들 또한 그 필요성을 알게 되어 해 볼 용기를 낼 수 있지 않았을까 생각한다.

두 딸이 동아리를 시작하면서 엄마인 나도 아이들에게 본을 보이기 위해 학부모독서모임 '시나브로'에 가입하고, 책 읽는 엄마의 모습을 보여주며, 책 읽는 즐거움을 함께 공유할 수 있게 되어 참 뜻 깊은 시간을 보낸 것이 지금 생각해도 참 흐뭇하다. 엄마도 날짜 맞춰 책을 읽어야 한다고 동동거리며 책을 읽으니, 자신들 모습과 비슷하다며 "엄마 힘내세요!" 격려해주며 즐거워했다.

동아리활동을 하기 전에는 아이에게 독서가 얼마나 중요한지 잘 알고 있었으나 아이들조차 독서를 위해 시간을 일부러 내기는 쉽지 않았다. 공부만 하기에도 시간이 부족하고, 독서 이외에도 해야 할 것이 많다고 여겼기 때문이다. 하지만 마음이 맞는 친구들과 동아리를 만들고, 모든 과정을 친구들과 함께 계획하고 활동을 하면서 보고서로 정리하고 발표하는 과정 속에 아이들은 내면이 부쩍 성숙해져 갔다. 책을 읽고 친구들의 다양한 생각을 들으며, 친구의 말을 경청할 수 있게 되었고, 자신의 의견을 스스럼없이 말할 줄 알게 되었다. 내성적이고 조용한 성격인 큰 애에게 더욱 좋았던 것은 소그룹이었기에 말을 할 기회가 더 많았고, 또한 자신의 말을 경청해주는 친구들을 통해 자신의 의견을 말할 때의 쑥스러움을 이겨낼 수 있었다는 경험이다. 사실 아이들의 대화는 주로 연예인이나 드라마, 또는 친구들의 험담이나 이성친구에 대한 것들이 대부분이었기에 실컷 하고도 사실 마음은 공허하기 쉬운데, 책을 통한 소통은 아이들로 하여금 생각을 하게 하고 의미를 부여하게 하는 활동이어서 평상시에 느끼지 못했던 친구의 내면을 이해하게 되고 공감하게 되면서 친구관계가 더욱 돈독해지고, 학교생활이 풍요로워질 수 있었다.

사교성이 좋고 자기주도성이 강한 둘째에게도 동아리활동은 학교생활의 새로운 활력소가 되었다. 멤버들이 개성이 다르고 학교에서 인정받는 아이들이었기에 자존감도 높고 성취동기도 강하여 시작부터 참으로 열심히 하였다. 약속한 것은 서로 잘 하였고, 토론은 친구들끼리 서로를 더 존중하는 방법을 알게 해주었다. 서로의 단점에 대해 허물없이 얘기해 줄 때조차 그 충고를 겸허히 받아들일 수 있는 넉넉함도 배울 수 있었다.

동아리활동의 가장 큰 매력은 아이들의 자발성과 자율성이다. 그 안에서 우리 아이들은 주위가 자신을 믿어주는 만큼 자신의 내면을 더욱 알차고 단단하게 성장시키리라 믿는다.

※이 글을 쓴 김은정 님은 '책이 끓는 시간' 멤버 이혜림과 '싱그러운 책의 향기' 멤버 이자림의 학부모입니다. 이 글은 참교육학부모회가 발간하는 2012년 〈학부모신문〉 봄호에 게재된 바 있습니다.

5장

어른도 함께하는 도란도란 책모임

책모임은 아이들만의 몫이 아니다. 사람은 어른이 되어도 자신의 정체성에 대한 고민으로부터 자유로울 수 없고 나이가 들수록 더 외롭고 친구가 간절해지기 마련이다. 친구나 동료와 함께하는 도란도란 책모임은 어른들에게도 위로와 기쁨을 주고 배움과 성장의 길을 열어 준다.

도란도란 교사독서모임 이야기

교사독서모임의 시작은 아이들의 독서 때문이었다. 교사가 책에 대해 알지 못하고 책 읽는 기쁨과 책의 가치를 체험하지 못하면서 아이들을 책으로 이끌 수는 없는 일이라 생각했다. 독서운동을 처음 시작했던 난우중학교에서 아이들이 도서관과 독서를 통해 놀랍게 변화되는 모습은 내게 큰 감동과 희망을 불어넣어 주었다. 이러한 독서운동이 학교 안에서 많은 교사들에 의해 지속적으로 폭넓게 전개될 수 있다면 아이들의 삶과 우리 교육이 큰 변화를 일으킬 수 있으리라 생각했다. 그러나 한 해 두 해 시간이 흐를수록 교사독서모임은 아이들이 아니라 교사 자신을 위해 더 필요한 것이라는 생각이 들었다.

교사독서모임의 첫걸음 _ 관악중학교 교사독서회

난우중학교를 떠나 관악중학교로 옮겨 간 2003년 겨울, 동료 교사들에게 난우중학교의 독서운동 사례를 얘기할 기회가 있었다. 많은 선생님들이 관심을 보이며 여러 가지 독서교육 방법을 알고 싶어 했다. 기회다 싶어, 나도 이제 막 알아 가는 단계이니 '교사독서모임'을 하며 함께 방법을 찾아보면 어떻겠느냐는 제안을 했다. 다행스럽게도 몇몇 선생님들이 적극적인 반응을 보여 주었다.

그러나 막상 시작하려니 대상의 범위를 교사로 해야 할지 교직원으로 해야 할지, 이 모임을 공식 모임으로 해야 할지 비공식 모임으로 해야 할지, 이렇게 기본적인 것까지도 쉽게 결정을 내리기 어려웠다. 그때만 해도 '교사독서모임'은 매우 생소한 것인데다 이런 모임을 하더라도 친한 사람끼리 비공식적으로 하던 터였기에, 얼핏 우리도 그리 할까, 하는 마음이 있었던 것이다. 그러나 곧, 교사독서모임은 될 수 있는 한 많은 사람들이 '책'을 매개로 서로 배우고 소통하며 '함께' 고민을 나누는 게 좋을 것 같다는 생각이 들어 언어교육부의 공식 사업으로 잡았다.

이듬해 3월 '관악중학교 교사독서회'가 탄생했다. 이 모임에는 관악중학교 교직원이면 누구나 참여할 수 있고 모임 참여자는 미리 안내한 지정 도서를 읽고 오는 것이 원칙이지만 읽고 오지 않더라도 대환영이었다. 2004년 처음 두 달은 욕심을 부려 한 달에 두 번 모임을 가졌지만 곧 무리라는 것을 깨닫고, 이후에는 한 달에 한 번, 방과 후 15시 30분에서 16시 30분까지 정기적으로 모였다. 모여서 하는 일은 '책 읽고 얘기 나누기'가 거의 전부였다. 지정 도서는 아이들에 대한 이해를 도와주는 성장소설이나 교육 관련 책들을 선호했는데, 주로 내가 몇 권의 책을 들고 가 소개하고 그 중 한두 권을 함께 골랐다.

한 달에 한 번, 한 시간씩, 한두 권의 책을 읽고 얘기 나누기. 참으로 쉬워 보이고 별것 아닌 것 같지만 실제로 해 보면 그렇지만은 않다. 근무 시간 중에 '반드시' 해야 하는 일도 아니고 '즉시' 처리해야 하는 일도 아닌 '독서모임' 같은 일은 우선순위에서 저만큼 밀리기 십상이다. 요즘 교사들은 아이들 못지않게 숨 쉴 틈이 없을 만큼 바쁘다. 출근하는 순간부터 퇴근하는 순간까지 수업을 하는 일 외에도 빈 시간과 방과 후 시간을 이용해 여러 행사를 기획하고 진행하거나, 잡다한 공문서 처리와 각종 회의 참석(운영위원회의, 인사위원회의, 교과회의, 선도위원회의, 도서관운영위원회의, 학년회의, 폭력대책위원회의, 부장회의 등), 과제검사와 방과후수업, 학생 및 학부모 상담 등과 같은 '꼭 해야만 하는 일'이나 '즉시 처리해야만 하는 일'이 날마다 빼곡하다. 때문에 의무사항이 아닌 독서모임과 같은 일에 꼬박꼬박 참여하기란 사실 불가능에 가깝다.

이렇다 보니 '관악중학교 교사독서회' 역시 몇 개월 동안은 참가자가 들쭉날쭉했다. 그러나 놀랍게도 시간이 흐를수록 10~15명으로 고정 멤버가 생겼다. 바쁜 와중에도 일단 모임 자리에 오기만 하면, '대학생 때로 되돌아간 것 같아 행복하다.', '사막에서 오아시스를 만난 기분이다.', '내가 몰랐던 책을 소개받고 읽을 수 있어서 좋다.', '함께 토론하니 고민이 좀 풀린다.', '듣는 것만으로도 도움이 된다.'라며 좋아하게 된 것이다.

그들 중 지금도 잊을 수 없는 분은 김종규 교장선생님이다. 선생님은 교사독서모임을 시작하던 첫해(2004년) 3월에 관악중학교 교장선생님으로 부임하여 2006년 2월 퇴임을 하실 때까지, 출장으로 인해 두 번 빠진 것 말고는 독서모임을 한 번도 빠지지 않을 만큼 열심이셨다. 그때까지만 해도 교장선생님과 친하게 지낸 적도 없고 교장선생님이 이런 모임을 좋아하리라고는 생각도 해 본 적이 없었던지라 살짝 그 이유를 여쭤 봤다.

"내 교사 생활 중에 이렇게 멋지고 감동적인 모임은 처음이에요. 이 모임에서 권하는 책들을 읽으면 '내가 몰랐던 세상이 아직도 이처럼 많구나.' 하는 생각도 들고 선생님들의 이야기를 듣고 있으면 '아하, 저렇게 생각할 수도 있구나.' 하며 생각이 열리는 듯한 느낌이 들어요. 이 모임에 참석하면 내가 젊어지는 느낌이라니까. 아주 신선해요."

배움을 좋아하고 권위에 매어 살지 않는, 점잖고 지혜로운 분이었다는 생각이 든다. 또 이러한 분이 학교 전체를 이끌어 가는 리더였기에 '관악중학교 교사독서회'가 그만큼 쉽게 교사사회에 안착하지 않았나 싶다.

관악중학교 교사독서회 소식지 만들기

모임 때마다 10~15명이 모인다 하더라도 전체 교직원이 55명인 걸 생각하면 40여 명은 여전히 이러한 일을 경험할 기회가 없었다. 안타까운 마음에 '소식지' 발행을 생각해 보았다. 일 하나가 또 늘어 더 바빠지긴 하겠지만, 간단히 A4 한 장, 즉 앞면과 뒷면 두 쪽을 이용해 앞면에는 모임에서 주고받은 이야기를, 뒷면에는 다음에 읽어야 할 책에 대한 정보를 담으면 되지 않을까, 생각한 것이다. 바로 기획 선생님과 상의하여 일을 추진했다(당시 나는 언어교육부 부장이었다). 그렇게 해서 탄생한 것이 '관악중학교 교사 독서회 소식지'다.

책을 읽는 선생님, 아이들의 미래를 밝혀줍니다.

관악중학교 교사 독서회 소식

제2호
발행일: 2004년 4월 28일
관악중학교 언어교육부

제2회 교사 독서회 열려

관악중학교 제2회 교사 독서회가 지난 4월 23일 본관 2층 회의실에서 열렸다. 중간고사 출제하느라 바쁜 상황에서도 많은 선생님들(12분)이 참석하여 제1회 모임의 열기를 이어갔다. 특히 이 날은 교장 선생님께서 토론회에 참석하셔서 자리를 빛내 주셨다.

이 날의 주 도서는 〈우리 누나〉와 〈안녕, 기요시코〉였다. 참석자들은 책을 읽은 소감과 우리 학교의 장애우 교육 문제에 대한 의견을 나누었다.

몇몇 선생님들의 소감을 들어보면,
"장애인을 대할 때 다른 아이 대하듯 똑같이 대하지 못했다는 생각이 든다."(K 선생님)

"읽는 시간이 짧으면서도 감동적인 글이다. 장애인 가족의 심정을 다 이해하지는 못하겠지만 우리가 그 부모를 위해 할 수 있는 일은 장애인도 마음 놓고 학교에 다니도록 환경을 만들어 주는 것이다."(P 선생님)

"통합 교육의 초기에 '저 아이를 왜 우리가 맡아야 하나?', '당신 아이 때문에 다른 여러 아이가 피해를 본다'라고 항의하여 장애아를 둔 부모에게 상처를 준 경우가 많았다. 교사가 먼저 함께 더불어 사는 모습을 보여줘야 한다."(G 선생님)

이야기는 자연스럽게 장애아 교육 문제로 넘어갔다. 지금은 상당히 자연스럽게 받아들여지는 초등학교에서의 통합 교육이 이제는 유치원까지 확대되어야 한다는 '장애아 영유아 교육권' 문제가 제기되어 그 필요성에 공감하였다. 또 교사는 먼저 장애아를 대하는 태도를 확립해야 한다는 주장에도 모두가 공감하였다. 장애아도 똑같은 애들이니까 특별한 아이로 취급하지 않는 것이 중요하다는 지적이었다. 이 날 토론회는 장애아 교육에 대하여 깊이 생각해 볼 수 있는 좋은 기회였다.

제3회 교사 독서 토론회 일정

● 주제: 문제아에 대한 이해와 지도
● 일시: 5월 13일(목) 오후 3:30분
● 장소: 본관 2층 회의실

 대상 도서
『불량소년의 꿈』, 요시이에 히로유키 지음, 남도현 옮김, 양철북.
『학교를 거부하는 아이 아이를 거부하는 사회』, 조한혜정 지음, 또하나의문화.

〈책 속으로〉
지금 교육에 눈길을 주고 귀를 기울이면, 나는 많은 아이들의 비통한 절규를 들을 수밖에 없다. 모두가 지금보다는 더 아이들과 대화를 나누면 좋겠다. 어른들의 사회가 아무리 바쁘고 시끄럽더라도, 그럴수록 아이들의 미래에 대해 이야기할 수 있었으면 좋겠다. 그리고 부둥켜안을 수 있었으면 좋겠다. "너희는 우리의 희망이다."라고 말하면서. 〈p.22〉

📖 미리보기 〈불량 소년의 꿈〉

-송경영

오늘도 우리 반 세 놈이 3교시만 마치고선 땡땡이를 쳤다. 며칠 전엔 옆 반 소위 '문제아'라 불리는 아이가 머리를 V자로 선명하게 밀고 학교에 와 선생님들 심기를 건드렸다. 금품 갈취, 폭력, 욕설, 이런 일들은 학교에서 다반사이고, 그런 문제를 일으키는 '문제아'들은 어느 학교에든 있다.

학교에서 선생님들이 제일 힘들어하는 부분이 뭘까? 바로 '문제아'라고 하는 아이들, 이 책 제목대로라면 '불량 소년, 소녀'들과의 싸움이다. 그들을 어떻게 이해해야 할지, 또 그들을 어떻게 학교라는 곳에 안전하게 묶어 두어야 할지 머리를 싸매지만 묘책은 없다.

이 책은 중학교 때부터 '불량 소년'의 길을 걷기 시작하여 폭력의 세계와 폭주족을 거쳐 망나니처럼 살던 지은이가 아동보호소와, 다양한 문제들을 일으켜 고등학교를 중퇴한 전국의 학생들을 모아 놓은 '호쿠세이 학교'를 거쳐 그 학교의 교사가 되기까지의 과정을 솔직하게 쓴 자전적인 이야기이다. 지은이가 점점 '불량 소년'이 되어 가는 과정을 따라가다 보면 너무나 무신경하고 무책임한 어른들의 모습을 발견하고 마음이 아파 온다. 또 폭력이라는 무기로 포장된 삶을 살아가는 '불량 소년'들이 사실은 얼마나 외로워하는지, 주변의 선생님이나 부모에게 반항을 하면서도 그들에게 얼마나 기대고 싶어하는지, 자신의 불확실한 미래 앞에서 얼마나 공포를 느끼는지 알게 된다. 특히 끝까지 자신을 포기하지 않고, '넌, 나의 꿈이다'라고 말씀해 주신 선생님의 한 마디가 그의 일생을 바꾸게 되는 부분은 수많은 '불량 소년들'과 만나야 하는 교사이기에 더욱 가슴 뭉클한 감동이 있다.

<책사랑어머니회>를 소개합니다

관악중학교에서 학부모독서회인 책사랑어머니회가 지난 4월 7일(수)에 구성되었다. 현재 15명으로 구성된 이 모임은 학부모 자체 활동 계획에 따라 책 읽고 토론하기, 좋은 책 선정하기, 학부모가 주관할 수 있는 도서실 행사 전개하기 등의 활동들을 펼쳐 나갈 계획이다. 현재는 모임이 결성된 지 얼마 되지 않아, 우선적으로 학부모 스스로의 독서에 대한 의식을 높이기 위해 좋은 책을 선정해서 함께 읽고 토론하는 활동을 하고 있다고 한다. 이 모임이 앞으로 더욱 활성화되어 좋은 결실을 맺기 바라며, 이 모임에 속해 있는 한 어머님의 지난 주의 활동 후기를 소개한다.

<우리 아이, 책 날개를 달아주자> 토론 모임을 마치고

조영란(2-3, 이웅건 어머니)

책을 읽어주는 것은 자녀에게 사랑한다고 말하는 것이다. 말은 쉽지만 우리가 행동으로 옮기기란 쉽지 않다. 책만 읽으려고 하면 해야 할 일들이 왜 그리 많이 생각나는지…….

열 일을 제치고 책을 읽는 것 정말 행복한 일이고 감사한 일이다. 하나 둘 밖에 없는 소중한 나의 아이들에게 요즘 부모들은 무엇을 해주고 있는지? 겉으로 보이는 겉모습 꾸미기에 바빠서 정말 필요한 것은 잊고 있지 않은지?

이 책을 읽고 반성과 깨달음이 많았다. 평소 책 고를 때에도 주머니 사정에 따라 가격표 먼저 보고, 아이에게 책을 맞춘 것이 아니라, 책 값에 아이를 맞췄다. 나 또한 베스트셀러나 삼류 연애소설류에 익숙해서 책읽기에 게을렀다. 틈만 있으면 삼삼오오 수다 떠는 일이 더 재미있고 신났었다. 책은 늘 가까이 두고 우리가 하루 세 끼 밥 먹고 씻고 거울 보듯 습관처럼 책을 펴서 읽어야 한다는 것을 알았다. 특히 1학년 작은아이에게는 큰 아이 때처럼 초등학교 때만 책을 읽고 놓아버리지 않도록 꾸준한 독서지도가 필요함을 알게 되었다. '책사랑 어머니회' 모임 덕분에 나태하고 타성에 젖은 내 삶에 상큼한 충격으로 나 자신을 돌아보게 해 감사드린다.

이 땅에 모든 어머니들이 책을 자식 사랑하듯 사랑한다면 우리 아이들도 더욱 더 책을 사랑하게 되지 않을까?

<관악중학교 교사 독서회 소식> 2호

이 소식지에 대한 반응은 매우 좋았다. 행정실 분들에게도 읽어 보라며 나눠 주고 다녔는데, 그때마다 "감사합니다. 잘 읽고 있어요."라는 인사를 들을 수 있었고, 모임에 전혀 참석하지 않는 선생님들 역시 소식지만큼은 꼬박꼬박 잘 챙겨 읽는다면서 개인적으로 소개된 책들을 대출해 가는 일이 생겼다.

이 독서모임과 소식지 발행은 내가 관악중학교를 떠나오던 해까지 4년을 계속했다. 학기말과 방학을 제외하고는 매달 한 번씩 모임을 가졌고 모임 후에는 꾸준히 소식지를 발행했다. (본문에 싣기에는 내용이 많고 단순하여 도움 될 만한 자료만 따로 부록에 담아 놓았으니 필요한 대로 골라 읽으면 되겠다.)

관악중학교 교사독서회 활동 들여다보기

우리가 만나서 한 일은 앞서 말한 것처럼 읽은 책에 대해 간단히 소감을 나누거나 쟁점이 되는 문제에 대한 토론이었다. 처음에는 많이 어색하고 행여 다른 의견을 말하면 상대방이 상처를 입을까 봐 조심스럽기도 했지만, 회가 거듭될수록 서로에 대한 신뢰가 생기고 마음도 편해져 "나는 그렇게 생각하지 않아요. 왜냐하면……."이라는 말을 자연스럽게 할 수 있었다.

이러한 모임을 하고 싶은 분들을 위해 2004년부터 2007년까지 관악중학교 교사독서회에서 함께 읽었던 책과 토론 주제를 소개한다.

■ '관악중학교 교사독서회' 2004년 함께 읽은 책과 토론 주제 ■

회	활동일	대상 도서	토론 주제
1	4.9	『교사는 어떻게 단련되는가』(아리타 가츠미사, 우리교육)	교사의 자기 단련은 어떻게 해야 하는 것일까?
2	4.23	『안녕, 기요시코』(시게마츠 기요시, 양철북) 『우리 누나』(오카 슈조, 웅진주니어)	장애아 문제를 어떻게 풀어 나가야 할까?
3	5.13	『불량 소년의 꿈』(요시이에 히로유키, 양철북) 『학교를 거부하는 아이, 아이를 거부하는 사회』(조혜정, 또하나의문화)	부적응아 문제를 어떻게 풀어 나가야 할까?
4	5.28	『내 생애의 아이들』(가브리엘 루아, 현대문학) 『나는 선생님이 좋아요』(하이타니 겐지로, 양철북)	교사로서 산다는 것은 무엇일까?
5	6.18	『상처 입은 세기의 거장, 윤이상』(최지숙, 교학사) 『DMZ』(대원외국어고등학교 DMZ청소년탐사대, 세광문화)	통일 교육, 어떻게 해야 할까?
6	7.2	『사금파리 한 조각』(린다 수 박, 서울문화사) 『오주석의 한국의 美 특강』(솔) 『우리 소리 우습게 보지 말라』(김준호 외, 이론과실천)	우리 문화 바로 보기
7	9.20	『한국어가 사라진다면』(시정곤 외, 한겨레출판) 『영어를 공용어로 하자는 망상』(조동일, 나남) 『국제어 시대의 민족어』(복거일, 문학과지성사)	영어 공용화, 어떻게 생각하나?
8	10.29	『문제아』(박기범, 창작과비평사) 『얼굴 빨개지는 아이』(장 자끄 상뻬, 별천지) 『창가의 토토』(구로야나기 테츠코, 프로메테우스)	다양한 아이들에 대한 이해

회	활동일	대상 도서	토론 주제
9	11.29	『여성시대에는 남자도 화장을 한다』(최재천, 궁리) 『엄마, 외로운 거 그만하고 밥 먹자』(장차현실, 한겨레출판) 『돼지책』(앤서니 브라운, 웅진주니어)	양성평등 문제, 어떻게 풀어 나가야 할까?
10	12.21	『울지 않는 늑대』(팔리 모왓, 돌베개) 『연애 소설 읽는 노인』(루이스 세풀베다, 열린책들) 『내 영혼이 따뜻했던 날들』(포리스트 카터, 아름드리미디어)	환경 문제, 어떻게 풀어 나가야 할까?, 1년 평가 및 마무리

■ '관악중학교 교사독서회' 2005년 함께 읽은 책과 토론 주제 ■

회	활동일	대상 도서	토론 주제
1	3.28	『나쁜 아이』(메리 매크라켄, 양철북) 『새장 안에서도 새들은 노래한다』(마크 잘즈만, 푸른숲)	상처가 있는 아이들에게 다가가는 방법
2	4.25	『훌륭한 교사는 이렇게 가르친다』(제임스 M. 배너 주니어 외, 풀빛) 『미래로부터의 반란』(김진경, 푸른숲) 『나는 선생님이 좋아요』(하이타니 겐지로, 양철북)	잘 가르친다는 것은 무엇일까?
3	5.30	『그리운 메이 아줌마』(신시아 라일런트, 사계절출판사) 『딥스』(버지니아 M. 액슬린, 샘터사) 『해피 버스데이』(아오키 가즈오, 문학세계사)	가정 안에서 부모의 역할은 무엇일까?
4	6.27	『쎄느강은 좌우를 나누고 한강은 남북을 가른다』(홍세화, 한겨레출판)	프랑스 교육과 우리 교육 비교해 보기

회	활동일	대상 도서	토론 주제
5	7.11	『멋진 신세계』(올더스 헉슬리, 소담출판사) 『나의 생명 이야기』(황우석, 효형출판) 『파인만 씨, 농담도 잘하시네』(리처드 파인만, 사이언스북스)	과학의 발달, 어떻게 볼 것인가?
6	9.26	『잘먹고 잘사는 법』(박정훈, 김영사) 『차라리 아이를 굶겨라』(다음을지키는엄마모임, 시공사)	먹거리 문제, 어떻게 할까?
7	10.31	『사랑의 매는 없다』(앨리스 밀러, 양철북) 『칭찬은 고래도 춤추게 한다』(켄 블랜차드 외, 21세기북스)	체벌과 칭찬, 어떻게 활용할까?
8	11.28	『앵무새 죽이기』(하퍼 리, 문예출판사) 『내 영혼이 따뜻했던 날들』(포리스트 카터, 아름드리미디어)	편견의 문제를 어떻게 해결해 나가야 할까?, 평가회

■ '관악중학교 교사독서회' 2006년 함께 읽은 책과 토론 주제 ■

회	활동일	대상 도서	토론 주제
1	3.30	『동화로 열어가는 상담 이야기』(박성희, 이너북스)	아이들의 마음속으로 어떻게 들어갈까?
2	4.27	『우리 아이, 책날개를 달아주자』(김은하, 현암사)	아동책에 대한 이해, 아이를 책으로 이끄는 방법은?
3	5.30	『유진과 유진』, 『너도 하늘말나리야』(이금이, 푸른책들)	상처 받은 아이를 어떻게 이해하고 위로할까?
4	6.29	『스피릿베어』(벤 마이켈슨, 양철북)	폭력적인 아이에 대한 이해와 처방, 어떻게 해야 하나?

5	9.26	자신이 좋아하는 시와 시집	내 마음을 울린 한 편의 시 혹은 시집 이야기
6	10.31	『박훈규 언더그라운드 여행기』(박훈규, 안그라픽스) 『지도 밖으로 행군하라』(한비야, 푸른숲)	여행과 삶
7	11.30	『당나귀 귀』(쎄르주 뻬레즈, 문원) 『19세』(이순원, 세계사)	아이들의 마음 이해하기

■ '관악중학교 교사독서회' 2007년 함께 읽은 책과 토론 주제 ■

회	활동일	대상 도서	토론 주제
1	3.28	『돼지책』(앤서니 브라운, 웅진주니어) 『점』(피터 레이놀즈, 문학동네) 『느끼는 대로』(피터 레이놀즈, 문학동네) 등의 여러 그림책	그림책, 어떻게 활용할까?
2	4.17	『십시일反』(박재동, 창작과비평사) 『팔레스타인』(조 사코, 글논그림밭) 『전쟁중독』(조엘 안드레아스, 창해) 등의 여러 만화책	만화책, 어떻게 활용할까?
3	6.5	방황과 폭력을 주제로 한 성장소설 『초콜릿 전쟁』(로버트 코마이어, 비룡소) 『두 친구 이야기』(안케 드브리스, 양철북) 『나쁜 아이』(메리 매크라켄, 양철북) 『새장 안에서도 새들은 노래한다』(마크 잘즈만, 푸른숲) 등	청소년의 방황과 폭력, 어떻게 접근해야 할까?
4	7.3	『피카소의 달콤한 복수』(에프라임 키숀, 마음산책)	현대 미술에 대한 이해(미술 선생님의 발제 후 토론)
5	9.19	읽고 싶은 동서양의 고전	고전 읽기, 적극 권장되어야 할까?

회	활동일	대상 도서	토론 주제
6	10.31	『드라마 스페셜리스트가 되자』(최지영, 연극과인간)	최지영 저자의 연극 연수
7	11.28	청소년에게 추천하고 싶은 인물의 전기나 평전	청소년에게 어떤 인물책을 권할까?

    이 독서모임에서 함께 읽은 책은 크게 청소년 성장소설과 교육, 예술·문화 분야로 분류할 수 있다. 그리고 어려운 책이 없다. 이것은 대상이 '전 교직원'으로 열려 있는 데다 이 모임의 주된 목적이 아이들에 대한 이해와 학급 운영이나 수업과 같은 실제 문제에 대한 고민 나누기, 또 교사 자신의 교양을 위한 것이기 때문이다.

    이런 탓이었을까? 책들에 대한 반응 역시 꽤 좋았다. 읽기가 쉬우니 겁나지 않아 좋고, 성장소설을 읽으며 좀체 이해할 수 없었던 몇 반 아무개를 이해할 수 있게 되어 좋고, 가끔씩 교양을 위한 책을 읽으니 메마른 지성의 허기를 채울 수 있어 좋다고 했다. 이 독서모임이 교사 개인과 학교 사회에 얼마나 큰 변화를 일으켰는지 정확히는 알 수 없으나 학교 안에 새로운 교사 문화를 만드는 데는 어느 정도 역할을 하지 않았나 싶다.

또다시 시작하다 _ 봉원중학교 교사독서회 '졸탁동시'

공립학교의 단점 중 하나는 교사의 정기적 이동이다. 공립학교 교사들은 5년마다 학교를 옮겨야 한다. 그렇기에 졸업생들이 모교를 방문했을 때 자신을 반갑게 맞이해 주는 선생님이 없어 슬프다는 불만이 많다. 또한 어떤 사업을 지속성을 갖고 추진하기가 매우 어렵다. 교장이나 그 일을 맡은 담당교사가 바뀌면 순식간에 일들이 중단될 수 있어 그 학교만의 '전통'을 만들어 내기가 쉽지 않다.

교사독서모임 역시 마찬가지였다. 이제 4년간의 노하우가 쌓여 좀 더 업그레이드된 프로그램을 시도해도 좋겠다고 생각할 단계에 이르니 떠나야 했고, 후임자는 이 일을 잘 모르는 사람이었다. 또한 새로 발령받아 간 봉원중학교에서는 내게 맡겨진 일도 다르고 학교 분위기도 달라 첫 1년은 몇몇 친한 동료들과 사적인 독서모임을 할 수밖에 없었다.

그나마 다행인 것은 당시 봉원중학교 배인식 교감선생님(현재는 교장선생님)이 도서관과 독서교육에 지대한 관심을 갖고 있었던 터라 1년이 지난 2009년부터는 내게 도서관과 독서교육 관련 업무를 맡겨 주고(인문사회부장) 내가 하고자 하는 일들을 전폭적으로 지지해 주어 비교적 쉽게 다시 교사독서회를 시작할 수 있었다.

봉원중학교 교사독서회인 '졸탁동시' 역시 관악중학교와 똑같이 한 달에 한 번, 한 시간, 한두 권의 책을 읽고 얘기를 나누는 일을 했다. 그리고 매월 소식지를 발행하여 전 교직원에게 배부했다. 그런데 일을 똑같이 반복한 탓인지 관악중학교에서 처음 독서모임을 시작할 때만큼 흥이 나질 않았다. 게다가 학교가 갈수록 바빠져 아이들뿐만 아니라 교사들 역시 늘 바쁘게 걷고 너무도 빠른 속도로 말을 하고 있다는 것을 깨닫는 순간, 행여 '교사독서모임'이 그 바쁜 걸음을 더 바쁘게 몰아치는 '일거리'에 불과한 것은 아닌지 반문하지 않을 수 없었다. 그러나, 후배 교사 몇몇이 "선생님에게는 이 모임이 '일'인지 모르지만 우리에게는 '산소'와 같은 것이니 절대로 독서모임을 접으면 안 됩니다!"라고 강력히 주장하는 바람에 마음을 되돌렸다. 이후 후배 교사들은 소식지 만드는 일도 나서서 하고 책도 추천하는 등 매우 적극적으로 변해 혼자 이끌어 가던 때보다 훨씬 활기가 돌고 신이 났다.

후배 교사들의 지원과 지지에 힘입어 2010년을 잘 지내다 보니 2011년과 2012년에는 교과부에서 '교사독서회'에 예산도 내려보내 주었다. 그 덕에 2011년부터는 교사독서회 주관으로 '독서여행'과 '작가와의 만남'도 진행할 수 있어 새로운 재미도 생겨나고, 2012년 2학기에는 '책 읽고 토론하기'뿐만 아니라 몇몇 선생님들이 '도서관 활용수업'도 시도해 볼 수 있었다.

'졸탁동시' 활동 들여다보기

2008년에는 사적인 모임인 데다 부정기적으로 모이는 바람에 남아 있는 자료가 없어 2009년에서 2012년의 활동 프로그램만 소개한다. 이 프로그램 역시 관악중학교 교사독서모임의 것과 흡사한데, 자세히 살펴보면 몇 가지 차이점을 발견할 수 있을 것이다.

■ '졸탁동시' 2009년 활동 프로그램 ■

회	월	주제	대상 도서	참고 도서
1	3	성장	『스프링벅』(배유안, 창비)	『완득이』(김려령, 창비) 『난 할거다』(이상권, 사계절출판사)
2	4	미래 사회 (과학)	『전갈의 아이』(낸시 파머, 비룡소)	『멋진 신세계』(올리버 헉슬리, 소담출판사)
3	5	민족 분단, 통일	『상처 입은 세기의 거장, 윤이상』(최지숙, 교학사)	『GO』(가네시로 가즈키, 북폴리오) 『소년병, 평화의 길을 열다』(사토 다다오, 검둥소)
4	6	전쟁과 평화	『소년병, 평화의 길을 열다』	『노근리, 그 해 여름』(김정희, 사계절출판사)
5	9	우리 말의 중요성	『한국어가 사라진다면』(시정곤 외, 한겨레출판)	『뿌리 깊은 나무 1, 2』(이정명, 밀리언하우스) 『초정리 편지』(배유안, 창비)
6	10	핀란드 교육	『핀란드 교육의 성공』(후쿠타 세이지, 북스힐)	『미래는 핀란드에 있다』(리처드 D. 루이스, 살림)

회	월	주제	대상 도서	참고 도서
7	11	두발 문제	『열일곱 살의 털』(김해원, 사계절출판사)	『네가 있어 다행이야』(안성기 외, 창해)
8	12	아이들의 미래	『88만원 세대』(우석훈·박권일, 레디앙)	『20대, 컨셉력에 목숨 걸어라』(한기호, 다산초당)

■ '졸탁동시' 2010년 활동 프로그램 ■

회	월	주제	대상 도서	참고 도서
1	3	만화책	소개하고 싶은 만화책	『도토리의 집』(야마모토 오사무, 한울림) 『맨발의 겐』(나카자와 케이지, 아름드리미디어) 『전쟁중독』(조엘 안드레아스, 청해)
2	4	박상률 작가(작가와의 만남 준비)	『봄바람』(사계절출판사)	『밥이 끓는 시간』『나는 아름답다』(사계절출판사)
3	5	독서교육	『책으로 크는 아이들』(백화현, 우리교육)	『내 아이가 책을 읽는다』(박영숙, 알마)
4	6	교육	『훌륭한 교사는 이렇게 가르친다』(제임스 M. 배너 주니어 외, 풀빛)	『아이들이 꿈꾸는 학교』(크리스토퍼 클라우더, 양철북)
5	9	혁신교육	『학교를 바꾸다』(김성천 외, 우리교육)	『작은 학교 행복한 아이들』(작은학교교육연대, 우리교육) 『마을이 학교다』(박원순, 검둥소)
6	10	시	자기가 좋아하는 시집	『릴케 신시집』(현암사) 『시가 내게로 왔다』(김용택, 마음산책) 『백학』(라슬 감자토비치 감자토프, 가리온) 『그 작고 하찮은 것들에 대한 애착』(안도현, 생각나무)

7	11	성장	『내 영혼이 따뜻했던 날들』(포리스트 카터, 아름드리미디어)	『스피릿베어』(벤 마이켈슨, 양철북)
8	12	양심, 도덕	『앵무새 죽이기』(하퍼 리, 문예출판사)	『왜 도덕인가?』(마이클 센델, 한국경제신문)

■ '졸탁동시' 2011년 활동 프로그램 ■

활동일	활동 장소	활동 주제	활동 내용
3.28	봉원중 글벗누리 도서관	독서교육의 방법 찾기	『아침독서 10분이 기적을 만든다』(하야시 히로시, 청어람미디어)와 『교실 밖 아이들 책으로 만나다』(고정원, 리더스가이드)를 함께 읽고 백화현 선생님의 유럽과 미국 도서관 이야기를 들으며 아이들을 어떻게 책으로 이끌지 함께 고민함.
4.25	〃	중국을 알자	『중국이 내게 말을 걸다』(이욱연, 창비)와 『영화로 보는 중국문화이야기』(김미정, 신아사)를 함께 읽고 중국어과 박지은 선생님의 발제 후 감상을 함께 나눔.
5.30	〃	과학 문명 다시 보기	『문명의 관객』(이충웅, 바다출판사)과 『과학은 열광이 아니라 성찰을 필요로 한다』(이충웅, 이제이북스)를 함께 읽고 기술과 권영출 선생님의 발제 후 과학과 기술 발달의 장단점에 대해 생각을 나눔.
7.4	〃	시장화 극복 방안	『시장전체주의와 문명의 야만』(도정일, 생각의나무)을 함께 읽고 김혜련 선생님의 발제 후 경쟁이 아닌 협력, 시장이 아닌 진정한 성장과 배움이 있는 학교를 만들 수 있는 길을 함께 고민함.

활동일	활동 장소	활동 주제	활동 내용
8월	자택	세상의 변화 읽기	『대담』(도정일·최재천, 휴머니스트) 『아Q정전』(루쉰, 창비) 『김상곤, 행복한 학교 유쾌한 교육혁신을 말하다』(김상곤·지승호, 시대의창)를 각자 읽음.
9.26	봉원중 글벗누리 도서관	21세기의 교육	『조벽 교수의 인재 혁명』(해냄)을 읽고 '21세기형 교육'에 대해 토론함.
10.31	〃	잘 산다는 것, 잘 가르친다는 것	『CEO 안철수, 영혼이 있는 승부』(김영사)와 『내 아이를 위한 감정코칭』(존 가트맨·최성애·조벽, 한국경제신문사)을 함께 읽고 '잘산다는 것, 잘 교육한다는 것'에 대해 얘기를 주고받음.
11.26	강화도	책을 읽고 떠나는 강화 기행	평화운동가이자 사진작가인 이시우(본명 이승구)의 『한강하구』(통일뉴스)를 읽은 후 작가와 함께 강화도 일대를 여행함(09:00~20:30).
12.27	봉원중 글벗누리 도서관	건강한 한국 사회	『닥치고 정치』(김어준, 푸른숲)와 『이것은 왜 청춘이 아니란 말인가』(엄기호, 푸른숲)를 함께 읽고 건강한 한국 사회를 만들 방법을 함께 고민함.
1.18	백화현 선생님집	예술에 관심 갖기 & 평가회	백화현 선생님 집에 모여 화가 『변시지』(서종택, 열화당)와 『이중섭』(최석태, 아이세움)을 읽은 소감을 나누고 1년의 활동을 평가함.
2.13	봉원중	보고서 작성	2011년 교사독서회 활동 보고서와 정산서 작성함(교육청 보고).
4~12월	〃	교사독서회 소식지 발행	4~12월, 총 7회 〈봉원중학교 교사독서회 소식〉 발행함(A4 용지 앞뒷면으로 두 쪽 발행하여 봉원중학교 전체 교직원에게 배부).

■ '졸탁동시' 2012년 활동 프로그램 ■

활동일	활동 주제	대상 도서	활동 내용
3.26	감정의 중요성, 감정을 읽는 법	『내 아이를 위한 감정코칭』(존 가트맨·최성애·조벽, 한국경제신문사)	대상 도서 읽고 주제 토론하기
4.24	공간, 시간, 소리, 색채에 대한 교육학적 성찰	『상상력으로 교육에 말 걸기』(송순재, 아침이슬)	〃
5.29	학교 폭력, 가정 폭력	『우상의 눈물』(전상국, 민음사) 『개 같은 날은 없다』(이옥수, 비룡소)	'유랑대학' 직무 연수와 병행
6.2	전상국 작가와 함께하는 김유정 문학기행	김유정의 〈동백꽃〉, 〈만무방〉 등	김유정문학촌 탐방, 전상국 작가와의 만남(유랑대학과 병행)
7월	도서관 활용수업에 대한 이해와 방법 찾기	『북미 학교도서관을 가다』(전국학교도서관담당교사 서울모임, 우리교육)	대상 도서 읽고 주제 토론하기
9.1	조정래 문학기행 겸 지평선학교 탐방	−조정래의 『아리랑』(해냄) 혹은 『태백산맥』(해냄) 이해하기 −지평선학교 탐방하며 학교 공간 되돌아보기	김제 아리랑문학관 탐방 및 지평선학교 탐방
10월	도서관 활용수업의 방법 찾기	『사진아 시가 되라』(주상태, 리더스가이드)	〃
11월	도서관 활용수업안 발표	『북미 학교도서관을 가다』	실천 사례 발표 및 주제 토론

활동일	활동 주제	대상 도서	활동 내용
12월	토론 연수-케빈 리의 '디베이트' 강연	『디베이트』(케빈 리, 한겨레에듀)	강연
1월	자료집 제작 및 평가회	-	평가회

 잘 살펴보면, '졸탁동시' 대상 도서는 시간이 흐를수록 성장소설 류는 사라지고 교육 분야와 교양 관련 책들이 주를 이룬다는 것을 알 수 있다. 또한 교과부에서 예산을 내려보내 주기 시작한 2011년(10월 공모제를 통해 선정된 학교에 100만 원씩 지원)과 2012년(3월 공모제를 통해 선정된 학교에 200~300만 원 지원. 우리 학교는 200만 원 지원받음.)의 프로그램에는 작가와의 만남과 독서여행 같은 특별 프로그램도 마련되어 있음이 눈에 띌 것이다. 이는 모임의 흐름을 타고 자연스럽게 이루어진 것이다. 이 모임에서는 성장소설보다는 교육과 교양 관련 책 읽기를 선호하고, 서로에 대한 친밀도가 높고 지적 욕구가 강해 '저자와의 만남'이나 '독서여행' 등에 지대한 관심을 보였는데 때맞춰 교과부에서 예산을 지원해 주어 그리된 것이다.

평화운동가 이시우 선생님과 함께한 강화 여행

가볍게 바람도 쐬고 놀기도 하는 여행이라면 모를까 미리 책을 읽고 준비하여 떠나는 독서여행을 좋아하는 사람은 의외로 흔치 않다. 교사 역시 마찬가지다. 우리 사회에서 '여행'은 새로운 안목이나 배움을 위해서라기보다는 '놀러 가기'라는 인식이 강해 여행에까지 '독서'를 끌어들이고 싶어 하지는 않는다. 그렇기에 '독서여행'은 예산이 있다고 해서 바로 성사될 수 있는 것은 아니다. 그러나 '졸탁동시' 선생님들은 말을 꺼내자마자 "벌써부터 가슴이 설레네요."라는 말을 할 만큼 반응이 좋았다.

'처음'은 특히 중요한 것이어서 첫 독서여행지 선택에 고심을 했다. 하루에 소화시킬 수 있는 거리에 있어야 하고 관련 책이 있어야 했다. 또 여행을 하는 동안 볼거리와 배울거리가 풍성해야 했다. 아무리 생각해도 '강화도'만 한 곳이 없었다. 더구나 그 곳에는 『한강하구』(통일뉴스)의 저자이자 평화운동가이며 사진작가인 이시우 선생님이 계시니, 선생님의 강연과 독서여행을 결합한 형태로 진행하는 것이 가장 좋을 듯했다. '졸탁동시' 선생님들 역시 대찬성이어서 바로 이시우 선생님께 연락을 취해 일을 추진했다. 그리고 2011년 11월 26일 토요일 9시, 갑자기 어둡고 스산해진 날씨에도 불구하고 우리는 강화를 향해 떠났다.

한 달에 한 번 책을 읽고 선생님들과 생각을 나누는 교사독서 모임은 항상 나에게 '즐겁고 유익한 스트레스'였다. 바쁜 와중에도 선정된 책을 읽어 냈을 때의 뿌듯함이 정기 모임의 부담감을 넘어선 그때부터 '나누는 독서'의 즐거움을 알았고, 이 힘은 2년째 내가 독서모임에 참여하게 하는 원동력이 되었다.
이번 11월, '앉아서만 하는 독서'가 아닌 '몸으로 체험하는 독서'를 할 기회가 생겼다. 이시우 선생님의 『한강하구』를 읽고 독서기행을 가게 된 것이다. 그러나 교외로 놀러 간다는 생각에 들떠 있던 기분은 500페이지에 가까운 책의 무게와 심오한 글의 내공에 꺾였고, 결국 당일까지 책의 내용을 모두 숙지하지 못하게 되었다. 작가 분과 함께하는 길이라 괜찮을 것이라는 철없는 생각만으로 따라나섰으니, '무식하면 용감하다.'는 말에 손색이 없는 자신을 탓할 수밖에. (……)
처음 도착한 곳은 '연미정(燕尾亭)'. 잠시 강화도의 지정학적·역사적 중요성 등에 대해 설명을 들은 후 정자에 올랐다. 한강과 임진강의 합쳐진 물줄기가 서해와 강화해협으로 흐르는 모양이 제비꼬리 같다고 이름 붙여진 연미정은 겨울임에도 불구하고 강화에서 손꼽히는 절경이라는 말에 손색이 없었다. 멀리 보이는 물줄기와 갯벌, 철새 무리들이 지나는 배경 위로 이시우 선생님의 설명이 겹쳐지면서 아름답기만 했던 풍경 위에 강화의 고된

부근리 고인돌의 특성을 설명하는 이시우 선생님

역사가 펼쳐졌다.

연미정을 뒤로하고 '강화중앙교회'에 도착하니 우리를 반기는 것은 교회의 역사와 전통을 자랑하는 사진과 서책들이었다. 사진마다 담겨 있는 이야기를 들으며 강화가 한국 근현대사 전개에 어떤 역할을 했는지, 강화교회를 통한 역사적 인물들의 만남이 어떻게 이루어졌는지 알 수 있었다.

강화중앙교회에서 멀지 않은 곳에서 배를 채우고 부근리 고인돌을 향해 출발했다. 역사책에 청동기시대 수장들의 무덤으로만 기술되어 있던 고인돌은 이시우 선생님의 공학적이고 미학적인 설명에 의해 생생하게 되살아났다. 기울어져 위태해 보이지만 기나긴 시간을 견뎌 낸 부근리 고인돌을 보고 선생님은 손수 만들기를 시도하셨단다. 그 결과 고인돌을 지탱하는 기울어진 2개의 지석 위에 비스듬히 상석을 얹어야 지석의 기울어지려는 힘이 상쇄되어 고인돌이 서 있을 수 있다는 것을 알아내셨다고 한다. 기울어지려는 힘을 '모멘트'라고 하는데, 고인돌의 상석이 지석의 기울어지려는 힘을 상쇄시키기 위해서는 상석이 기울어져 있어야 한다는 것이다. 예를 들자면, 막대기의 중간을 잡았을 때는 모멘트가 '0'이 되기 때문에 균형을 잡게 되는 이치와 같다는 것이다. 스산한 날씨 속에 서 있는 고인돌의 모습이 유독 비장하게 느껴진 것은 누구의 무덤이기 이전에 지석과 상석이 서로 의지하면서 몇 천 년의 세월을 기울어진 채로 견뎌 내고 있었기 때문일까. 아니면 다른 모든 것들과 균형을 이루며 살아가기 위한 '모멘트' 찾기가 어려운 것임을 다시 한 번 느끼게 되었기 때문일까.

고인돌을 통해 강화 선사시대의 수준 높은 문화를 감상한 후, 기행의 마지막 장소인 '평화전망대'로 이동했다. 군인들이 삼엄히 지키고 있는 곳을 지나 도착한 전망대에서 멀리 바라다 보이는 한강하구가, 전쟁과 분단이라는 우리 역사의 특수성 속에서 어떤 의미를 가지는지 생각해 보는 기회를 가질 수 있었다. 한강하구는 '남북 민간 공용수역'이지만 유엔사령관의 영향력 아래서 벗어날 수 없다는 모순을 안고 있었다. 이런 불합리에 대항하여 남북 민간 선박의 자유로운 활동을 보장하는

평화전망대에서 평화로운 한강하구를 위해 애쓰는 이들의 이야기를 듣다.

'평화로운 한강하구'의 의미를 되살리기 위한 사람들의 노력을 듣고 있자니, 우리의 분단된 현실을 새삼 다시 느낄 수 있었다.

바다와 육지가 만나는 곳. 선사시대부터의 역사가 숨 쉬는 곳. 고려시대 대몽항쟁이 일어났던 곳. 조선시대의 외세에 의해 무력으로 개항되었던 곳. 분단된 남북한이 마주 보는 곳. 강화는 세계와 한반도의 지정학적·역사적 접점으로 파란만장한 세월을 견뎌 왔음을 알 수 있었다. 왠지 조금은 어둡고 추운 날씨가 강화의 분위기와 잘 어울린다는 생각을 해 본다.

평화전망대를 마지막으로 짧은 강화 여행을 마치고 잠시 이시우 선생님의 작업실에 들러 차를 마셨다. 옹기종기 모여 앉

이시우 선생님 작업실에서 함께 차를 마시다.

아 이야기꽃을 피운 우리는 이시우 선생님 사진 작품이 담긴 엽서에 사인을 받아 들고서야 뿌듯한 마음으로 강화를 떠나올 수 있었다. 떠나오는 차 안, 다음에는 강화의 다른 이야기를 가지고 꽃 피고 따뜻한 날 다시 한 번 오리라 다짐해 본다.

(중국어과 박지은)

이는 '줄탁동시'의 총무이자 독서회 소식지를 함께 만들었던 선생님의 여행기이다. 교장·교감선생님을 비롯하여 총 17명이 함께 여행을 했다지만 같이 참여하지 못한 선생님들은 그보다 더 되었기에('줄탁동시'에는 봉원중학교 교사의 2분의 1, 교직원의 3분의 1이 참여하고 있다.) 누군가 소식지에 실을 정도의 짧은 여행기를 써 주면 좋겠다고 했더니 자원해서 금세 써 주었다. 누구나 부담스러워 하는 글까지도 이렇게 척척 나서서 써 주는 사람이 있는가 하면 무슨 일을 하든 모두 나서서 "얼쑤얼쑤 잘한다~!"라고 추임새를 넣어 주니 모임이 어찌 잘되지 않겠나.

김제 지평선학교와 아리랑문학관, 귀신사를 찾아 떠난 여행

2012년에는 운 좋게도 독서여행을 두 번이나 떠날 수 있었다. 그 첫 번째는 6월 2일, '유랑대학 직무 연수(서울교육연수원에서 제공하는 연수로 '줄탁동시' 회원이 대부분 함께 연수를 신청하여 활동했다.)'로 김유정 작품을 읽은 후 춘천에 있는 '김유정문학촌'을 찾아간 것이고, 두 번째는 9월 1일, 정기용의 유작이자 유일한 학교 건축물인 '지평선학교'와 그 근처에 있는 조정래의 '아리랑문학관'과 양귀자의 〈숨은 꽃〉의 배경지인 '귀신사'를 찾아 떠난 여행이었다. 미리 관련 책들을 읽고 간 데다 '지평선학교'에서는 정미자 교장선생님의 강의와 어희재 연구원 선생님의 안내를 받으며 학교 도서관과 모든 건축물을 둘러볼 수 있어 유난히 감동이 컸다.

> 오솔길을 들어서니 시골 동네에 그럴싸한 건물이 눈에 들어오기 시작했다. 이곳이 기호학파의 근거지이며 지평선이 보이는 언덕에 자리했다는 지평선학교. 교장선생님과 여러 선생님들

의 환대를 받으며 도서관을 잠시 둘러본 후 정미자 교장선생님으로부터 이 학교 건축물의 역사와 교육철학에 대한 이야기를 들었다.

지평선학교가 굳이 이 벌판에 자리 잡은 이유는, 둘러본 50여 개의 폐교는 모두 산속에 있어서 인적 자원을 끌어들이기 어렵다는 경험자들의 얘기가 있었던 반면, 이곳은 전주, 김제, 익산 3개 도시지역과 가깝고 인근에 대학도 있어 앞으로 얼마든지 뻗어 나갈 수 있겠다는 생각이 들었기 때문이었다 한다. 건물들은 건축가 정기용과 함께 2003년부터 짓기 시작하여 딱 10년이 걸렸다.

먼저 교사들이 1주일 동안 같이 숙식하며 의논하여 '생태 건축'을 하기로 방향을 잡았단다. '바람과 햇빛과 공기가 사람과 함께 머무는 공간'을 만들기로 하고 이러한 건축은 정기용 건축가 외에는 힘들 듯하여 선생님과 접촉을 시도하였다 한다. 정기용 선생님은 서울대 졸업 후 프랑스로 유학한 3인 중 한 분으로 15년간 현장 근무 후 귀국하여 2년차 되실 때였고, 무주 공공프로젝트로 바쁘실 때였다. 학교 건축을 하겠다고 하니 만나 주지도 않았지만 무주로 서울로 끈질기게 찾아다닌 끝에 겨우 5분간의 면담을 허락받을 수 있었단다.

정기용 선생님께서 어떤 학교를 짓고 싶으냐고 물으시기에

"시골 학교입니다. 학생이 꿈꾸는 학교, 흙과 나무로 짓고 싶습니다. 여느 학교들과 똑같은 학교로 짓고 싶지 않습니다."라 했더니 나중에 무주 가는 길에 들르겠다고 하셨단다. 그런데 얼마 후 정기용 선생님께서 진짜로 학교를 들러, 지평선이 보이는 김제는 처음이라며 약속을 하나 해 달라 했다 한다.

"일단 나와 함께 일을 시작하면 10년이든 20년이든 이 건축은 나와 함께해야 하는데, 그럴 수 있습니까?" 단돈 천만 원의 계약금을 들고 대답했단다. "네, 그렇게 하겠습니다."

정기용의 유일한 학교 건축물이자 감동의 지평선학교는 이로써 탄생될 수 있었던 것이다.

지평선학교는 교육철학이 '자력(自力)'이다. 스스로 빨래도 하고 공부도 한다. 부연하면 '의·식·주·락(衣·食·住·樂)'. 공부는 왜 하나? 먹고 살기 위해서지만 즐거움도 있어야 한다. 그래서 중학교 때 악기도 하나씩 배운다. 노작 시간도 있다. 미래에는 인건비가 비싸져서 생활용품을 직접 만들어 쓸 줄 아는 능력도 필요할 거라고 생각되어 교육 과정에 포함시켰다. 맨 먼저 도자기실을 짓는데 처음엔 흙벽돌로 짓겠다니까 교육청에서 안전성이 없다며 문제 삼았지만 나중에 완공된 것을 보고 신뢰가 생겼는지 점차 학교 건축 과정에는 별 시비를

바람과 햇빛과 공기가 사람과 함께 머무는 지평선학교 도서관 내부

하늘을 향하고 있는 지붕 한가운데의 원형 유리창은 낮에는 햇살을, 밤에는 별빛을 머금는다.

지평선학교 도서관에 머무는 동안 사람과 자연을 배려한 정기용 선생님의 섬세한 손길을 느낄 수 있다.

서가 뒤 창가 쪽에는 햇볕을 받으며 조용히 사색할 수 있는 공간이 마련되어 있다.

걷지 않아 비교적 수월하게 진행되었다. 지금은 중학교에서는 목공을 배우고 고등학교에서는 건축을 배운다.

기숙사에서는 개인 공간보다는 '공동체 공간'에 비중을 많이 두었고, 학생들의 성장에 도움이 될 수 있도록 바람과 햇빛이 잘 들어 '자연의 보살핌'을 받는다는 느낌이 들도록 하였다. 남녀의 특성을 감안하여 남자 기숙사는 양기를 살리고 기상을 살릴 수 있도록 실내를 밝게 하고 마루를 넓게 하였으며 천

봉원중학교 교사독서모임 일행은 지평선학교 원형도서관에서 정미자 교장선생님의 강의를 들었다.

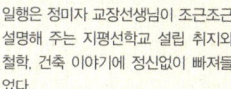

일행은 정미자 교장선생님이 조근조근 설명해 주는 지평선학교 설립 취지와 철학, 건축 이야기에 정신없이 빠져들었다.

장에 배관을 노출시켜 공간을 넓게 사용할 수 있도록 하였다. 반면, 여자 기숙사는 음기를 살릴 수 있도록 내부를 설계하되 해, 달, 별, 북두칠성 등을 벽에 새기고 한국의 오방색을 사용하였다. 식당은 입식생활에 편중된 생활을 보완하고 균형적인 신체 발달을 위해 좌식생활을 하도록 설계하였고 교실 건물에서 숲속 산책로를 통과하도록 연결하였다. 중앙 현관은 약간 옆으로 틀어 변화를 주었고, 현관 벽에는 흙벽돌 하나하나를 섬세하게 짜 넣어 벽 자체가 작품이 되도록 하였다.

시간이 흐를수록, 학교의 교육철학을 구현하려면 그 중심에 '도서관'이 있어야 한다는 생각이 들어 이 문제를 공론화했는데, 처음에는 도서관을 지어 놓아도 독서실밖에 안 된다며 반대하는 이도 있었다 한다. 그러나 정기용 선생님께서 얘기를 들어 보시곤 흔쾌히 해 보자고 하시며 즉석에서 스케치를 하여 착공 1년만에 완공이 되어 작년에 입주할 수 있었다 했다. 실내는 원형으로 중앙 홀을 가운데 두고 서가가 뺑 둘러 있고 책상들을 둘러 놓아 모둠활동이 가능하도록 세미나실도 갖추었다. 그런데 빈 공간에 들여놓을 서가와 책상들을 대학도서관용 기성품으로 하려니 안 맞을 것 같아 고민하던 중 현재 연구원으로 일하는 '기적의 도서관' 기획자 어희재 선생님을 만나게 되었다. 의논한 결과 특별 설계를 의뢰하였고, 가격이 저렴한 러시아산 원목을 사용하여 서가 및 책상들을 완성하는 순간, 10여 년에 걸친 학교 건축의 망치소리를 끝낼 수 있었다 한다. (역사과 박종선)

이 날 '지평선학교 스케치'를 담당했던 선생님의 글이다. 독서모임에서는 여행을 떠나기 전 모두 하나씩 역할을 맡았는데(간식 준비, 지평선학교·아리랑문학관·귀신사 스케치, 소설 『아리랑』〈숨은 꽃〉 발제, 게장마을 맛집 후기, 빙고놀이 진행, 선물 준비 등) 이 선생님은 녹음까지 하며 지평선학교 교장선생님의 말씀을 하나도 놓치지 않으려 했다. 물론 이 날 우리 학교 교장선생님과 교감선생님께서도 맡은 역할을 훌륭히 이행하셨고(교장선생님은 지평선학교의 운영철학, 교감선생님은 양귀자의 〈숨은 꽃〉 발제!) 다른 선생님들 역시 그랬지만, 녹음에 사진 정리까지 한 박종선 선생님의 열성이야말로 단연 으뜸이었다.

지평선학교를 탐방하게 된 것은 3월에 함께 읽은 송순재의 『상상력으로 교육에 말 걸기』(아침이슬)라는 책 때문이었다. 이 책을 읽고 토론하는 과정에서 우리는 그동안 우리가 놓치고 있었던 학교라는 건축물과 공간의 문제, 또 아이들의 정서를 파고드는 빛과 소리, 색채의 중요성을 새롭게 인지한 것이다. 우리는 이러한 환경을 갖춘 학교를 탐방하고 싶었다. 그때 '지평선학교'가 그런 곳일 것 같다는 생각이 들어 추진해 봤던 것이다(나는 2012년 1월 지평선학교의 초대로 그곳을 방문했던 적이 있었는데 겉만 살짝 봤음에도 큰 감동이었다).

모두 대만족이었다. 대한민국에 이처럼 멋진 학교 건축물이 존재한다는 사실이 놀라웠고, 그 건물에 걸맞은 교육철학과 내용, 그리고 학생들의 행복한 표정에 큰 감명을 받았다. 특히 실내 가득 은은하고 따사로운 햇빛과 공기가 넘실대는, 우주를 향해 열려 있는 듯한 원형도서관은 눈물이 날 만큼 깊은 감동이었다. 유럽과 북미 도서관에서 보았던 화려함이나 장엄함과는 또 다른, 포근하고 웅대한, 마치 사람과 자연이 거대한 우주

안에서 하나가 된 듯한 경이로움! 이러한 아름다움과 신비를 그 곳에서 만날 수 있었다.

지평선학교가 준 감동이 워낙 큰 데다 이번 여행의 주된 목적이 '학교 공간을 다시 생각하자.'는 데 있었던 탓에 상대적으로 '아리랑문학관'과 '귀신사'는 스치듯 지날 수밖에 없었다. 그럼에도 아이들마냥 모두 좋아하고, 특히 서울로 돌아오는 길의 빙고게임에서는 교감선생님의 어리바리한 소년 같은 행동으로 인해 어찌나 많이 웃었는지 3시간이 전혀 긴 줄을 몰랐다.

봉원중학교 교사독서모임이 학교와 우리 교육을 바꾸는 데 얼마나 기여했는지 잘은 모르겠지만, 모두들 이 모임이 있어, "학교생활이 즐거워지고 힘이 난다.", "내가 혼자가 아니라는 생각이 들고 든든한 선배들을 만날 수 있어 좋았다.", "1년 동안 책도 읽고 새로운 체험들을 해 볼 수 있어 무척 좋았다.", "내가 성장한 것 같아 뿌듯하다."라는 말을 하는 것으로 볼 때, 적어도 이 모임 활동을 한 사람들에게만큼은 큰 '기쁨'과 '성장'을 준 듯하여 뿌듯하다.

도란도란 학부모독서모임 이야기

학부모독서모임의 필요성은 2001년 난우중학교에서 도서관과 독서운동을 시작할 때부터 깨닫고 있었다. 그러나 그때는 일들을 막 시작한 때라 도서관 행사와 독서수업 프로그램 운영만으로도 버거워 다른 일은 엄두가 나지 않았다. 그래서 '난우중 책사랑회'라는 학부모독서회를 구성은 했으나 모임의 운영을 돕지는 못했다. 그러다 보니 흐지부지되어 모임의 성격이 '독서모임'이라기보다는 '도서관 후원회'로 바뀌고 말았다.

관악중학교로 옮겨 온 2003년 첫해는 도서관 업무를 맡지 않은 탓에, 정신없이 앞만 보고 달려온 나의 도서관과 독서운동 2년을 되돌아보는 기회가 되었다. 돌아볼수록 아쉬움이 컸다. 내가 지나치게 '아이들'에게만 몰두해 있어 어른들의 '독서'에는 무관심했던 것이 가장 마음에 걸렸다. 어른들이 독서의 즐거움과 독서의 가치를 모르는데 어떻게 아이를 독서의 세계로 이끌 것인가? 교사독서모임과 학부모독서모임을 진지하게 고민하게 된 것은 이런 반성과 깨달음 때문이었다.

학부모독서모임의 첫걸음 _ 관악중 책사랑회

교사독서모임은 우연한 기회를 얻어 바로 해결이 되었지만 학부모독서모임은 막막했다. 교사독서모임처럼 내가 직접 운영할 수도 없는 일이기에 더욱 그랬다. 누군가 이런 일의 중요성을 알고 자원해 주면 좋을 텐데 누가 할 수 있을까? 책을 좋아하고 리더십이 있는 학부모라면 좋을 텐데 쉽게 눈에 띄지 않았다.

어느 날 섬광처럼, 교복 공동구매 일로 앞자리 선생님을 자주 찾아와 몇 번 마주친 적이 있는 독서활동반 반장 엄마가 떠올랐다. 지적이면서도 소탈하고 리더십이 있어 학부모들 사이에 신망이 높은 분이었다. 나는 아이를 불러 학부모독서모임에 대한 나의 생각을 말한 후 엄마에게 나의 뜻을 전해 달라는 말과 함께 자세한 얘기는 메일로 보내고 싶다며 엄마의 메일 주소를 부탁했다. 다음날 주소를 받아든 나는 정성을 다해 책 읽기 운동에 대한 나의 생각과 꿈이 담긴 장문의 편지를 써 보냈다. 다행히도 그분(서윤식 님, 관악중 책사랑회 초대 회장)은 뜻을 함께 하고 싶다며 흔쾌히 제안을 받아 주었다.

당시에는 '교사독서모임'처럼 '학부모독서모임' 역시 매우 생소했다. '학부모 도서관 도우미'도 아니고 '도서관 후원회'도 아닌 '학부모독서모임'이라니! 선례를 참고할 수 없다 보니 모임의 성격과 학교와의 관계, 운영비 문제 등 지금은 너무도 당연한 것까지 하나하나 고민하며 결단을 내려야 했다. 고심 끝에, 교사독서모임처럼 학교의 공식 사업으로 잡아 책을 읽고 토론하는 활동을 주된 내용으로 하되, 구체적인 활동 내용과 운영은 학부모독서모임이 자체적으로 하기로 정했다.

2004년 4월 9일, 드디어 '관악중 책사랑회' 첫모임을 가졌다. 나는 간단히 이러한 사업을 추진하게 된 취지, 곧 아이들에게 독서를 강요할 것이 아니라 어른들이 본을 보여 행동으로 가르치자고, 독서는 아이에게만이 아니라 어른인 우리에게도 필요한 것이니 자신을 위해서라도 독서를 하자고 설명한 후, 이후의 일들은 회장으로 선출된 학부모에게 일임했다.

이후 '관악중 책사랑회'는 내가 관악중학교를 떠나오기까지 4년 동안 방학 때나 특별한 경우를 제외하고는 한 달에 두 번, 목요일 오전 10시 30분부터 12시까지 모임을 가졌다. 오프라인 회원 수는 15명 안팎이었는데, 2005년에는 포털사이트 다음(Daum)에 '관악중 책사랑회'라는 까페를 개설하여 600여 명의 온라인 회원을 자랑하기도 했다.

'책사랑회'의 주된 활동은 교사독서모임처럼 책을 읽고 얘기 나누는 일이었다. 읽을 책은 처음 두세 달까지는 내가 주로 추천을 해 주었는데, 책 읽기 안내서인 『우리 아이, 책날개를 달아주자』(김은하 지음, 살림)를 가장 먼저 권했고, 이후로는 아이들에 대한 이해를 도울 수 있는 『딥스』(버지니아 M. 액슬린 지음, 주정일·이원영 옮김, 샘터사) 『해피 버스데이』(아오키 가즈오 지음, 홍성민 옮김, 문학세계사) 『칭찬은 고래도 춤추게 한다』(켄 블랜차드 외 지음, 조천제 옮김, 21세기북스) 등과 사고를 확장하고 교양을 높일 수 있는, 『여성시대에는 남자도 화장을 한다』(최재천 지음, 궁리) 『앵무새 죽이기』(하퍼 리 지음, 김욱동 옮김, 문예출판사) 『오주석의 한국의 美 특강』(솔) 『나비야 청산가자』(진희숙 지음, 청아출판사) 『연애 소설 읽는 노인』(루이스 세풀베다 지음, 정창 옮김, 열린책들) 등을 추천했다. 모임에서는 이런 책들을 읽고 감상을 나누거나 토론을 하고 가끔은 전시회나 음악회에 함께 가기도 했다.

중학생이 되며 점점 엄마로부터 멀어지는 자녀들과 일밖에 모르는 남편들로 인해 외로움과 정체성의 혼란을 겪고 있었기 때문일까? 회원님들은 시간이 흐를수록 이 독서모임에 애착을 갖고 서로를 무척이나 좋아했다. 다들 이 모임에만 나오면 '젊어지는 샘물'을 마시는 것 같다며, "이 모임이 이렇게 큰 기쁨일 줄 예전엔 미처 몰랐어요."라는 우스갯소리도 곧잘 했다.

내가 떠나며 이 모임 역시 학교에서 계속되지는 못했다. 하지만 그들의 만남은 아직도 이어지고 있고, 더러는 이웃 사람들과 독서모임을 꾸려 지역 독서모임의 새길을 만들어 가고 있다. 또한 '관악중 책사랑회'에 힘입어 많은 학교에 '학부모독서모임'이 생기고 활발한 활동을 펼치게 되었으니, 이것만으로도 한 알의 밀알 역할을 톡톡히 하지 않았나 싶다.

생각의 나래를 펴다 _ 봉원중학교 학부모독서모임 '혜윰나래'

> 똑! 똑! 똑! 생각의 날개가 조용히 다가와 영혼의 문을 두드립니다. 그녀들이 기다리는 그 곳으로 팔랑팔랑 날아가자고요. 오늘도 어김없이 한 손엔 책을 들고 행복한 날갯짓을 해 봅니다.

천사도 아닌 제게 날개가 돋아나기 시작한 건 작년 봄부터랍니다.

처음 백화현 선생님께 학부모독서모임에 대한 얘기를 들었을 때만 해도 혼자서 책 읽기는 즐기고 있었지만 낯가림이 심한 성격이라 새로운 사람들을 만나야 한다는 두려움이 많았어요. 하지만 딸아이의 적극적인 권유와 독서의 즐거움에 흠뻑 빠져 있는 제 영혼의 열렬한 응원에 힘을 내어 첫 독서모임에 나가게 되었어요. 그렇게 용기를 내어 첫 발 내딛은 독서모임에서 생각지도 않게 회장을 맡게 되었답니다.

봉원중학교 학부모독서모임 '혜윰나래'는 2009년 3월 첫 모임을 시작으로 현재까지 활발하게 활동을 하고 있습니다. 교장 선생님의 전폭적인 지원 아래 백화현 선생님께서 든든한 버팀목이 되어 주셔서 1년이 지난 지금, '혜윰나래'는 튼튼하게 뿌리를 내리고 이젠 향기로운 꽃을 피우려 하고 있습니다. 1년 동안 책으로 생각의 대지를 비옥하게 만든 결과가 아닐까 싶습니다.

'혜윰나래' 회원님들의 생각의 대지가 처음부터 비옥했던 건 물론 아니었습니다. 결혼하고, 아이 낳고, 누군가의 아내, 누군가의 엄마로 분주하게 살아가면서 책을 읽을 여유가 많았던 것도 아니었고요. 독서모임을 하게 되면 억지로라도 책을 읽게 되지 않을까 하는 마음과 자녀들에게 책 읽는 엄마의 모습을 보여 주고 싶다는 작은 소망을 안고 독서모임에 참여하게 되었다고들 합니다. 그때까지만 해도 '공독(共讀)'이 주는 기적 같은 변화는 미처 예견하지 못했음은 두 말 할 것도 없고요.

하지만 늘 초조해 하던 그녀의 얼굴엔 평화가 깃들기 시작했고요, 사춘기의 소용돌이 속에서 힘들어 하는 자녀와 대립하던 그녀의 태도엔 너그러움이 감돌기 시작했고요, 중년의 나이에 갈 길을 잃고 방황하던 그녀는 삶의 지표를 찾게 되었지요. 건강이 좋지 않던 그녀는 독서모임을 통해 삶의 활력소를 얻고 건강이 좋아지게 되었고요, 독선과 편견이 가득했다던 그녀는 책과 함께 마음과 생각을 나누면서 열린 마음을 가지게 되었고요, 그리고 그녀는 할머니가 되어서도 함께 책을 읽고 소통할 친구가 생겼으니 엄청 부자가 되었지요.

이렇게 독서모임을 통해 회원님들은 영혼이 맑아지고 아름다워졌습니다. 그래서 향기 나는 꽃을 피울 거고 맛난 열매를 맺게 될 겁니다. 독서모임을 통한 '공독'은 우리 모두의 가슴속에서 천 개의 찬란한 태양의 광채로 빛나고 있습니다.

※ '혜윰'은 생각이란 뜻을 지닌 순 우리말이고, '나래'는 날개의 방언이에요. 독서모임을 열정적으로 하고 있는 혜윰나래 회원님들은 저마다 생각의 날개를 지니게 되었답니다. (호경환)

2009년에 출발하여 현재까지도 활발한 활동을 펼치고 있는 '혜윰나래' 회장님의 글이다. 독서모임을 통해 이처럼 삶의 활력을 되찾고 저마다 생각의 날개를 지니게 된 탓인지, 이들은 자녀들이 졸업을 했음에도 학교에 남아 모임 활동을 계속하며 제2, 제3의 학부모독서모임이 결성될 수 있도록 자극을 주고, 나아가 지역의 책모임 활성화에도 큰 보탬을 주고 있다.

2009년 봉원중학교에서 도서관과 독서교육 업무를 맡게 되었을 때, 관악중학교에서 4년간 진행했던 '교사독서모임'과 '학부모독서모임'을 되살려 보고 싶었다. 이 모임을 통해 '독서는 아이들만이 아니라 어른들에게도 필요하다.'는 생각과 '책은 혼자서 읽는 것도 좋지만 함께 읽을 때 더 행복하다.'는 생각이 견고해졌을 뿐만 아니라, 이러한 독서모임이야말로 왜곡된 우리 교육을 바꾸어 낼 수 있는 '근본적인 힘'이라는 믿음이 생겼기 때문이다. 그러나 교사독서모임과는 달리 학부모독서모임은 내 의지만으로 되는 일이 아니기에 여간 고민스럽지 않았다.

그때, 내가 가르치는 한 아이의 '나는 누구인가'라는 글 속에서, '우리 엄마는 나보다 책을 더 좋아하고 글을 잘 쓰는데…….'라는 구절을 발견한 순간 사막에서 오아시스라도 만난 것처럼 반가웠다. 회장님과의 인연이 시작된 순간이다. 그러나 의외로 첫 반응은 시원치 않았다. 자신은 아는 학부모도 없고 학교에는 거의 가 본 적이 없을 만큼 비사교적인 데다 학교가 멀게 느껴진다는 것이다. 나는 '관악중 책사랑회' 회원님들의 변화와 내가 이러한 운동을 하고자 하는 까닭에 대해 열성을 다해 설명했다. 그런 후, 총 책임을 맡는 것이 부담스러우면 그 일은 다른 학부모를 알아볼 테니 모임에 참여만 해 달라고 간곡히 부탁했다. 이후 두 분의 학부모를 더 섭외하여, 3월 초에 함께 만나 학부모독서회의 필요성을 공유하고 회원 모집과 운영 방안에 대해 얘기 나눴다. 이때, 회원 모집은 개인적으로도 노력을 기울일 필요가 있지만 학부모 전체를 대상으로 가정통신문을 발송하고 학부모총회에서도 공지하여 공식적으로 모집하는 편이 좋겠다는 의견이 모아져 그대로 추진했다.

2009년 3월 20일, 봉원중학교 학부모독서회 '혜윰나래'가 첫 출발을 하는 날, 아침부터 설레는 마음으로 모임방도 청소하고 다과도 준비하며 새로운 시작에 대한 기대로 부풀었다. 나의 주된 관심사는 당연히 '몇 분이나 올까?'였다. 가정통신문을 통해 참여 의사를 밝힌 분들은 20명 정도였지만, 요일과 시간이 맞지 않아 포기하는 분들도 있을 테고 막상 시작을 하려면 주저거려지는 분들도 있을 테니 '책사랑회'처럼 첫 모임에는 열두어 명 정도 모이지 않을까 생각했다. 얼추 비슷하게, 15명이 모였다. 그리고 모든 회원들의 지지와 환호 속에서 회장으로 호경환 님이 추대되었다.

'헤윰나래' 활동 들여다보기

'헤윰나래'는 출발부터 뜨거웠다. 매월 1, 3주 목요일 오전 10시에서 12시까지 학교 회의실에서 모임을 갖곤 했는데, 문을 열면 후끈한 열기가 방안 가득했다. 모임에 필요한 책이라면 10권이고 20권이고 낑낑대며 끌고 올 만큼 열정적인 회장님뿐만 아니라 모임에 참여하기 위해 직장에서 연차를 내거나 근무 시간을 바꾸는 회원, 읽은 책의 내용을 공책 가득 빽빽이 적어 오는 회원, 모임의 감동을 시로 써서 읊조리는 회원, 누군가 말을 할 때마다 "맞아, 맞아!"라며 격려를 아끼지 않는 회원……. 이렇게 그들은 물을 만난 고기 떼처럼 함께 펄떡거리며 힘차게 지식의 바다를 헤엄쳐 갔다.

    서로 너무도 친밀하고 모임을 뜨겁게 사랑한 탓인지, 이들은 자녀가 학교를 졸업하여 서로 헤어져야 할 시간이 되었음에도 헤어지고 싶어 하지 않았다. 고민 끝에, 학교 측과 상의하여 '학부모독서모임'의 대상을 '학부모이거나 학부모였던 사람'으로 바꾸어 자녀가 졸업하더라도 봉원중학교 학부모독서모임 활동을 계속할 수 있도록 했다(학교에서는 학부모독서모임 운영비 30만 원, 작가 초청비 30만 원을 지원. 그 밖의 경비는 지자체와 교육청에서 공모하는 '평생학습프로그램'에 응모하여 해결하거나 자체 회비로 충당). '혜윰나래' 회원들은 쾌재를 불렀고, 그렇게 함께 걸어오다 보니 4년이라는 시간이 쌓이게 되었다.

혜윰나래가 걸어온 4년간의 활동 내용을 표로 정리해 보았다.

■ '혜윰나래' 2009년 활동 내용 ■

회	활동일	주제	대상 도서	활동 내용
1	3.20	학부모독서회 조직	–	학부모독서회 조직
2	4.7	우리의 교육	『스프링벅』(배유안, 창비)	독서 토론
3	4.21	성장소설 읽기	『내 영혼이 따뜻했던 날들』(포리스터 카터, 아름드리미디어)	〃
4	5.6	학부모 독서 강좌	강사 김경숙(학교도서관문화운동 네트워크 사무처장)	'학교도서관과 학부모의 역할' 강연 듣고 소감 나누기
5	5.20	작가와의 만남	『초정리 편지』(창비) 『스프링벅』『화룡소의 비구름』(한겨레아이들)	배유안 작가와의 만남
6	6.2	복제 인간	『전갈의 아이』(낸시 파머, 비룡소)	독서 토론

7	6.16	양심의 문제, 전쟁의 광기	『아무도 미워하지 않는 자의 죽음』(잉에 숄, 평단문화사)	〃
8	7.7	자기만의 공부법	『다산선생 지식경영법』(정민, 김영사)	〃
9	9.3	우리의 경제 현실과 청소년의 진로 문제	『88만원 세대』(우석훈·박권일, 레디앙)	〃
10	9.17	베스트셀러 읽기	『도가니』(공지영, 창비)	〃
11	10.8	전상국 작가의 작품 읽기	『우상의 눈물』(민음사)	독서 토론, 문학기행 준비
12	10.10	김유정문학촌 기행	〈동백꽃〉〈봄봄〉 등의 김유정 작품, 『우상의 눈물』	춘천 김유정문학촌 탐방
13	10.23	판타지소설 이해하기	『그레이브야드 북』(닐 게이먼, 노블마인)	독서 토론
14	11.5	조선시대 때 독서가 이해하기	『책만 보는 바보』(안소영, 보림)	〃
15	11.19	세상 이해하기 (나눔)	『왜 세상의 절반은 굶주리는가?』(장 지글러, 갈라파고스)	〃
16	12.3	권정생 문학 이해하기	『우리들의 하느님』(권정생, 녹색평론사)	〃
17	12.17	한비야 이해하기	『그건 사랑이었네』(한비야, 푸른숲)	〃
18	2.18	황순원 문학기행	〈소나기〉〈목넘이마을의 개〉〈학〉〈카인의 후예〉 등 황순원의 작품들	양평 소나기마을(황순원문학관) 탐방

■ '혜윰나래' 2010년 활동 내용 ■

회	활동일	주제	대상 도서	활동 내용
1	3.4	2009년 마무리 모임	『청춘의 독서』(유시민, 웅진지식하우스)	독서 토론 및 황순원 문학기행 평가 및 2009년 모임 해단식
2	3.18	2010년 모임 정비	『밥상머리의 작은 기적』(SBS스페셜제작팀, 리더스북)	2010년 신입회원과의 만남, 2010년 활동 계획 세우기
3	4.1	여성의 삶	『천 개의 찬란한 태양』(할레드 호세이니, 현대문학)	독서 토론
4	4.15	자녀의 진로 교육	『20대, 컨셉력에 목숨 걸어라』(한기호, 다산초당)	〃
5	5.7	청소년 자살 문제 생각해 보기	『우아한 거짓말』(김려령, 창비) 『목요일, 사이프러스에서』(박채란, 사계절출판사)	독서 토론, 문집 제작 준비
6	5.20	경제 문제	『나쁜 사마리아인들』(장하준, 부키)	독서 토론
7	5.27	전시회 관람	서울대학교 미술관(MoA) 〈오토딕스 전〉	〈오토딕스 전〉 관람
8	6.3	인간 소외, 인권의 문제	『십시일反』(박재동, 창작과비평사) 『사이시옷』(손문상 외, 창비)	독서 토론
9	6.9	문집 제작 준비	봉원중 '혜윰나래' 문집 원고	문집 제작 편집 회의

10	6.17	불광불급 (不狂不及)	『미쳐야 미친다』(정민, 푸른역사)	독서 토론
11	6.22	문집 제작 완료	『봉원중 혜윰나래 문집』	편집 및 인쇄
12	7.8	1학기 마무리 모임	『어린 왕자』(생텍쥐페리, 소담출판사)	독서 토론
13	9.2	정의란 주제에 대한 철학적 고민의 시간	『정의란 무엇인가』(마이클 샌델, 김영사)	2학기 첫 모임, 독서 토론
14	9.16	도전과 용기	『갈매기의 꿈』(리처드 바크, 문예출판사)	독서 토론
15	10.7	'임꺽정'이 가져다 준 사유의 전환	『임꺽정, 길 위에서 펼쳐지는 마이너리그의 향연』(고미숙, 사계절출판사)	〃
16	10.21	전쟁의 역사를 통해 평화의 길을 모색	『소년병, 평화의 길을 열다』(사토 다다오, 검동소)	〃
17	11.4	사랑, 인생, 시상 (詩想), 시심(詩心)	『아주 오래된 시와 사랑 이야기』(고형렬, 보림)	〃
18	11.25	북아트의 이해와 실습	박문여고 김현숙 수녀님 초빙	박문여고 김현숙 수녀님을 초빙하여 북아트 강의 및 실습
19	12.2	고전의 이해	『죄와 벌』(표도르 도스토예프스키, 하서)	독서 토론, 2011년 평생학습 동아리 임원진 선출, 계획 수립
20	12.16	2학기 마무리 모임	『죄와 벌』	독서 토론, 평가회

■ '혜윰나래' 2011년 활동 내용 ■

회	활동일	주제	대상 도서	활동 내용
1	3.3	차별과 편견	『앵무새 죽이기』(하퍼 리, 문예출판사)	독서 토론
2	3.17	청소년의 정체성, 가족애	『불량 가족 레시피』(손현주, 문학동네)	〃
3	4.7	한국 청춘들에게 보내는 위로와 격려 메시지	『아프니까 청춘이다』(김난도, 쌤앤파커스)	〃
4	4.21	희망 교육 에세이	『교실 밖 아이들 책으로 만나다』(고정원, 리더스가이드)	〃
5	5.6	엄마를 통해서 생각하는 가족 이야기	『엄마를 부탁해』(신경숙, 창비)	〃
6	5.19	한국 미술의 이해	『오석주의 한국의 美 특강』(솔)	〃
7	6.2	소외된 도시 하층민의 삶	『난장이가 쏘아올린 작은 공』(조세희, 이성과힘)	〃
8	6.16	동양고전 독법	『강의』(신영복, 돌베개)	〃
9	6.30	다양하게 욕망하는 법	『공지영의 지리산 행복학교』(공지영, 오픈하우스)	〃
10	7.13	비판적, 적극적인 영화 보기	'또 하나의 책으로서 영화 읽기란 무엇일까요?'	영화 교육가 윤희윤 선생님의 강의
11	9.1	한글 창제 과정의 비밀과 미스터리를 다룬 픽션	『뿌리 깊은 나무 1, 2』(이정명, 밀리언하우스)	독서 토론, '관악북 페스티벌' 논의

12	9.15	꿈과 소망으로 만든 사랑	『마당을 나온 암탉』(황선미, 사계절출판사)	〃
13	9.19 ~ 10.7	책 읽는 관악구, 책 읽는 한국	회원님들이 적극 참여하여 6m에 달하는 '용' 제작	'관악 북 페스티벌'을 위한 '용' 제작
14	10.8	책을 열어 미래를 열다	-	관악 북 페스티벌 '책 읽기 플래시몹' 참여 부스 운영, 책모임 사례 발표 및 수상
15	10.20	새 시대 인재에 대한 심도 깊은 통찰	『조벽 교수의 인재 혁명』(해냄)	독서 토론
16	11.3	안철수의 삶과 기업에 대한 철학	『CEO 안철수, 영혼이 있는 승부』(김영사)	〃
17	11.17	희망과 사랑을 바탕으로 참 자아를 발견하는 길	『꽃들에게 희망을』(트리나 폴러스, 시공주니어)	〃
18	12.1	16세기 천재 여류시인 허난설헌의 삶을 조명	『난설헌』(최문희, 다산책방)	〃
19	12.17	다양한 인간 군상, 인간의 본질을 밀도 있게 조명	『7년의 밤』(정유정, 은행나무)	〃

■ '혜윰나래' 2012년 활동 내용 ■

회	활동일	주제	대상 도서	활동 내용
1	3.8	작가 정신	『태백산맥』(조정래, 해냄) 『국부론』(애덤 스미스, 동서문화사) 『평생 꿈만 꿀까, 지금 떠날까』(오현숙, 문학세계사) 등	방학 기간 동안 읽은 책을 중심으로 소감 발표
2	3.15	백석 시인과 자야 여사의 사랑	『내 사랑 백석』(김자야, 창비)	독서 토론
3	4.5	기존의 역사적 사건과 인물을 색다른 시각에서 평가	『거꾸로 읽는 세계사』(유시민, 푸른나무)	〃
4	4.19	조선인 혁명가 김산의 불꽃 같은 삶	『아리랑』(님 웨일즈·김산, 동녘)	〃
5	5.10	좀 더 다른 시각의 '가족' 이야기	『고령화 가족』(천명관, 문학동네)	〃
6	5.24	전시회 관람	〈진경시대 회화대전〉(간송미술관)	미술 전시 관람
7	6.7	고양이의 눈에 비친 우스꽝스럽고 서글픈 인간의 초상	『나는 고양이로소이다』(나쓰메 소세키, 열린책들)	독서 토론
8	6.21	간송 전형필의 우리 문화재 수집 이야기	『간송 전형필』(이충렬, 김영사)	〃

회	활동일	주제	대상 도서	활동 내용
9	6.23	청소년을 위한 소설이 아니라 청소년에 관한 소설	2012 서울 국제도서전 '미카엘 올리비에' 방한 좌담회	좌담회 참석
10	7.12	소비주의에 대한 문제의식	『나는 사고 싶지 않을 권리가 있다』(미카엘 올리비에, 바람의 아이들)	독서 토론
11	8.23	희망도서 읽기(고전 권장)	『노인과 바다』(어니스트 헤밍웨이, 하서) 『모비딕』(허먼 멜빌, 지경사) 『참을 수 없는 존재의 가벼움』(밀란 쿤데라, 민음사) 『고래』(천명관, 문학동네) 등	방학 기간 동안 읽은 책을 중심으로 소감 발표
12	9.6	재능 기부	'2012 서울 평생학습 축제'	'2012 서울 평생학습 축제' 부스 운영에 관한 토의
13	9.8	지역 봉사	'2012 서울 평생학습 축제' "와~ 동화 읽고 퍼즐 만들자!"	'2012 서울 평생학습 축제' 부스 운영
14	9.10 ~ 10.12	가족의 상징인 병풍에 독후 활동 작품 만들기	'2012 책잔치' 책 읽고 나누기 발표마당 우수활동 전시 부문 『고령화 가족』(천명관, 문학동네)	병풍 제작하기
15	9.20	지역 봉사	『고령화 가족』	'2012 책 잔치' 전시 부문 작품 가져오기
16	10.13	지역 봉사	'2012 책 잔치' "책 읽고 가을이랑 놀자!"	'2012 책 잔치' 부스 운영
17	10.18	작가와의 만남	『반란의 세계사』(미지북스)	오준호 작가님의 강연

우리 가정독서모임과 봉원중학교 독서동아리처럼 '혜윰나래' 역시 그저 친구가 좋고 책이 좋아 한 달 두 달……, 세 해 네 해를 함께 걷다 보니 이처럼 단단히 뿌리도 내리고 아름답고 탐스러운 열매도 맺게 되었다. 또한 회장님의 말마따나 할머니가 되어서도 함께 책을 읽으며 소통할 친구가 있으니 그 누구보다도 '부자'이다. 그리고 이제 자신이 경험한 배움과 만남과 소통의 기쁨을 다른 이들과 나누기 위해 지역의 책 잔치와 서울시 평생학습 축제 등에 '독서체험' 부스를 운영하고 거대한 '책 읽는 용'을 제작하여 주민들의 참여와 흥을 북돋우는 등 더욱 아름답고 힘찬 날갯짓을 하고 있다.

관악 북 페스티벌 '관악 책 읽기 플래시 몹'에 사용할 용을 제작하는 '혜윰나래' (2011.9.19~11.7)

관악 북 페스티벌 '책 읽기 플래시몹'과 학부모독서모임 '시나브로'

2011년 3월, 우리 학교에는 '혜윰나래'에 이어 또 하나의 학부모독서모임이 탄생했다. '혜윰나래'는 회원 수가 열다섯이나 되는데다 2년 동안의 활발한 활동으로 인해 저만큼 나아가 있어, 2011년의 회원을 '혜윰나래'에 편입시키기에는 무리가 있었다. 더구나 2011년에는 학부모독서모임 희망자가 17명이나 되는데다 운 좋게도 김미희 동화작가가 학부모로 함께할 수 있게 되어 어렵지 않게 '시나브로'라는 새 모임을 하나 더 꾸릴 수 있었다.

'시나브로'는 이름 그대로, 천천한 걸음으로, 평화로운 배움과 만남의 길을 걷고 있다. 매월 2, 4주 수요일 10~12시에 만나 책 이야기와 삶의 이야기들을 조근조근 풀어 놓기도 하고, 모임 장소를 동네의 북까페로, 천안의 회장님 댁(김미희 회장님, 아이가 졸업한 후 이사함.)으로, 제주도로 옮겨 가며 특별한 체험을 즐기기도 한다. 또한 '시나브로' 역시 책모임의 기쁨을 다른 이들에게도 전하기 위해 관악 북 페스티벌 '책 읽기 플래시몹' 때는 책과 피켓을 들고 거리로 나서기도 했다.

> 10월 8일. 둥둥~, 깽깽깽~ 풍물소리에 잔칫집 분위기로 이미 무르익고 있을 때, 몇 분 늦게 허겁지겁 도착해 보니 많은 사

람들이 한 손에 피켓을 들고, 다른 한 손에는 책을 읽고 있었다. 급히 우리 '시나브로'에 합류해 지난밤 홍보물이 약간 미흡한 것 같아 가을 냄새 물씬 풍기는 단풍잎으로 옷에 부착할 수 있게 만든 장식을 나눠 주고 서둘러 가지고 온 책을 읽기 시작했다. 물론, 인증 샷도 찍었고(찍순이다 보니 정작 내 얼굴은 찾을 수가 없었다. ㅠ.ㅠ), 도로를 향해 우리가 만든 피켓을 들고 책을 읽고 있으려니 좀 쑥스러웠다. 지나가는 차 속 사람들, 행인들이 우리를 바라보며 무슨 생각을 할까? 눈은 책을 향하고 있지만, 잘 읽히지 않았다. 주변의 시선을 의식해서 그런가……. 그러나 잠시 후 나도 모르게 책이 읽히고 있었다.

그래, 그랬다. 내가 처음 학부모독서모임에 참여할 때도(실은, 백화현 선생님의 권유였지만) 망설임이 있었고, '하다 힘들면 그만두지.' 하는 맘으로 시작했다.
첫 독서 발표 날, 누구나 많은 사람들 앞에서 발표한다는 것은 떨리고 피하고 싶어 한다. 특히 난 유독 심해서……. 근데 참 이상하게도 끝나고 나니 왠지 뿌듯해지면서 정서적으로 편해지고 너무 좋았다. 주로 읽었던 책들은 애들 정도지도와 학습지도 방법, 교과에 관련된 참고서적들이었는데……. 현재 '시나브로'에서 읽는 책들을 아이들과 같이 읽을 수 있고, TV나

친구들 얘기가 아닌 공동 소재 얘깃거리가 있어 함께할 수 있는 자리가 만들어진다는 것이 좋다.

'헤윰나래'가 만든 웅장한 용이 키를 잡고 '우사풍'이 한껏 흥을 북돋우며 그 뒤에 봉원중 독서동아리, 도서반, 학생회, 선생님들……, 거리는 봉원중의 잔치였다. 최종 목적지인 관악구청까지 가다 서다를 반복하며 우리들도 이제는 하나가 되었다. 처음의 어색함 없이 행인들의 물음에 답도 하면서 제대로 거리 홍보를 하였다. 그렇게 분위기에 젖어 들었다.

북 페스티벌 일환인 '책 읽기 플래시몹' 행사처럼 우리 학부모들도 독서모임에 젖어 들고 있었다. 아직은 초보지만 열정만큼은 그 어느 모임 못지 않았다. 엄마들은 "학생이었을 때 이렇게 책 읽고, 토론하는 열정으로 뭔가를 했으면, 아마 대형사고를 치지 않았을까?"라며 한바탕 웃곤 한다. 지금은 아이들보다 더 열심히 한다.

"'학교'란 곳은 왠지 거리를 둬야 할 것 같다.'는 생각을 가지고 있는 우리들이었지만 그것은 잘못된 편견이었다. 학교와 선생님들과 같이 소통하면서 지내는 것이 얼마나 많은 도움이 되는지……, '그동안 우물 안 개구리로 지내 이 넓은 세상에 유익한 정보, 기회를 놓치고 살았구나!' 하는 아쉬움이 있었다. 지금도 이런 생각을 가지고 있는 학부모들에게 말해 주고 싶다.

학교에서 진행하는 학부모 연수, 시험 감독, 급식 모니터링 등 학부모 관련 일들이 있을 때, 그것을 계기로 학교에 드나드는 일부터 시작하면 학교가 좀 더 가깝게 느껴질 것이고, 우리 애들이 다니는 학교에 대한 애착도 남달라지지 않을까 한다. 그렇게 하다 보면 우리 '시나브로'처럼 아주 좋은 학부모모임을 만날 수 있는 기회도 잡을 수 있지 않을까? 평상시라면 한 달에 책 두 권, 그것도 좋은 책들을 읽을 수 있었을까? 물론, 잘하시는 분들도 있지만 같은 책을 여러 사람이 읽고, 서로 다른 각도에서 얘기하는 것을 들어 보면 이미 책 4~5권은 족히 읽은 것 같고, 다른 사람들의 맘도 들여다볼 수 있는 기회가 되어 그 어떤 수다보다도 소중하다. 아마 그런 모습을 선생님은 아셨기에, 1기에 이어 2기를 시도하셨을 것이다. 학부모가 변해야 우리 아이들도 변할 수 있다는 것을······.

그렇다. 그것을 알기에 우리 '시나브로'가 주변 사람들에게 알려 주려고 그날 거리로 나선 것이다.

"봐! 저 형, 오빠, 언니, 누나, 엄마들이 책 열심히 읽으래. 우리도 따라 가자. 가서 구경하고, 책도 읽어 보자." 그 소리를 듣는 순간, 뜨거운 것이 올라오고 있었다. 우리 엄마들이 일어나면 두려울 것이 없고, 불가능이 없다.

관악 북 페스티벌 '책 읽기 플래시몹'에 참여하고 있는 '시나브로'

최종 목적지인 구청 앞은 이미 인산인해였다. 요즘 독서가 대세라는 것을 실감할 수 있었다. 그곳에는 여러 기관의 부스들이 설치되어 있었는데, 그중 봉원중 학부모독서모임 1기 '혜윰나래' 부스도 있었다. 그 곳에서 진행한 내용은 책을 읽고 감동적이었던 부분을 생각하며 이 세상에 하나밖에 없는 퍼즐을 만드는 것이었다. '과연, 선배들이구나!' 하고 감탄했다. 물론, 우리 '시나브로'도 경험을 쌓고 한 해 두 해 지나면서, 더 훌륭한 팀이 될 것이라 자부한다. 자신들도 모르고 사그러질

> 뻔한, 우리 어머니들의 내재되어 있는 무궁무진한 능력을 이렇게 펼쳐 보일 수 있는 장을 마련해 주신 관계자 모든 분들에게, 특히 백화현 선생님께 감사드린다.
> '난 할 수 없어. 안 돼.'가 아니라, '난 할 수 있어. 암, 되고말고.'란 긍정적이고, 적극적인 모드로 바꿔 자신에게 자신감을 불어넣을 수 있는 봉원중 학생들이 되었으면 하는 바람을 가져 본다. 모든 것을 직접 경험할 수 있으면 좋겠지만, 그러기엔 여건이 충분하지 못하니, 간접 경험이란 독서를 적극적으로 활용했으면 좋겠다. '시나브로' 독서모임을 통해 변화되어 가는 우리처럼…… ^^ (이인숙)

'시나브로' 이인숙 총무님이 2011년 관악 북 페스티벌 '책 읽기 플래시몹'에 참여한 후 쓴 글이다. 글에도 나타나 있듯, '시나브로' 회원들 역시 처음에는 학교와는 왠지 거리를 둬야 할 것 같고 독서모임이 부담스럽게 느껴졌지만, '책과 친구'를 동시에 만날 수 있는 책모임을 통해 더 많이 행복하고 더 많이 성장할 수 있었다 한다.

봉원중학교에는 '혜윰나래'와 '시나브로' 외에도 2012년에 '화수분'이 새롭게 구성되어 모두 3개의 학부모독서모임이 자신들의 특성과 여건에 맞게 활발한 활동을 하고 있다. '화수분'은 8명이 활동하고 있는데 매월 2, 4주 목요일 10~12시에 모임을 갖고 있다. 그런데 이 모임에는 유일하게 '아빠' 학부모 한 분이 함께 활동하고 있다. 처음에는 어색하지나 않을지, 행여 다른 회원 분들이 불편해 하지나 않을지 염려스럽기도 했는데 되레 재미있어 하며 잘 지내고 있다.

8년여의 교사독서모임과 학부모독서모임을 운영하며, 어른들 역시 아이들만큼이나 위로와 격려가 필요하다는 것을 깨닫는다. 또한 어른 역시 싹조차 틔워 보지 못한 재주와 능력이 무궁하기에 언제까지라도 배워야 함을 새삼 절감한다. 그리고 조금만 용기를 내어 친구나 동료들과 함께 '도란도란 책모임'을 시작할 수 있다면, 아이들이 함께 나비춤을 추며 꽃향기 가득한 세상을 만들어 가듯 어른들도 함께 나비춤을 추며 세상을 더 아름답게 만들어 갈 수 있다는 희망을 품게 된다.

닫는 글

함께 꾸는 꿈은 현실이 된다

언젠가 〈힐링캠프〉에 출연한 차인표가 했던 말이다.

"단지 그 아이의 손을 잡았을 뿐인데, 내 인생의 가치관이 바뀌어 버린 거예요. (……) 네 인생의 목표가 무어냐? 돈만 버는 것이냐? (……) 옛날에 중요하게 생각되던 것이 하나도 안 중요해지고 옛날에 관심 없던 것에 관심이 가고. (……) 도움이 필요한 사람을 조금 도와줬을 뿐인데 그 사람이 얼마나 큰 열매를 만들어 내는지 (……) 그 아이들과 함께하는 삶이 만 배는 더 행복합니다."

공부를 버리고 우리 큰아이 자체를 선택했을 때 꼭 이런 느낌이었다. 우리 아이가 막 4학년이 되던 때, 잘하지 못하는 공부에만 매달려 아이를 윽박지르는 동안 아이가 심하게 위축되어 자존감을 잃어버렸다는 것을 깨닫는 순간, 화들짝 정신을 차리게 되었던 것이다. 그 후로는 옛날에 중요하게 생각되던 것이 하나도 안 중요해지고 옛날에 관심 없던 것에 관심이 가고……. 아이의 부분이 아닌 전 존재가 눈에 들어오기 시작했으며 아이와 나는 만 배는 더 행복해졌다. 그리고 이후, '도란도란 책모임' 운동을 전개하며 이 모임에 참여했던 사람들로부터 수없이 이러한 고백을 듣고 있다.

'도란도란 책모임'은 기대 이상으로 많은 이들에게 좋은 반응을 얻고 있고 빠른 속도로 확산되고 있다. 2011년 여러 일간지와 언론 매체에서 봉원중학교 독서동아리 사례를 소개한 이후 전국 곳곳에서 문의가 쇄도했다. 같은 해 12월 '희망서울교육정책 워크숍' 자리에서 박원순 시장님께 '책모임 활성화' 제안을 한 적이 있는데, 이듬해 3월 서울 시청 직원들이 책모임을 시작했다는 소식이 들려왔다. 또한 봉원중학교 독서동아리를 적극적으로 지원한 관악구청에서도 이미 직원들이 책모임을 시작하였고, 김윤식 시흥 시장님은 시흥중앙도서관을 중심으로 시흥시 전역에서 책모임 운동이 펼쳐질 수 있도록 적극 지원하고 있는 것으로 알고 있다. 또한 책읽는사회문화재단에서는 2012년부터 책모임 사업을 청소년 북스타트의 핵심 사업으로 잡아 전국 곳곳의 지자체 및 교육청과 손을 잡고 대대적으로 이 운동을 전개하고 있다.

공공기관이나 단체만이 아니다. 현재 많은 가정에서, 마을에서, 아파트 단지 내에서 삼삼오오 짝을 지어 활동하는 책모임이 우후죽순처럼 생겨나고 있고, 몇몇 어른들은 이웃 아이들을 자신의 집으로 초대하여 독서모임을 지원해 주고 있다(『키싱 마이 라이프』『개 같은 날은 없다』의 이옥수 작가는 이미 10년 넘게 이웃 청소년들과 집에서 책모임을 하고 있고, 봉원중학교에서 퇴임하신 권영출 선생님 역시 2년째 두 팀이나 되는 청소년 책모임을 집으로 초대하여 지원하고 있다).

다들 왜 이러는 것일까? 여러 이유가 있겠지만, 첫째는 지식정보화시대를 맞아 '독서'의 중요성과 필요성을 그 어느 때보다 절감한 때문일 것이고, 둘째는 지나친 경쟁의 폐해 속에서 '나눔과 협력의 가치'에 눈뜨기 시작한 때문일 것이다.

사람은 누구에게나 한 번의 삶이 허락된다. 이 삶을 어떻게 살 것인가? 단 한 번뿐인 삶이고 이미 지나온 시간은 거슬러 돌아갈 수 없기에, 지금 이 시간들과 우리의 선택은 그만큼 더 소중한 것이다. 차인표처럼 모두가 나눔과 봉사의 삶을 살 수는 없겠지만, 적어도 자신이, 또 자신의 자녀가 행복하게 살 길을 선택해야만 한다.

'도란도란 책모임'은 그 길들 중 하나이다. 이미 자신을 잘 알고 있고 충분히 행복하다면 굳이 이 길을 가지 않아도 된다. 또한 이 길이 많이 불편하거나 아직 들어설 준비가 되어 있지 않다면 강요하거나 고집을 부릴 필요가 없다. 좋은 것이 있으면 적극 권하되 선택은 자유로울 수 있어야 한다. '도란도란 책모임'은 지혜를 구하되 부족함이 많은 어른들과 정서적으로 불안정하고 한창 배워야 할 때 배움의 기쁨을 잃어버린 아이들에게 큰 도움이 될 수 있지만, 이것마저도 강요나 강압에 의

한 것이라면 역효과만 날 뿐이다.

   그러나 스스로 이 길을 선택하는 사람들이 많아진다면 황폐화된 우리 교육과 이 사회를 그만큼 더 아름답게 변화시켜 나갈 수 있을 것이다. 애벌레 기둥에서 허우적거리는 사람들에게 나비의 꿈을 심어 줄 수 있고 꽃들에게 희망을 줄 수 있을 것이다. 지금은 이 꿈이 몇몇의 이상에 불과할지 모르지만 많은 사람들이 함께한다면, 이는 분명 현실이 될 것이라 믿는다. 노랑 애벌레와 줄무늬 애벌레뿐 아니라 모든 애벌레들이 나비로 날아오르는 꿈, 그래서 우리가 살고 있는 이곳이 꽃향기 가득한 아름다운 세상이 되는 꿈. 나는 더 많은 이들과 이 꿈을 함께 꾸고 싶다.

미주

1. 금요책추천영상방송

2004년 관악중학교에서 처음으로 시도해 본 이래 봉원중학교에서도 4년간 진행한 책 추천 영상방송 프로그램으로, 격주 금요일 아침 자율학습시간 5~7분을 활용하여, 책을 소개하고 싶은 학생이나 교사, 학부모가 출연하여 자신이 소개하고 싶은 책을 소개하도록 했다. 총괄 기획과 진행은 내가 맡았지만 방송 진행은 도서반 아이 중 하나가 맡고 촬영은 방송반이 했다. 처음 몇 년간은 수요일이나 목요일 오후에 녹화를 하여 금요일 아침 시간에 내보냈으나, 2011년부터는 생방송으로 진행했다. 이때 출연자에게는 출연료로 5,000원 문화상품권을 줬고, 진행자와 방송 촬영자에게도 학기 단위나 1년 단위로 5,000원 문화상품권을 증정했다.

2. 관악구청 독서동아리 경비 보조

각 지자체에는 '교육경비보조금'이라는 것이 있다. 봉원중학교 관할 지자체인 관악구청에서도 이러한 예산을 학교에 지원하기 위해 해마다 '교육경비보조금 신청 사업계획서'를 공모하고 있다. 나는 '독서동아리 활성화를 통한 학력신장 계획'이라는 제목으로 2011년에는 '10개 독서동아리 운영 계획서'를 제출하여 600만 원 예산을 지원받았고, 2012년에는 '25개 독서동아리 운영 계획서'를 제출하여 1,200만 원 예산을 지원받았다. 물론 실제로는 이보다 훨씬 더 많은 동아리와 학생들이 참여하여 활동했지만, 이런 예산이 있었기에 여러 행사를 진행하고 모임 활동을 지원할 수 있어 감사하게 생각하고 있다. 아래는 신청서에 써 냈던 2012년 예산 내역이다.

(단위 : 천 원)

구 분	산출 내역	산출 금액
동아리 활동 지원금	25개 x 150	3,750
독서동아리 워크숍	2끼 식대 500 + 간식비 400 + 프로그램 운영비 200	1,100
독서동아리 발표회	상품비 550 + 간식비 400 + 심사비 200	1,150
동아리 지도교사비	25개 팀 x 200	5,000
독서동아리 자료집	100부	1,000
계		12,000

3. 책을 읽고 떠나는 여행

가정독서모임 1기는 여름방학과 겨울방학을 이용하여 독서여행을 했는데 여행을 떠나기 전에 관련된 책과 자료를 읽고, 여행 중에는 밤마다 여행 소감을 함께 나누곤 했다. 2005~2006년, 네 차례 진행했던 독서 여행지와 대상 도서를 소개한다.

여행 시기	여행 주제	여행지	대상 도서
2005년 여름방학	실학의 정신 정약용을 찾아	강진, 해남 땅끝마을	『다산 정약용』(금장태, 살림) 『고산 윤선도 시선』(허경진, 평민사) 『모란이 피기까지는』(김영랑, 미래사) 등
2005년 겨울방학	유학의 정신을 찾아 (북부경북기행)	영주, 안동, 영양 주실마을	『퇴계 달중이를 만나다』(김은미·김영우, 디딤돌) 『동양철학 에세이』(김교빈·이현구, 동녘) 『공자 노자 석가』(모로하시 데쓰지, 동아시아) 『만화중국고전 1~55』(채지충, 대현출판사) 『에세이 동양사상 유, 불, 가, 도가』(심백강, 청년사) 『퇴계와 고봉 편지를 쓰다』(김영두, 소나무) 등
2006년 여름방학	'토지'와 '판소리'의 고향을 찾아	하동, 남원	『토지 1~21』(박경리, 나남) 『혼불 1, 2』(최명희, 한길사) 『우리 소리 우습게 보지 말라』(김준호 외, 이론과실천) 『나비야 청산 가자』(진회숙, 청아출판사) 등
2006년 겨울방학	『탁류』, 『아리랑』의 줄기를 찾아	군산, 김제, 부여	『탁류』(채만식, 문학사상사) 『레디메이드 인생』(채만식, 문학과지성사) 『아리랑 1~12』(조정래, 해냄) 『태백산맥 1~10』(조정래, 해냄) 『유황불』(양귀자, 열림원) 『선생님과 함께 읽는 신동엽』(신동엽, 실천문학사) 등

4. 탐구 활동 프로젝트

가정독서모임 2기 아이들은 탐구 활동을 매우 좋아해서, 학기 중이나 방학 때 틈나는 대로 자신들이 탐구하고 싶은 주제나 인물을 정해 탐구한 후, 3쪽 정도 보고서를 써 와 발표하며 궁금한 것을 묻고 답하는 일을 즐겼다. 중3 겨울방학 때는 8주에 걸쳐 '우리 역사 인물 탐구 프로젝트'를 진행하기도 했는데, 고구려, 백제, 신라, 통일신라, 발해, 고려, 조선 전기, 조선 후기의 인물들 중 탐구하고 싶은 인물을 순차적으로 하나씩 탐구하여 매주 발표하고 토론하는 활동을 했다.

이때 내가 안내해 준 '탐구 활동의 절차'를 소개한다.

1. 탐구할 인물을 고른다.
2. 인물의 일생과 업적을 책과 인터넷 자료 등을 조사하여 정리한다.
3. 조사한 내용을 토대로 3쪽 정도의 인물 탐구 보고서를 쓰되 보고서에는, '가. 인물 선정 이유, 나. 탐구 기간, 다. 탐구 방법, 라. 탐구 내용(인물의 일생, 인물의 업적, 인물에 대한 나의 평가), 마. 탐구 후기, 바. 참고 문헌'의 내용이 있어야 한다(이러한 내용을 틀에 맞춰 쓰든 자유롭게 풀어쓰든 각자 좋은대로 하면 된다).
4. 보고서는 돌아가며 발표하고 궁금한 점은 서로 묻고 답하며 모자란 점은 더 공부하며 채워 간다.

5. 2012년 봉원중학교 독서동아리 워크숍

2012년 독서동아리 워크숍 일정표와 예산안을 소개한다. 봉원중학교는 관악구청에서 지원하는 경비가 있어 넉넉하게 준비할 수 있었다. 이런 예산이 없는 경우에는 학생들이 간식과 음식을 준비해 오도록 하고 상품은 생략하면 될 것이다.

■ 봉원중학교 2012년 독서동아리 워크숍 일정표 ■

날짜	시간	활동 내용	활동 형태
3.30 (금)	18:30~19:00	개회식 및 짐 풀기	전체 활동
	19:00~20:00	외국의 독서교육 들여다보기 - 백화현 선생님 강의	〃
	20:00~21:00	2011년 독서동아리 활동 사례 발표 - 2011년 독서동아리 활동 동영상 보기 - 싱책향, 말할 수 없는 비밀, Face Book	〃
	21:00~22:30	동아리 1년 계획 세우기(도서관의 장서 탐색과 함께)	동아리별 활동
	22:30~24:00	동아리별 계획 발표	전체 활동
3.31 (토)	00:00~02:00	토론 한마당 - 발표 *『꽃들에게 희망을』(트리나 폴러스, 시공사)『아낌없이 주는 나무』(셸 실버스타인, 시공사)『우리 누나』(오카 슈조, 웅진주니어)『행복한 청소부』(모니카 페트, 풀빛) 택일하여 주제 토론하기	동아리별 혹은 동아리 혼합
	02:00~04:00	소통하기 혹은 책 읽기	동아리별
	04:00~07:00	잠자기	〃
	07:00~08:00	소감문 써서 발표하기	전체 활동
	08:00~08:30	짐 정리 및 청소, 폐회	〃

■ 봉원중학교 2012년 독서동아리 워크숍 예산안 ■

소요 물품	소요 경비(원)
김밥 150줄, 주먹밥 150개(저녁, 아침)	450,000
간식거리(빵 1,500개, 우유 1,500개)	200,000
1.5리터 음료수 40병	140,000
과일(귤, 바나나)	80,000
과자류	80,000
우수 활동 동아리 상품(피자)	150,000

6. 독서동아리 발표회&만남과 소통의 밤

2012년 봉원중학교에서 실시한 '독서동아리 발표회&만남과 소통의 밤' 계획안 소개한다.

2012년 '독서동아리 발표회 & 만남과 소통의 밤' 계획

1. 목적 한 학기 동안 활동한 내용을 발표회를 통해 풀어놓음으로써 나눔과 배움의 기회를 갖고, 함께 어울려 '만남과 소통의 밤' 활동을 함으로써 친목을 다지고 서로를 격려한다.

2. **일시** 2012. 9. 8(토) 10:00 ~ 9. 9(일) 08:00

  ▶ 독서동아리 발표회 : 9.8(토) 10:00 ~ 17:00

  ▶ 만남과 소통의 밤 : 9.8(토) 17:00 ~ 9.9(일) 08:00

3. **장소** 봉원중학교 개나리관 및 글벗누리 도서관

4. **대상** 봉원중학교 학생독서동아리 32개

  ※ 독서동아리 오후 발표회(14:00~17:00)는 관심 있는 학생, 학부모, 지역주민의 참관 가능

5. **지도교사** 백○○, 김○○, 이○○

  협조교사 : 백○○(발표회 방송 협조), 박○○(전체 행사 진행 협조)

6. **내용**

  1) 독서동아리 발표회 일정

활동일	시간	내용	담당자
9.8 (토)	09:30~10:00	행사 준비(장내 정돈 및 방송 점검)	진행 교사 백○○ 자리정돈 및 방송점검 교사 김○○, 이○○, 박○○, 백○○ 및 방송반
	10:00~12:00	독서동아리 1부 발표회 (외부 공개 안 함, '북트리' 외 12개 독서동아리 발표)	진행 교사 ○○○ 개회사 염○○ 교감님 진행 협조 교사 김○○, 백○○, 박○○, 이○○
	12:00~13:30	점심 식사 및 휴식	교사 김○○, 박○○, 이○○
	13:30~14:00	행사장 정돈, 발표 준비	교사 백○○
	14:00~17:00	독서동아리 2부 발표회 (외부 공개, '싱책향' 외 15개 독서동아리 발표)	진행 교사 백○○ 자리정돈 및 방송점검 교사 김○○, 이○○, 박○○, 백○○ 및 방송반 학생들

2) 독서동아리 '만남과 소통의 밤' 일정

활동일	시간	내용	활동 형태
9.8 (토)	17:00~19:00	독서동아리 발표회 뒷정리 및 저녁 식사	모두 함께
	19:00~21:00	박흥식 선생님과 함께하는 신나는 레크리에이션	〃
	21:00~22:00	친목의 시간(간식 먹기)	자유롭게
	22:00~22:30	관악 북 페스티벌 및 관악독서마당 안내	모두 함께
	22:30~24:00	관악 북 페스티벌 및 관악독서마당 준비, 2학기 계획짜기	동아리별
9.9 (일)	00:00~01:30	독서동아리 발표회 소감 발표, 관악 북 페스티벌 및 독서마당, 2학기 독서동아리 계획 발표	모두 함께
	01:30~06:00	잠자기 혹은 책 읽기, 이야기 나누기	자유롭게
	06:00~07:00	아침 식사 및 청소	모두 함께
	07:00~08:00	만남과 소통의 밤을 마치며(소감문 써서 발표하기)	〃
	08:00	폐회	〃

7. 예산 (생략)

7. 봉원중학교 39개 독서동아리 현황

- 월요 책모임 : 우사풍(2. 3학년 5명), 독서레시피(3학년 3명), Carzy Skull 726(3학년 3명), 책. 꿈. 소(1학년 5명), 닥책(1학년 3명), 독서를지배하는자(3학년 4명), 독서할까불이(3학년 4명), 북트리(2학년 5명), 독사모(1학년 7명), 싱책향(3학년 4명), 나눔누리(3학년 6명), 말할수없는비밀(3학년 6명), Face Book(3학년 5명), π(3학년 5명), 독서대장책책이(3학년 4명), 뱀파이어(2학년 6명)

- 화요 책모임 : 책이란무엇인가(2학년 6명), 다섯명의책벌레(1학년 5명), 지식밭이(2학년 4명), 할리갈리(3학년 6명), 북씨유(2학년 3명), 독감기(3학년 3명), 맹꽁이들(3학년 4명), 올엔지(3학년 3명), 텔레토비(1학년 6명)

- 수요 책모임 : 독서레시피(3학년 4명), 독서리오형제(3학년 5명), 마음자리(1학년 3명), 책. 꿈. 소(1학년 5명), 오예스보단몽쉘(3학년 4명), 카프리썬보단사이다(3학년 5명), 184(3학년 4명)

- 목요 책모임 : 책품별(3학년 3명), 마인(2학년 5명), 독서롤롤(1학년 4명), 14세(1학년 5명), 텔레토비(1학년 6명), 독서를지배하는자(3학년 4명), 독서할까불이(3학년 4명), 책읽는BF(3학년 4명), A.G.M(3학년 5명), Face Book(3학년 5명), A Book Concert(3학년 3명)

- 금요 책모임 : 길가온(3학년 3명)

- 토요 책모임 : 책이조아(1학년 4명), 다섯명의책벌레(1학년

5명), Carzy Skull 726(3학년 3명)

8. 관악 북 페스티벌 사전 행사 '책 읽기 플래시몹'

'책 읽기 플래시몹'은 북 페스티벌 사전 행사로 진행하기에 안성맞춤한 독서 행사이다. 학교나 독서단체, 관공서 등에 이러한 것을 제안하고자 하는 사람에게 도움이 될까 하여 2011년에 관악구청에 제안했던 '책 읽기 플래시몹' 제안서를 소개한다.

관악구 북 페스티벌 '책 읽기 플래시몹' 안

1. **목적** 관악구 주민들이 일정한 장소에서 동시다발적으로 '책 읽기'라는 같은 행동을 함으로써 '함께 만들어 가는 북 페스티벌, 다 같이 즐기는 북 페스티벌'의 정신을 살리고 독서에 대한 관심과 흥미를 북돋운다.

2. **일시** 2011. 10. 8(토) 10~11시

3. **대상** 관악구 주민 및 관악구 북 페스티벌에 관심 있는 모든 사람

4. **방법**
   1) 참가 희망자는 정해진 시간에 읽을 책과 깔개, 자신이 좋아하는 글귀 혹은 독서 권장 표어(피켓으로 만들거나 티

셔츠에 붙여도 좋을 듯)를 준비하여 정해진 장소로 간다.
   2) 일정 장소에서 정해진 시간(20분)만큼 책을 읽는다.
   3) 책 읽을 장소는 봉천사거리를 중심으로 서울대에서 숭실대, 까치고개에서 난곡사거리의 양쪽 길가로 한다.
   4) '책 읽기 플래시몹'을 끝낸 후, 참가자들은 준비한 피켓(표어를 붙인 옷, 자신이 좋아하는 캐릭터 모자나 가면 등도 좋을 듯)을 들거나 입고(쓰고) 자유롭게 거리 행진을 하며 북 페스티벌 메인 행사장으로 이동하여 이후 프로그램에 참여한다.

5. 참가자 모집 방법
   1) 관악구 내 초·중·고 학교에 홍보하여 참가를 독려한다(도서반과 독서동아리, 혹은 학급 단위 참가 적극 권장).
   2) 관악구 내 새마을문고와 도서관의 적극 참여를 유도한다.
   3) 유치원의 원생과 학부모가 함께 참여할 수 있도록 안내한다.
   4) 관악구 시민단체들이 적극 참여할 수 있도록 안내한다.
   5) '책 읽는 관악구 만들기'에 뜻을 함께하는 모든 사람들이 자발적으로 나서서 적극 참여하고 홍보할 수 있도록 이끈다.

6. 의의
   ▶ 예산이 전혀 들지 않는다.
   ▶ 주민 누구나 참여할 수 있다.

- 실제로 책 읽는 시간을 가질 수 있다.
- 좋아하는 문장이나 독서 권장 표어를 들고 거리 홍보를 함으로써 자신뿐 아니라 다른 이에게 독서의 중요성을 일깨워 줄 수 있다.
- 참가자 모두 축제의 주체가 될 수 있어 큰 '즐거움'과 '보람'을 얻을 수 있다.
- 2~3년 동안 이러한 행사를 지속적으로 한다면 갈수록 멋진 거리 축제로 발전할 수 있다.

9. 지평선학교 독서여행 계획안

2012년 김제 지평선학교와 아리랑문학관 탐방 계획

1. 목적   책을 통해 익히고 발견한 내용과 질문들을 현장을 답사함으로써 깊이 체화하고 함께 활동한 동료들과의 우의를 다진다.
2. 일시   2012. 9. 1(토) 07:30 ~ 21:30
3. 장소   김제 지평선학교-아리랑문학관-귀신사 일대

4. 대상 봉원중학교 교사독서모임 회원

5. 일정

시간	내용
07:30~07:40	관악프라자 앞 집결 - 관광버스
07:40~10:50	서울 ~ 김제 지평선학교(전북 김제시 성덕면 묘라리 99-1, 정기용의 유작이자 그가 남긴 유일한 학교 건축물)
11:00~13:00	지평선학교 정미자 교장선생님 강연과 학교 견학
13:00~14:00	점심 식사(지평선학교 식당)
14:00~14:30	지평선학교 ~ 아리랑문학관 (전북 김제시 부량면 용성1길 24. T.063-540-3934)
14:30~15:30	아리랑문학관 탐방
15:30~16:10	아리랑문학관~귀신사(전북 김제시 금산면 청도리 112.)
16:10~16:50	귀신사 탐방
16:50~18:00	저녁 식사(밥도둑게장마을)
18:00~21:30	김제 ~ 서울

6. 사전 준비

▶ 교육과 건축에 대한 이해를 돕는 책 읽기

『상상력으로 교육에 말 걸기』(송순재 지음, 아침이슬) 『사람 건축 도시』(정기용 지음, 현실문화연구)

▶ 여행지 관련 작품 읽기

조정래의 『아리랑 1~12』, 양귀자의 『숨은꽃』(* '숨은 꽃'의 공간적 배경이 귀신사임.)

7. 당일 준비물 참가비 10,000원, 간편한 복장, 카메라, 필기구, 독서여행 자료집, 관련 책, 넉넉한 마음

부록

1. 독서동아리 신청서

동아리명				
동아리 회원	학년	반	성명	연락처
동아리의 중심 활동 내용				
활동 일시	활동 요일	해당일에 ○표	활동 시간	총 시간
	월		~	
	화		~	
	수		~	
	목		~	
	금		~	
	토		~	
	일		~	
학교의 지원 사항	▶ 월~금 활동 동아리의 경우 도서관 공간 제공 ▶ 도서관에서 활동하는 경우 간식 지원 ▶ 3월(혹은 4월)에 독서동아리 워크숍 실시 ▶ 3월과 9월의 독서캠프 지원 ▶ 필요한 경우, 수시로 독서동아리 프로그램 및 도움말 제공			
준수 사항	▶ 시험 기간과 방학 때를 제외하고는 반드시 1주일에 1시간 이상 활동해야 한다. ▶ 특별한 사정이 있는 경우를 제외하고는 독서동아리 행사나 모임 활동에 빠져서는 안 된다(불참 시 울타리 교사에게 사전 연락해야 함). ▶ 가을 독서동아리 발표회 때 동아리별로 그동안의 활동 내용을 발표해야 한다.			

2. 독서동아리 연간 계획서

동아리명					
동아리 회원	학년	반	성명	동아리 회장	
활동 목표					
월별 계획	월	활동 내용			
	3				
	4				
	5				
	6				
	7				
	8				
	9				
	10				
	11				
	12				
	1				
활동 일시	요일	활동 시간		총 시간	
		~			

3. 독서동아리 활동 일지

• 독서동아리 (　　　　　　) 활동 일지 •

차시	(　　) 차시	울타리 교사 확인 (　　　)
일시	월　일　요일　시　분 ~ 시　분	
장소		
참가자		
활동 내용 (책 내용, 토론 내용 등)		

차시	(　　) 차시	울타리 교사 확인 (　　　)
일시	월　일　요일　시　분 ~ 시　분	
장소		
참가자		
활동 내용 (책 내용, 토론 내용 등)		

4. 2012년 봉원중학교 추천도서 목록

▶ ★이 많을수록 난이도가 높습니다(난이도는 어휘, 분량, 플롯의 어려운 정도에 따라 나눴습니다).

▶ 외국 작품의 경우에는 옮긴이와 출판사에 따라 난이도가 달라지기도 합니다('세계 명작'의 경우 민음사에서 번역된 것은 완역에 가까워 푸른숲이나 비룡소 것보다 조금 더 어렵습니다).

	책 이름	지은이	출판사	영역	난이도
1	초정리 편지	배유안 지음, 홍선주 그림	창비	동화(언어)	★
2	프린들 주세요	앤드루 클레먼츠 지음, 양혜원 그림, 햇살과나무꾼 옮김	사계절 출판사	동화(언어)	★
3	나무를 심은 사람	장 지오노 지음, 마이클 매커디 그림, 김경온 옮김	두레	동화(환경)	★★
4	마당을 나온 암탉	황선미 지음, 김환영 그림	사계절 출판사	동화(성장)	★★
5	우리 누나	오카 슈조 지음, 카미야 신 그림, 김난주 옮김	웅진 주니어	동화(장애우)	★★
6	문제아	박기범 지음, 박경진 그림	창비	생활동화	★★
7	블루 시아의 가위바위보	김중미 외 지음, 윤정주 그림	창비	인권동화	★★

8	달빛 노래	스콧 오델 지음, 김병하 그림, 김옥수 옮김	우리교육	인권동화	★★
9	흑설공주 이야기	바바라 G. 워커 지음, 박혜란 옮김	뜨인돌	패러디동화	★★
10	샬롯의 거미줄	E. B. 화이트 지음, 가스 윌리엄즈 그림, 김화곤 옮김	시공주니어	환상동화	★★
11	구름	구드룬 파운제방 지음, 김헌태 옮김	일과놀이	반핵동화	★★★
12	고양이 학교 1~5	김진경 지음, 김재홍 그림	문학동네	판타지동화	★★★
13	괭이부리말 아이들	김중미 지음, 송진헌 그림	창비	성장소설	★★
14	너도 하늘말나리야	이금이 지음, 송진헌 그림	푸른책들	성장소설	★★
15	봄바람	박상률 지음	사계절출판사	성장소설	★★
16	아홉살 인생	위기철 지음	청년사	성장소설	★★
17	해피 버스데이	아오키 가즈오 지음, 홍성민 옮김	문학세계사	성장소설	★★
18	검은 여우	베치 바이어스 지음, 햇살과나무꾼 옮김	사계절출판사	성장소설	★★
19	사금파리 한 조각	린다 수 박 지음, 김세현 그림, 이상희 옮김	서울문화사	성장소설	★★

	책 이름	지은이	출판사	영역	난이도
20	그리운 메이 아줌마	신시아 라일런트 지음, 햇살과나무꾼 옮김	사계절 출판사	성장소설	★★
21	내 여자친구 이야기/내 남자친구 이야기	크리스티앙 그르니에 지음, 김주열 옮김	사계절 출판사	성장소설	★★
22	로빙화	중자오정 지음, 김은신 옮김	양철북	성장소설	★★
23	GO	가네시로 가즈키 지음, 김난주 옮김	북폴리오	성장소설	★★★
24	돼지가 한 마리도 죽지 않던 날	로버트 뉴턴 펙 지음, 김옥수 옮김	사계절 출판사	성장소설	★★★
25	내 영혼이 따뜻했던 날들	포리스트 카터 지음, 조경숙 옮김	아름드리 미디어	성장소설	★★★★
26	스피릿베어	벤 마이켈슨 지음, 정미영 옮김	양철북	성장소설	★★★★
27	앵무새 죽이기	하퍼 리 지음, 김욱동 옮김	문예 출판사	성장소설	★★★★★
28	룩스 극장의 연인	자닌 테송 지음, 조현실 옮김	비룡소	연애소설	★
29	진주 귀고리 소녀	트레이시 슈발리에 지음, 양선아 옮김	강	연애소설	★★
30	오만과 편견	제인 오스틴 지음, 윤지관·전승희 옮김	민음사	연애소설	★★★
31	그리고 아무도 없었다	애거서 크리스티 지음, 김용성 옮김	동서 문화사	추리소설	★★★

32	바스커빌가의 개	아서 코난 도일 지음, 방기황 그림, 이혜경 옮김	푸른숲 주니어	추리소설	★★★
33	개미 1~5	베르나르 베르베르 지음, 이세욱 옮김	열린책들	추리소설	★★★★
34	파이 이야기	얀 마텔 지음, 공경희 옮김	작가정신	모험소설	★★★
35	지구 속 여행	쥘 베른 지음, 김석희 옮김	열림원	모험소설	★★★
36	전갈의 아이	낸시 파머 지음, 백영미 옮김	비룡소	미래동화	★★★
37	멋진 신세계	올더스 헉슬리 지음, 정홍택 옮김	소담출판사	미래소설	★★★★★
38	하늘과 바람과 별과 시	윤동주 지음, 신형건 엮음	네버엔딩스토리	시	★★
39	아침을 여는 명시 클래식 100	민예원 편집부 엮음	민예원	시	★★
40	정민 선생님이 들려주는 한시 이야기	정민 지음	보림	한시	★★★
41	홍길동전	정종목 지음, 이광익 그림	창비	우리고전	★★★
42	호질 외	조면희 지음, 이영원 그림	현암사	우리고전	★★★
43	손가락에 잘못 떨어진 먹물 한 방울(운영전)	조현설 지음, 김은정 그림	나라말	우리고전	★★★
44	낭군 같은 남자들은 조금도 부럽지 않습니다(박씨전)	장재화 지음, 김형연 그림	나라말	우리고전	★★★

	책 이름	지은이	출판사	영역	난이도
45	올리버 트위스트	찰스 디킨스 지음, 홍정아 그림, 왕은철 옮김	푸른숲 주니어	세계고전문학	★★★
46	모모	미하엘 엔데 지음, 한미희 옮김	비룡소	세계고전문학	★★★
47	어린 왕자	생텍쥐페리 지음, 김제하 옮김	소담 출판사	세계고전문학	★★★
48	15소년 표류기	쥘 베른 지음, 리옹 브네 그림, 김윤진 옮김	비룡소	세계고전문학	★★★
49	노인과 바다	어니스트 헤밍웨이 지음, 김유조·황종호 옮김	하서	세계고전문학	★★★
50	갈매기의 꿈	리처드 바크 지음, 이덕희 옮김	문예 출판사	세계고전문학	★★★
51	제인 에어 1, 2	샬럿 브론테 지음, 유종호 옮김	민음사	세계고전문학	★★★
52	폭풍의 언덕	에밀리 브론테 지음, 김종길 옮김	민음사	세계고전문학	★★★
53	파리대왕	윌리엄 골딩 지음, 유종호 옮김	민음사	세계고전문학	★★★★
54	달과 6펜스	서머싯 몸 지음, 송무 옮김	민음사	세계고전문학	★★★★
55	햄릿	윌리엄 셰익스피어 지음, 김종철 옮김	민음사	세계고전문학	★★★★
56	검은 고양이	에드거 앨런 포 지음, 김정아 옮김	생각의 나무	세계고전문학	★★★★

57	황소의 혼을 사로잡은 이중섭	최석태 지음	아이세움	전기	★★
58	신채호	조정래 지음, 장호 옮김	문학동네	전기	★★
59	상처 입은 세기의 거장, 윤이상	최지숙 지음, 정수영 그림	교학사	전기	★★★
60	오프라 윈프리 이야기	주디 L. 해즈데이 지음, 권오열 옮김	명진출판사	전기	★★★
61	스크린의 독재자 찰리 채플린	김별아 지음	자음과모음	전기	★★★
62	백범일지	김구 · 도진순 지음	돌베개	전기	★★★
63	마틴 루터 킹의 나에게는 꿈이 있습니다	심동교 지음	주니어아가페	전기	★★★
64	살아 있는 우리 신화	신동흔 지음	한겨레신문사	신화	★★★
65	이윤기의 그리스 로마 신화	이윤기 지음	웅진지식하우스	신화	★★★
66	돼지가 철학에 빠진 날	스티븐 로 지음, 오숙은 옮김	김영사	서양철학	★★★
67	동양철학 에세이	김교빈 · 이현구 지음	동녘	동양철학	★★★★
68	5교시 국사 시간	윤종배 지음	역사넷	국사	★★★
69	거꾸로 읽는 세계사	유시민 지음	푸른나무	세계사	★★★★★

	책 이름	지은이	출판사	영역	난이도
70	수학 귀신	H. 엔첸스베르거 지음, R. 베르너 그림, 고영아 옮김	비룡소	수학	★★
71	사람들이 미쳤다고 말한 외로운 수학 천재 이야기	아포스톨로스 독시아디스 지음, 정회성 옮김	생각의 나무	수학	★★★
72	수학의 몽상	이진경 지음	휴머니스트	수학	★★★★★
73	청소년을 위한 경제의 역사	니콜라우스 피퍼 지음, 알요샤 블라우 그림, 유혜자 옮김	비룡소	경제	★★★
74	아름답고 슬픈 야생 동물 이야기	어니스트 톰슨 시튼 지음, 장석봉 옮김	푸른숲 주니어	환경	★★★
75	꿀벌 없는 세상, 결실 없는 가을	로완 제이콥슨 지음, 노태복 옮김	에코 리브르	환경	★★★★
76	과학 콘서트	정재승 지음	어크로스	과학	★★★
77	야누스의 과학	김명진 지음	사계절 출판사	과학	★★★★★
78	아빠, 찰리가 그러는데요	우르줄라 하우케 지음, 강혜경 옮김	해나무	사회문화	★★★
79	지도 밖으로 행군하라	한비야 지음	푸른숲	사회문화	★★★
80	쎄느강은 좌우를 나누고 한강은 남북을 가른다	홍세화 지음	한겨레 출판	사회문화	★★★★

81	대중문화의 겉과 속 1	강준만 지음	인물과 사상사	사회문화	★★★★
82	여성시대에는 남자도 화장을 한다	최재천 지음	궁리	사회문화	★★★★★
83	책으로 크는 아이들	백화현 지음	우리교육	문화일반	★★★★
84	나비야 청산 가자	진회숙 지음	청아출판사	음악(국악)	★★★★
85	서양화 자신 있게 보기	이주헌 지음	학고재	미술(서양화)	★★★★
86	오주석의 한국의 美 특강	오주석 지음	솔	미술(한국화)	★★★★
87	나도 멋진 프로가 될 거야 1~12	다이안 린드시 리브즈 외 엮음	을파소	진로	★★★
88	반지의 제왕 1~7	존 로날드 로웰 톨킨 지음, 앨런 리 그림, 김번·이미애·김보원 옮김	씨앗을 뿌리는 사람	판타지 소설	★★★★★
89	토지 1~21	박경리 지음	나남출판	대하소설	★★★★★
90	태백산맥 1~10	조정래 지음	해냄	대하소설	★★★★★

5. 독서교사회 소식지

교사독서회 소식지 제11-1호

책 읽는 선생님, 아이들의 미래를 밝혀줍니다.

봉원중학교 교사독서회 소식

제11-1호(통권 17호)
발행일: 2011년 4월 14일
편집: 교사 박지은, 백화현

3월 교사독서회

2011년 교사독서모임 첫문을 열다

지난 3월 28일(월요일) 2011학년도 첫번째 교사 독서 모임을 가졌습니다. 학기 초 바쁜 일정에도 불구하고 늦은 시간까지 자리를 함께 해주신 선생님들의 모습은 매우 인상적이었습니다. 이날 참석하신 분들은 김유미, 박수영, 김지나, 전영신, 권영출, 박지은, 이효숙, 이순봉, 백화현 선생님까지 모두 10명이었습니다.

이 날은 <아침독서 10분이 기적을 만든다>, <교실 밖 아이들 책으로 만나다> 이 두 권의 책을 읽고 현재 우리 학교에서 실시되고 있는 아침독서활동 현황 및 효과, 방법에 대한 선생님들의 의견을 이야기해 보았습니다. 그리고 백화현 선생님의 미국 도서관 탐방이야기까지 들을 수 있는 정말 알찬 2011학년도 첫 독서 모임이었습니다. 이 날에 함께 나눈 이야기 짧게 소개합니다.

• <아침독서 10분이 기적을 만든다>는 아침독서의 효과적인 사례를 담고 있는 책이고, <교실 밖 아이들 책으로 만나다>는 책으로 학생들과 교류·교감한 경험들로 구성된 책입니다. 선생님들께서 읽은 후의 소감을 자유롭게 말씀해 주세요.

• <교실 밖 아이들 책으로 만나다> 이 책은 감동적이면서도 실용적인 책이라는 생각을 했습니다. 작가 고정원씨가 책을 통하여 학생들과 교감하고 상처를 치유해 주는 모습에서 감동을 느낄 수 있었습니다. 그리고 작가가 사례별로 유용하게 쓸 수 있는 책 목록을 정리해 놓은 부분에서 다시 한 번 감탄을 금할 수 없었습니다.

• 지역사회전문가인 작가의 헌신하는 삶을 그대로 엮어 정말 감동적입니다. 우리 학교에도 복지실에 책을 더 많이 비치해 책을 통해 학생들에게 접근하고 교류할 수 있다면 좋을 것 같습니다.

• <아침독서 10분이 기적을 만든다.> 에서는 학교 아침독서의 원칙 및 성공사례를 볼 수 있습니다. 특히 아침독서 4원칙 '모두 읽어요. 날마다 읽어요. 좋아하는 책을 읽어요. 그냥 읽어요.' 는 효율적인 방법이 될 것 같습니다. 책의 종류를 강요당하지 않고 좋아하는 책을 읽더라도 독후 활동에 부담을 느끼는 학생들이 많은데, 우선 읽는 것만으로도 학생들에게 좋은 습관을 길러 줄 수 있을 것 같습니다.

• 요즘 학교에서도 아침독서 활동을 하고 있는데, 조용히 앉아서 책을 보고 있기는 하나, 제대로 읽고 있는지 의문이 들기도 합니다.

• 우선 아침독서를 하면서 학생들이 책을 빌리러 도서관에도 가게 되고, 읽지는 않지만 책을 한 권씩 가지고 있는 것에서 뿌듯함, 자부심을 느끼는 것 같습니다. 이것만으로도 아침독서에서 작은 의미를 찾을 수 있지 않을까 합니다.

• 아침 15분이면 짧은 시간이어서 집중하기 힘들 것 같기도 하고, 그 시간에 숙제나 다른 공부를 하는 학생들에게 책 읽기를 강요하는 것 같기도 합니다.

• 15분이라는 시간에 책을 읽어 보았는데 꽤 많은 분량을 집중해서 읽을 수 있었습니다. 아침독서가 꾸준히 이루어져 습관이 된다면 큰 효과를 거둘 수 있을 것이라 생각합니다. 그리고 말로 책을 읽으라고 하기보다 교사가 먼저 책을 읽는 모습을 보여주니 효과가 더 큰 것 같습니다.

• 아침독서 실시 후 실제로 도서관에 책 빌리러 오는 학생들이 부쩍 늘었습니다. 이것 자체가 대단한 사건이 아닐까요? 사실 놀 시간에 풋기고 게임이나 핸드폰에 빠져 사는 아이들을 이끄는 일은 쉬운 일이 아니거든요. 일단 그 발걸음을 도서관과 책으로 이끌 수 있었다는 것 자체만으로도 큰 의미가 있다는

생각이 듭니다.
이것으로 책에 관한 이야기를 마치고 백화현 선생님의 미국과 캐나다 도서관 탐방 이야기를 들었습니다. 선생님은 세계 최대 장서와 규모를 자랑하는 워싱턴 의회도서관과 뉴욕공공도서관과 미국 최초의 공공도서관인 보스턴 공공도서관의 모습도 보여주었는데, 이건 도서관이라기보다는 아름답고 화려한 궁전 같아 모두의 탄성을 불러일으켰습니다.
또한 학교도서관에는 사서교사를 포함한 도서관전담 인력이 2명~6명까지 배치되어 있고, 거의 모든 교과목에서 도서관의 수많은 자료를 활용하여 수업하고 과제 해결을 해나가는 모습을 보면서, 아직도 걸음마 단계인 우리 도서관과 비교되어 많이 부럽고 마음 아팠습니다. 그래도 10년 새 다른 나라 50년 일들을 해내고 있는 한국 도서관의 저력을 믿으며 희망을 버리지는 않았습니다. 모두 파이팅!!! ❋ ❋ ❋

2011학년도 4월 교사독서모임

- 일시 : 4월 25일(월) 오후 3 : 20 - 4 : 30
- 장소 : 글벗누리 도서관 학습실
- 주제 : 영화로 보는 중국 이야기
- 대상 도서 : 《중국이 내게 말을 걸다》, 《영화로 보는 중국문화이야기》

* 내용은 박지은 선생님이 추천한 '중국문화' 관련 책을 함께 읽고 얘기 나누고자 합니다. 근래 들어 부쩍 세계인의 주목을 끌고 있는 중국으로 멋진 여행을 떠나 봅시다~ ♣

📖 미리 보기

중국이 내게 말을 걸다
이욱연 지음, 창비

『중국이 내게 말을 걸다』는 중국학계의 젊은 중추로 활약하고 있는 중국 전문가 이욱연 교수(서강대 중국문화)가 쓴 중국 문화기행서이다.

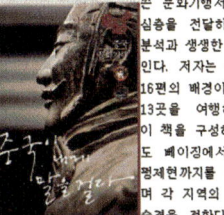

이 책은 중국 본토유학 1세대인 저자가 중국의 수도 베이징에서 창강(長江)의 오지까지 구석구석을 누비며 쓴 문화기행서로 중국문화의 심층을 전달하는 깊이 있는 분석과 생생한 현장감이 돋보인다. 저자는 중국 현대영화 16편의 배경이 된 중국 전역 13곳을 여행하는 형식으로 이 책을 구성하며 중국의 수도 베이징에서 내륙의 오지 쓰촨성현까지를 구석구석 누비며 각 지역의 문화와 역사의 숨결을 전한다. 이 과정에서 저자가 특히 강조하는 것은 문화다. 또한 패왕별희, 첨밀밀 등 우리에게 익숙한 16편의 중국 현대영화 비평을 곁들여 중국 현대사의 맥락 속에서 쉽고 재미있게 중국문화를 이해하는 데 큰 도움을 주고 있다. (예스24 서평 중)

영화로 보는 중국문화이야기
김미정 지음, 신아사

이 책에서 영화는 중국문화를 재미있게 이해하는 길잡이 역할을 하는 동시에 중국 현대사의 맥락 속에서 중국문화를 바라보는 창(窓) 역할도 한다. 「패왕별희」「첨밀밀」에서「스틸라이프」「색, 계」같은 최근의 영화를 비평하면서 저자는 이 영화들이 중국 현대사에서 가지는 의미를 꼼꼼하게 되짚어낸다. 가령「송가황조」를 보면서는 2차에 걸친 국공합작 과정과 중국 현대사에 끼친 쑨원과 장제스 등의 영향을 조명하며,「붉은 수수밭」「귀신이 온다」같은 영화에서는 중국 민중에게 항일운동이 의미하는 두 가지 측면을 부각시킨다. 특히 이 책에서는 문화대혁명이 중국에 끼친 영향을 다각도로 살피는데, 저자의 글을 따라가다 보면「부용진」「인생」「패왕별희」같은 영화에 감춰진 문화혁명의 이면을 쉽고 재미있게 이해할 수 있다.
(예스24 서평 중에서)

교사독서회 소식지 제12-1호

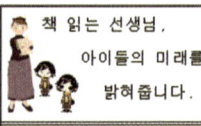

봉원중학교 교사독서회 소식

제12-1호(통권 24호)
발행일: 2012년 4월 10일
편집: 교사 박지은, 백화현

3월 교사독서회 소식

아이들의 감정이해가 먼저?!

3월 26일(월) 오후 3시 30분. 쉬이 오지 않는 봄 때문에 유독 추운 날이었지만 독서에 열정을 가진 선생님들로 가득 찬 위클래스는 따뜻함이 넘쳐났습니다. 오늘은 교사 독서회의 정신적 지주이신 권영줄 선생님과 올해 우리 학교에 새로 오신 선생님들의 참여로 그 어느 때보다 화기애애한 모임이 되었습니다. 독서 모임에는 배인식 교장 선생님과 권영줄, 김유미, 김세련, 박지은, 이효숙, 이정숙, 최현강, 이진영, 양경순, 한희영, 박종순, 고인숙, 손혜정, 김세옥, 백화현 선생이 함께 해 주셨습니다. 이번 모임에서는 독서동아리의 올해 운영 계획에 대해 잠깐 설명한 후, 최성애의 <내 아이를 위한 감정코칭>에 대해 이야기를 나누었습니다.

🌸 매달 마지막 주 월요일 3시 20분부터 독서 모임을 가지도록 하겠습니다. 장소는 도서관에서 위클래스로 변경해야 할 것 같습니다. 아이들 독서동아리 활동 때문에 도서관에 앉을 자리가 없네요^-^;. 올해도 교육청에 교사 독서 동아리 신청할 계획이 있는데, 지원을 받게 되면 선생님들을 위한 책 구입, 독서 기행 등을 진행하고자 합니다~.☺

- <내 아이를 위한 감정코칭>을 읽으면서 '내가 아이를 제대로 사랑하고 있는 걸까?'라는 생각을 하게 되었습니다.
- 흔히 어른들은 아이의 행동만을 보고 지적하고 잔소리 합니다. 그러나 그런 행동을 하게한 감정이 중요한 것이지요.
- 책 내용과 같이 인성은 주로 전두엽의 기능이고 이것이 20대 후반에 완성된다고 봤을 때, 아이들에게 너무 높은 수준의 도덕률을 강요하는 것은 무리라고 생각합니다. 우선 아이의 감정을 인식하고 '무엇' 때문에 그런 행동을 했는지 이해하는 것이 중요한 부분이지요. 이렇게 접근한다면 학교에서 학생을 지도하는 것이 힘들지는 하지만 충분히 가능성 있다고 생각됩니다.
- 저도 동의합니다. 그러나 학교 현실에서 먼저 공감하고 행동의 한계를 정해주는 것이 정말 힘든 일입니다. 35명이 되는 학생들과 함께 생활하면서 하나하나 이해해 주려고 하는 것은 쉽지 않은 것 같습니다.
- 우리가 먼저 의식과 행동을 바꾸는 것이 중요하지만 마음대로 잘 되지 않는 면도 많습니다. 이럴 때 학생들에게 선생님도 노력하고 있고, 또 상처받을 수 있다는 것을 말해 주는 것이 서로의 감정을 이해하는 데 도움이 될 것 같습니다.
- 감정이 중요하고 이해와 공감이 중요하다는 사실을 알고 있지만 행동으로는 안 되는 이유가 뭘까요? 감정을 다스리는 것, 표현하는 것은 오랜 시간에 걸쳐 훈련되어지는 것이고, 이것이 행동으로 녹아드는 데는 더 많은 시간을 필요로 하기 때문이 아닐까 싶습니다. 프랑스 초등학교 1,2학년 과정에서 '하루에 대한 성찰'이 자치활동으로 이뤄지고 있는 것을 보고 감명을 받았습니다. 남한산초등학교와 여러 대안학교에서도 서로의 삶과 행동에 대해 담소하는 '티타임'이 있던데, 이런 활동을 교육과정에 담아 몸으로 체험하게 해야 하지 않을까요.
- 테크닉의 한계도 큰 것 같습니다. 아이가 이럴 때 이래야 한다는 적절한 대응 방법을 확실히 모르는 경우도 많습니다. 이 책을 읽고 그 방법에 대해 많이

생각할 수 있었습니다.
- 어른들이 너무 공부 시키는 것에 몰두하고 있는 것도 문제입니다. 결국 아이들은 마음상태나 존재에 대한 성찰 시간이 부족하게 되고, 자신의 감정을 알아차리고 표현하는데 서툴게 됩니다. 감정이 불안하면 집중력도 떨어지게 됩니다. 아이들을 위해 어른들의 의식이 먼저 바뀌어야 할 필요가 있을 것 같습니다.
- 다른 학교에 있을 때 봉원중 교사독서회가 잘 된다는 소문을 듣고 신기하다고 생각했는데 와서 보니 더 신기하네요❀ 정말 기대가 되고요, 열심히 참여하고 싶습니다.♪♫ ♣♣♣

📖 2012학년도 4월 교사독서모임

- 📅 일시 : 4월 23일(월) 오후 3:20 - 4:30
- 📍 장소 : 위클래스
- 📝 주제 : 교육환경을 이루는 공간, 색채, 소리 등에 대해 관심갖기
- 📚 대상도서 : <상상력으로 교육에 말 걸기> 송순재, 아침이슬

📖 미리보기

저자 : 대표적인 대안교육 이론가인 송순재 교수
(감리교신학대학)

이 책은 대표적인 대안교육 이론가인 저자가 그동안 『우리교육』, 『좋은 교육』 등에 단편적으로 발표해왔던 글들을 각 주제별로 모아 대폭 수정 보완한 것이다. 교사들과 모임을 함께 하면서 '교사로 산다는 것'과 학교를 단위로 한 변화란 무엇인가?'라는 화두에 집중해온 저자의 교육학적 고민과 생각의 지평이 어디까지 확대되고 심화되는지를 잘 보여주고 있다. 수많은 국내외 사례와 동서고금의 문헌, 다양한 문화 예술 장르를 종횡으로 넘나들면서 각 주제와 관련시켜 교육적으로 성찰해보아야 할 것들은 무엇인가, 교육의 근본 과제는 무엇인가를 다시금 생각하게 만든다.

네 가지 주제에서 접근하는 교육의 근본 문제

대표적인 대안교육 이론가인 송순재 교수(감리교신학대학)가 학교교육의 근본적인 문제를 공간, 시간, 소리, 색채라는 네 가지 주제를 가지고 다양한 각도에서 조망해본 책.

교육은 단지 지식 전달만이 아니라 학생들의 삶을 총체적으로 키워주어야 한다. 하지만 우리 현실은 지식과 삶이 따로 놓고 입시교육에만 치중해 있다. 이런 현상이 안타까워 유럽의 다양한 학교와 교육을 소개하고, 대학에 노작교육론 강좌를 개설해 학생들에게 산속 수업, 인형 만들기, 목공 등을 직접 체험하도록 하는 등 다양한 시도를 거듭해온 저자가 교육 내부에서 교육의 총체성을 어떻게 살려낼 수 있는가 하는 거듭된 고민과 성찰의 결과로서 내놓은 책이다.

(출처 : 예스24 책소개)

2012년 교사독서회에서 함께 읽을 책

월	함께 읽을 책
3월	최성애·조벽 <내 아이를 위한 감정코칭>
4월	송순재 <상상력으로 교육에 말걸기>
5월	전상국 <우상의 눈물> 이무수 <개같은 날은 없다>
6월	김유정 <동백꽃> <만무방> 등 ·문학기행 병행
7월	오주석 <한국의 미 특강>
9월	김슬옹 <28자로 이룬 문자혁명 훈민정음>
10월	최재천 <통섭의 식탁>
11월	전국학교도서관담당교사 서울모임 <북미학교도서관을 가다>
12월	<행복한 사람 타샤 튜더> <타샤 튜더, 나의 정원>

선생님들의 많은 참여와 관심 바랍니다

교사독서회 소식지 제12-3호

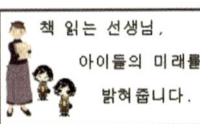
책 읽는 선생님, 아이들의 미래를 밝혀줍니다.

봉원중학교 교사독서회 소식

제12-3호(통권 26호)
발행일: 2012년 6월 20일
편집: 교사 박지은, 백화현

5월 교사 독서 모임

5월 교사독서모임은 5월 21(월)에 '유람대학 연수'를 겸해서 진행하였습니다. 배인식 교장 선생님, 염동탁 교감 선생님과 우리 학교에서 명퇴하신 권영출 선생님을 비롯하여, 박종선, 한희영, 손혜정, 김혜련, 이은경, 김세숙, 고인숙, 이진영, 김유미, 전영미, 박지은, 백화현, 이효숙 선생님이 모여 **이옥수의 〈개 같은 날은 없다〉**, 전상국의 **〈우상의 눈물〉**을 읽고 폭력에 대한 생각과 대안을 생각해 보는 시간을 가졌습니다. 오고갔던 내용 소개합니다.

※ 〈개 같은 날은 없다〉 속 두 주인공의 공통점은 가정폭력에 대한 두려움을 가졌다는 것입니다. 이 두 인물이 사랑하던 애완견을 죽이는 극단적인 행동을 통해 자신의 두려움을 드러내면서도 여전히 다른 존재와의 교감을 원하는 것을 보면서, 폭력에서 벗어나고자 하는 인간의 본능적인 욕망을 느낄 수 있었습니다.

※ 〈우상의 눈물〉을 읽고 제 옛날 시절을 떠올려 보았습니다. 학교에서 힘이 센 학생 때문에 괴로워 열심히 태권도를 배웠던 기억이 있습니다. 그 학생과 정식으로 대련해서 무승부가 된 이후 그 학생에 대한 스트레스에서 벗어날 수 있었습니다. 이후 군대에서 동기가 구타당하는 장면을 목격한 후 받았던 엄청난 충격도 떠올렸습니다. 폭력이라는 것이 얼마나 끔찍한지 뼈 절이게 느낀 후, 교사가 되어 학생들이 폭력으로부터 받은 상처를 조금이라도 치유할 수 있도록 나름대로 노력을 많이 한 것 같습니다.

※ 〈우상의 눈물〉을 보면서 이문열의 〈우리들의 일그러진 영웅〉을 떠올릴 수 있었습니다. 〈우리들의 일그러진 영웅〉에는 힘과 권력이 직접 가하는 폭력이 있었습니다. 그러나 〈우상의 눈물〉에서 보이는 폭력은 '선'으로 위장된 '교묘한 폭력'이라 뭔가 소름끼치게 무섭다는 생각이 들었습니다.

※ 〈개 같은 날은 없다〉는 가정폭력을 다루고 있지만, 교사로서 폭력을 이야기 하자면 '학교 폭력'이 빠질 수 없을 것 같습니다. 저는 이 두 편의 소설을 읽으면서 교사로서, 담임으로서 어떻게 해야 할 지 생각해 보았습니다. 폭력이 발생하면 가해 학생이나 피해학생과 면담하면서 원인을 살피고, 학생과 공감하면서 해결책을 모색하는 것이 옳다고 생각을 합니다. 그러나 '학급'이라는 단체를 경영하는 담임에게는 긴 시간과 큰 노력이 걸리는 방법 보다, '효율적인 해결방법'이 더 매력적으로 다가오는 것도 사실입니다. 이 두 사실을 염두에 두고 문제 발생 시 최선을 다해 옳은 방향으로 해결하도록 노력해야겠다는 반성과 함께, 폭력에 대한 근본적인 해결책이 무엇일까 생각해 보는 기회가 되었던 것 같습니다.

※ 그렇다면 이런 폭력의 원인은 무엇이고, 이를 해결하기위해 교사로서 우리는 어떤 노력을 할 수 있을까요?

※ 이전에는 가난이나 가정 폭력이 학생들의 폭력 원인이라고 여겼습니다. 그러나 지금은 엄청난 학업 스트레스와 어른들과의 소통 부족으로 생긴 불만이 폭력의 원인이 된 것 같습니다. 학교나 사회에서 경쟁과 효율을 강조하면서 학생들의 감성이나 인성을 소홀하게 되는 것이지요. 이제부터라도 학생들의 정서 함양을 위한 실질적인 노력이 필요한 것 같습니다.

※ 저는 2년차 교사로, 경험이 부족하기 때문에 폭력 사안이 발생하면 해결책을 찾는 것이 늘 어려웠습니다. 그러나 이렇게 경험이 많은 선생님들과 이야기를 나누다 보니 선배님과 정기적으로 모여 학교와 학생들에 대한 이야기를 나누는 시간을 만들면 참 좋을 것 같다는 생각이 들었습니다.

※ 폭력적인 학생에게 가해지는 '낙인'도 우리가 주의

해야 할 부분이라고 생각합니다. 폭력이 발생한 후 원칙대로 처리할 부분은 정확히 처리해야 하지만, 무조건 '넌 나빠'라는 식의 대응은 폭력을 근본적으로 해결하는 자세가 아닌 것 같습니다. 2007년 버지니아 총기 난사사건 이후, 그 대학교의 추모비에는 사건 가해자도 피해자 명부에 이름을 올리고 있다는 이야기를 들은 적이 있습니다. 추모비에는 '지켜주지 못해 미안하다.'는 글귀도 함께 있다고 합니다.

❦ 피해자 학생에 대한 대응도 달라져야 할 것입니다. 상습적으로 가정폭력을 당했던 한 여성이 폭력을 행사하는 남편과 결혼하여 평생을 맞고 살았는데, 그 여인이 그렇게 산 이유는 '폭력이 너무 익숙해서'였다고 합니다. 대부분의 피해자 학생은 '자존감'이 부족한데 이런 피해 학생에게 전문 상담가의 조언도 필요하지만, 교사도 좀 더 많은 것을 알아보고 배우는 자세가 필요한 것 같습니다.

❦ 학교라는 곳은 아이들에게 단순히 지식만을 가르치는 곳은 아니라고 생각합니다. 이렇게 선생님들이 갖는 작은 모임에서부터 학교가 변해 갈 수 있다고 생각합니다.

📧 이밖에도...

▶ 5.29(화) :이옥수 작가님과의 만남

5월 29일(화)에는 이옥수 작가님을 초대하여 <개 같은 날은 없다>는 책을 통해, 폭력에 대한 이야기를 나누어 보는 시간을 가졌습니다. 이옥수 작가님 말 그대로, <개 같은 날은 없다>와 같은 책을 통해 폭력에 대한 이야기를 나누고 대안을 생각해 볼 수 있는 기회를 가지는 것이 얼마나 의미 있는 일인지 느낄 수 있는 의미 있는 시간이었습니다. ♪♬ ^-^

▶ 6월 2일(토): 김유정문학기행

6월 2일(토)에는 하루 온종일, '유람대학' 연수자 열 다섯 분의 선생님들이 춘천 실레마을 김유정문학촌을 다녀왔습니다. 김유정문학촌의 촌장님이시자 <우상의 눈물> 저자이기도 한 전상국 작가님으로부터 '김유정의 작품세계와 삶'에 대한 흥미진진한 얘기도 듣고, <동백꽃>의 배경지인 산국농장에서 자연 체험도 하고 농장주이신 시인 김희목 선생님으로부터 인생과 자연에 대한 강연도 들었습니다. 덤으로 한지 화가인 함섭 작가의 작품들과 작업실도 둘러볼 수 있

어, 하루가 너무 짧다 느껴질 만큼 풍요롭고 즐거운 시간이었습니다. 이런 기회를 마련해 준 연구부장님과 김유미 쌤께 감사드려요~! ♣♣♣

📖 2012학년도 6월 교사독서모임

- 📆 일시 : 6월 25일(월) 오후 3:20 - 4:30
- 📍 장소 : 위클래스
- 📝 주제 : 우리의 교육과 수업 되돌아보기
- 📚 대상도서 : <북미 학교도서관을 가다> 전국학교도서관담당교사 서울모임 지음, 우리교육

* 21세기는 그 어느 때보다도 '능동성'과 '창의성'을 필요로 하고 '스스로 배울 수 있는 힘'이 있어야 살아갈 수 있는, 지식정보화시대이자 평생학습의 시대입니다. 이러한 시대를 맞이했음에도 혹 우리는 여전히 산업화시대의 교육을 하고 있지는 않은지를 되물으며 우리의 교육과 수업을 되돌아보는 시간을 갖고자 합니다. 관심있는 많은 분들의 참여를 바랍니다.

📖 미리보기

<북미학교도서관을 가다>전국학교도서관담당교사서울모임 지음, 우리교육, 2012

'모두를 위한 교육'을 찾아 떠난 여행 - 현장 교사들의 눈에 비친 북미 학교도서관 이야기 속에서 우리 도서관의 미래와 혁신 교육을 꿈꾼다.

'낯은 자세로 우리가 갖고 있는 것보다는 갖고 있지 못한 것을 더 자세히 들여다보고 물음을 던지며 새롭게 배우고자 했다.'라고 말하는 이들은 13박 15일 동안 잠자는 네댓 시간 말고는 '도서관'에 빠져 살았다고 한다. 전국학교도서관담당교사 서울모임은 뉴욕과 워싱턴DC, 보스턴과 캐나다 토론토에 소재한 몇몇 공공도서관과 학교도서관을 둘러보며, 그 안에서 진행되고 있는 교육과 문화 그리고 삶 전반을 수준 높게 확인하고 몸으로 체험했다. 이 책은 그중 북미의 초등학교 2곳과 중학교 3곳, 고등학교 3곳에서 본 도서관 환경과 독서 교육 프로그램 및 도서관 협력 수업 등을 사진과 글로 담은 결과물이다. <예스24 출판사 리뷰>